Financial
Accounting

中级财务会计
学习指导

程小琴 王 娟 著

Intermediate Financial Accounting

经济管理出版社
ECONOMY & MANAGEMENT PUBLISHING HOUSE

图书在版编目（CIP）数据

中级财务会计学习指导/程小琴，王娟著．—北京：经济管理出版社，2020.1
ISBN 978 - 7 - 5096 - 7014 - 9

Ⅰ．①中…　Ⅱ．①程…②王…　Ⅲ．①财务会计—高等学校—教学参考资料
Ⅳ.①F234.4

中国版本图书馆 CIP 数据核字（2020）第 012399 号

组稿编辑：杨国强
责任编辑：杨国强　张瑞军
责任印制：高　娅
责任校对：陈晓霞

出版发行：经济管理出版社
　　　　　（北京市海淀区北蜂窝 8 号中雅大厦 A 座 11 层　100038）
网　　址：www. E - mp. com. cn
电　　话：（010）51915602
印　　刷：三河市延风印装有限公司
经　　销：新华书店
开　　本：720mm×1000mm/16
印　　张：21
字　　数：365 千字
版　　次：2020 年 6 月第 1 版　　2020 年 6 月第 1 次印刷
书　　号：ISBN 978 - 7 - 5096 - 7014 - 9
定　　价：68.00 元

前　言

　　本书是《中级财务会计》教材的学习指导用书，本书旨在帮助使用者在中级财务会计相关知识的学习中，能清晰地了解《中级财务会计》的知识体系及每一章内容的知识要点，巩固、消化和吸收《中级财务会计》的基本理论，掌握财务报告各项目的确认和计量。

　　本书按照教材的章节设计了同步练习题。每章内容包括知识要点、单项选择题、多项选择题、判断题、经典案例阅读与计算分析题等。另外，本书后还附有练习题答案。

　　本书在撰写过程中，参考了大量的国内外同类教材的习题用书以及《初级会计师资格》、《中级会计师资格》、《注册会计师和注册税务师》考试的习题，在此对这些文献资料的作者一并表示感谢。

　　由于时间、精力、知识结构的制约，本书不可避免地会出现一定的错漏，恳请广大读者指出，以使我们能够在下次修订时及时修改。

目　录

第一章 总论

知识目标和要求。本章主要介绍财务会计的基本理论，包括财务会计的目标、会计假设、会计信息质量要求、会计要素、会计计量理论等。学习本章，应当明确财务会计的概念与特征；财务会计的目标；了解中级财务会计的特点；理解财务会计基本假设的内涵和会计信息质量要求；掌握财务会计要素的确认与计量；熟悉会计计量属性及其应用原则；了解财务会计的法规体系。

本章重点。财务会计的目标、会计基本假设、会计信息质量要求、财务会计要素的确认与计量。

本章难点。会计要素的确认及其计量。

一、单项选择题（单项选择题备选答案中，只有一个符合题意的正确答案。多选、错选、不选均不得分）

1. 下列各项表述中，（　　）是对会计基本假设的恰当表述。

A. 会计主体必然是法律主体

B. 会计分期确立了会计核算的空间范围

C. 货币计量为确认、计量和报告提供了必要的手段

D. 会计主体确立了会计核算的时间范围

2. 销售商品的售后回购，如果没有满足收入确认的条件，企业在会计核算上不应将其确认为收入。这是遵循（　　）会计信息质量要求。

A. 可靠性　　　　　　　　　　B. 可比性

C. 实质重于形式　　　　　　　D. 及时性

3. 为保证会计信息的可比性，对于相同的交易或事项（　　）。

A. 各企业之间应当采用同样的会计方法

B. 各个企业之间应当采用相同的政策和不同的方法

C. 企业可以自由选择会计政策

D. 各企业可以采用相同方法与不同的政策

4. A 企业的资产或负债以市场参与者在计量日发生的有序交易中，出售一项资产所能收到或者转移一项负债所需支付的价格计量。其会计计量属性是（　　）。

A. 历史成本　　　　　　　　B. 可变现净值

C. 公允价值　　　　　　　　D. 现值

5. 企业前后各期采用的会计政策应保持一致，不得随意变更，体现的会计信息质量要求是（　　）。

A. 可比性　　　　　　　　　B. 相关性

C. 可靠性　　　　　　　　　D. 明晰性

6. 企业会计准则关于损失，下列说法中正确的是（　　）。

A. 损失只能计入当期损益，不能计入所有者权益项目

B. 损失是指由企业日常活动所发生的，会导致所有者权益减少的经济利益的流出

C. 损失是指由企业非日常活动所发生的、会导致所有者权益减少的、与向所有者分配利润无关的经济利益的流出

D. 损失只能计入所有者权益项目，不能计入当期损益

7. 下列各项中，可以直接计入所有者权益的利得的是（　　）。

A. 投资者的出资额大于其在被投资单位注册资本中所占份额的金额

B. 出租无形资产取得的收益

C. 处置固定资产产生的净收益

D. 可供出售金融资产公允价值大于初始成本的差额

8. 下列各会计事项中，符合资产会计要素定义的是（　　）。

A. 预收款项　　　　　　　　B. 委托加工物资

C. 待处理财产损失　　　　　D. 计划购买的原材料

9. 我国企业会计准则规定，企业的会计核算应当以（　　）为基础。

A. 权责发生制　　　　　　　B. 实地盘存制

C. 永续盘存制　　　　　　　D. 收付实现制

10. 我国企业会计准则要求企业对编报的报表及其附注内容等应当保持完整，不能随意遗漏或者减少应予披露的信息，与使用者决策相关的有用信息都应当充分披露。体现出了会计信息质量（　　）的要求。

A. 谨慎性　　　　　　　　　B. 可比性

C. 可靠性   D. 相关性

11. 下列企业与组织中，不能作为会计主体进行核算的是（   ）。

A. 境外经营企业   B. 非单独核算的分公司

C. 独立核算的车间   D. 联营企业

12. 资产应当按照购置该资产时所付出的对价的公允价值计量，所体现的会计计量属性是（   ）。

A. 重置成本   B. 可变现净值

C. 公允价值   D. 历史成本

13. 企业会计准则要求，企业商品销售中附有销售退回条件的，如果没有满足收入确认的条件，企业在会计核算上不应将其确认为收入。这一做法所遵循的会计信息质量是（   ）要求。

A. 可理解性   B. 实质重于形式

C. 谨慎性   D. 及时性

14. 企业提供的会计信息应当反映与企业财务状况、经营成果和现金流量等有关的所有重要交易或者事项，这反映的是会计信息质量要求中的（   ）。

A. 重要性   B. 实质重于形式

C. 谨慎性   D. 及时性

15. 企业的下列交易或事项中，能使企业负债增加的是（   ）。

A. 发行公司债券   B. 支付现金股利

C. 发行股票   D. 用银行存款购买公司债券

16. 下列各项企业交易或事项中，不符合资产定义的是（   ）。

A. 尚待加工的半成品   B. 委托加工物资

C. 筹建期间发生的开办费   D. 发出商品

17. 如果资产是按照预计从其持续使用和最终处置中所产生的未来净现金流入量的折现金额计量，该资产的会计计量属性是（   ）。

A. 重置成本   B. 可变现净值

C. 现值   D. 公允价值

18. 负债按照其因承担现时义务而实际收到的款项或者资产的金额，或者承担现时义务的合同金额，或者按照日常活动中为偿还负债预期需要支付的现金或者现金等价物的金额计量。其会计计量属性是（   ）。

A. 历史成本   B. 重置成本

C. 可变现净值　　　　　　　　D. 公允价值

19. 关于费用，根据企业会计准则的规定下列说法中错误的是（　　　）。

A. 费用是指企业在日常活动中发生的、会导致所有者权益减少的、与向所有者分配利润无关的经济利益的总流出

B. 费用只有在经济利益很可能流出从而导致企业资产减少或者负债增加，且经济利益的流出额能够可靠计量时才能予以确认

C. 企业发生的交易或者事项导致其承担了一项负债而又不确认为一项资产的，应当在发生时确认为费用，计入当期损益

D. 符合费用定义和费用确认条件的项目，应当列入资产负债表

20. 关于利润，下列说法中错误的是（　　　）。

A. 利润是指企业在一定会计期间的经营成果

B. 直接计入当期利润的利得和损失，是指应当计入当期损益、会导致所有者权益发生增减变动的、与所有者投入资本或者向所有者分配利润无关的利得或者损失

C. 利润项目应当列入利润表

D. 利润金额取决于收入和费用的计量、不涉及利得和损失金额的计量

21. 我国企业会计的确认、计量和报告的会计基础是（　　　）。

A. 收付实现制　　　　　　　　B. 历史成本

C. 收付实现制和权责发生制并存　　D. 权责发生制

22. 下面所列各项中，不属于企业收入的是（　　　）。

A. 装修公司提供劳务收入　　　　B. 施工企业建造合同收入

C. 非房地产企业出售投资性房地产取得的收入

D. 房地产企业出售无形资产取得的净收益

23. 下列各项经济业务中，会引起企业股东权益总额发生变化的是（　　　）。

A. 用资本公积转增股本　　　　　B. 向投资者分配股票股利

C. 接受投资者投资　　　　　　　D. 用盈余公积弥补亏损

24. 下列关于企业会计计量属性的表述中，表述不正确的是（　　　）。

A. 公允价值是市场参与者在计量日发生的有序交易中，出售一项资产所能收到或者转移一项负债所需支付的价格

B. 重置成本是取得相同或相似资产的现行成本

C. 现值是取得某项资产在当前需要支付的现金或其他等价物

D. 历史成本反映的是资产过去的价值

25. 下列关于企业会计信息质量要求的表述中，表述错误的是（   ）。

A. 售后回购在会计上一般不确认收入体现了实质重于形式的要求

B. 避免企业出现提供会计信息的成本大于收益的情况体现了重要性的要求

C. 企业会计政策不得随意变更体现了可比性的要求

D. 适度高估负债和费用，低估资产和收入体现了谨慎性的要求

二、多项选择题（多项选择题备选答案中，有两个或两个以上符合题意的正确答案。多选、少选、错选、不选均不得分）

1. 下列各项中，体现企业会计信息谨慎性要求的有（   ）。

A. 采用成本与可变现净值孰低法对存货进行期末计价

B. 到期确实无法收回的应收票据转为应收账款

C. 对于企业发生的或有事项，通常不能确认或有资产，只有当相关经济利益基本确定能够流入企业时，才能作为资产予以确认

D. 企业期末对其持有的可供出售金融资产计提减值准备

2. 下列各交易或事项中，可以直接计入企业当期损益的利得或损失的有（   ）。

A. 可供出售金融资产公允价值的变动

B. 处置固定资产的净损失

C. 转让专利权的净收益

D. 持有至到期投资重分类为可供出售金融资产时的贷方差额

3. 下列事项中，可以引起所有者权益减少的有（   ）。

A. 回购库存股   B. 用盈余公积弥补亏损

C. 宣告分配利润   D. 宣布发放股票股利

4. 下列事项中能够引起资产总额减少的有（   ）。

A. 长期股权投资权益法下，被投资企业发生亏损

B. 交易性金融资产持有期间被投资企业宣告发放现金股利

C. 计提长期股权投资减值准备

D. 支付本企业在建工程人员工资

5. 下列做法中，不违背会计信息质量可比性要求的有（   ）。

A. 鉴于某项固定资产改良后性能提高，决定延长其折旧年限

B. 因预计发生年度亏损，将以前年度计提的存货跌价准备全部予以转回

C. 鉴于某项专有技术已经陈旧过时，未来不能给企业带来经济利益，将其账面价值一次性核销

D. 鉴于某被投资企业将发生亏损，将该投资由权益法核算改为成本法核算

6. 下列各项中，属于利得的有（ 　　）。

A. 出租投资性房地产取得的收入

B. 投资者的出资额大于其在被投资单位注册资本中所占份额的金额

C. 处置无形资产产生的净收益

D. 以资产清偿债务形成的债务重组收益

7. 根据资产的定义，下列各项中关于资产的特征表述的是（ 　　）。

A. 资产应为企业拥有或控制的资源

B. 资产预期会给企业带来经济利益

C. 资产是由企业过去的交易或者事项形成的

D. 资产只能给企业带来现金流入

8. 关于所有者权益，下列说法中正确的有（ 　　）。

A. 所有者权益是指企业资产扣除负债后由所有者享有的剩余权益

B. 直接计入资本公积的利得和损失属于所有者权益

C. 所有者权益金额应单独计量，不取决于资产和负债的计量

D. 所有者权益项目应当列入利润表

9. 下列关于会计基本假设的表述中，不正确的有（ 　　）。

A. 基金管理公司管理的证券投资基金不属于会计主体

B. 会计分期确立了会计核算的空间范围

C. 会计主体必然是法律主体

D. 货币计量为确认、计量和报告提供了必要的手段

10. 企业收到的款项中，不属于"收入"的有（ 　　）。

A. 销售商品收到的增值税

B. 出租固定资产而收到的租金

C. 出售原材料收到的款项

D. 出售无形资产收到的款项

11. 根据负债的定义，负债的特征有（ 　　）。

A. 与潜在义务有关的经济利益很可能流出企业，应当将其确认负债

B. 负债是企业承担的现时义务

C. 负债的清偿预期会导致经济利益流出企业

D. 负债是由企业过去的交易或者事项形成的

12. 下列项目中，能同时引起资产和所有者权益减少的业务有（　　）。

A. 用银行存款支付业务招待费

B. 计提行政管理部门固定资产折旧

C. 财产清查中发现的存货盘盈

D. 出租无形资产的摊销

13. 下列各项中，体现谨慎性要求的有（　　）。

A. 企业期末对其持有的可供出售金融资产计提减值准备

B. 为了减少技术更新带来的无形损耗，企业对高新技术设备采取加速折旧法

C. 对于企业发生的或有事项，通常不能确认资产，只有当相关经济利益基本确定能够流入企业时，才能作为资产予以确认

D. 采用成本与可变现净值孰低法对存货进行期末计价

14. 会计信息质量要求中的可靠性具体包括（　　）。

A. 企业应当以实际发生的交易或者事项为依据进行会计确认、计量和报告

B. 企业应当如实反映其所应反映的交易或者事项

C. 企业应当在符合重要性和成本效益原则的前提下，保证会计信息的完整性

D. 编报的报表及其附注内容等应当保持完整，不能随意遗漏或者减少应予披露的信息，与使用者决策相关的有用信息都应当充分披露

15. 关于会计要素，下列说法中正确的有（　　）。

A. 收入可能表现为企业负债的减少

B. 费用可能表现为企业负债的减少

C. 收入会导致所有者权益增加

D. 收入只包括本企业经济利益的流入，而不包括为第三方或客户代收的款项

16. 根据可靠性要求，企业会计核算应当做到（　　）。

A. 以实际发生的交易或事项为依据

B. 在符合重要性和成本效益的前提下，保证会计信息的完整性

C. 在财务报告中的会计信息应当是中立的、无偏的

D. 及时收集、处理和传递会计信息

17. 下列业务中体现重要性原则的有（　　　　）。

A. 上市公司对外提供中期财务报告披露的附注信息不如年度财务报告详细

B. 对周转材料的摊销采用一次摊销法

C. 分期收款销售商品按现值确认收入

D. 对融资租入的固定资产视同自有资产进行核算

18. 下列各项关于利润的表述正确的是（　　　　）。

A. 利润反映的是企业的经营业绩情况

B. 利润的确认主要依赖于收入和费用以及利得和损失的确认

C. 利润包括收入减去费用和净额、直接计入当期利润的利得和损失

D. 直接计入当期利润的利得和损失，是指应当计入当期损益、最终会引起所有者权益发生增减变动的、与所有者投入资本或者向所有者分配利润无关的利得或者损失

19. 下列项目中，属于资产要素特征的有（　　　　）。

A. 必须是企业所控制或拥有的

B. 能够给企业带来经济利益

C. 有形和无形均可

D. 是过去的交易或事项形成的

20. 下列哪些计量基础属于会计实务中使用的计量基础（　　　　）。

A. 历史成本　　　　　　　　　　B. 可变现净值

C. 现值　　　　　　　　　　　　D. 千克

三、判断题（正确用"√"表示，错误用"×"表示）

1. 企业在对会计要素进行计量时，只能采用历史成本模式。（　　）

2. 法人可以作为会计主体，但会计主体不一定是法人。（　　）

3. 损失是指由企业日常活动所发生的、会导致所有者权益减少的、与向所有者分配利润无关的经济利益的流出。（　　）

4. 筹建期间发生的开办费不符合资产的定义，应于实际发生时计入当期损益。（　　）

5. 负债是指企业过去交易或者事项形成的、预期会导致经济利益流出的现时、潜在义务。（　　）

6. 我国财务报告的目标是向投资者提供与企业财务状况、经营成果和现金

流量等有关的会计信息，反映企业管理层受托责任履行情况，有助于投资者做出经济决策。（　　）

7. 法院正在审理中的因被侵权而很可能获得的赔偿款应确认为资产。（　　）

8. 收入能够导致企业所有者权益增加，但导致所有者权益增加的不一定都是收入。（　　）

9. 如果企业某项会计信息的省略或错报金额较小，则该信息就不属于重要的信息。（　　）

10. 费用应当会导致经济利益的流出，从而导致资产的减少或者负债的增加。（　　）

11. 会计要素既是会计确认和计量的依据，也是确定财务报表结构和内容的基础。（　　）

12. 实质重于形式原则要求企业应当按照交易或者事项的经济实质进行会计确认、计量和报告，不应以交易或者事项的法律形式为依据。（　　）

13. 直接计入当期利润的利得和损失，最终会导致所有者权益发生增减变动。（　　）

14. 企业发生的某些支出，金额较小的，从支出受益期来看，可能需要若干个会计期间进行分摊，但根据重要性要求，可以一次计入当期损益。（　　）

15. 损失是指由企业非日常活动所形成的、会导致所有者权益减少的、与向所有者分配利润无关的经济利益的流出，损失不应计入当期损益。（　　）

16. 对于一项财产物资，企业必须拥有其所有权，才能作为企业的资产予以确认。（　　）

17. 一项资产只有当其肯定能给企业带来经济利益时才能予以确认；一项负债只有当其肯定导致经济利益流出企业时才能予以确认。（　　）

18. 会计主体一定是法律主体，法律主体不一定是会计主体。（　　）

19. 企业在一定期间发生亏损，则企业在这一会计期间的所有者权益不一定减少。（　　）

20. 利得是指由企业非日常活动所形成的、会导致所有者权益增加的、与所有者投入资本无关的经济利益的流入，利得不应计入当期损益。（　　）

21. 营业外收入作为会计要素"收入"，会影响当期损益。（　　）

22. 法院正在审理中的因侵权而很可能获得的赔款应确认为资产。（　　）

23. 业务收支以人民币以外的货币为主的企业，可以选定某种外币为记账本位币，并以记账本位对外编制财务报告。（　　）

24. 企业对会计要素进行计量时，只能采用历史成本或公允价值计量。（　　）

25. 会计计量是为了将符合确认条件的会计要素登记入账，并列报于财务报表而确定其金额的过程。（　　）

26. 企业拥有的一项经济资源，即使没有发生实际成本或者发生的实际成本很小，但如果公允价值能够可靠计量，也应认为符合资产能够可靠计量的确认条件。（　　）

第二章 货币资金

知识目标和要求。学习本章应掌握：货币资金的概念和内容，现金的日常管理制度；现金、银行存款其他货币资金的会计处理；了解货币资金的内部控制制度。

能力、技能目标和要求。通过本章的学习，学生能够了解企业内部控制体系的内容，能运用所学知识实现对企业货币资金的管理和核算。

本章重点。货币资金的内涵；货币资金的内控制度；现金的使用范围；不同银行存款结算方式的特征；其他货币资金的构成。

本章难点。货币资金的内控制度；现金的使用范围；不同银行存款结算方式的特征。

一、单项选择题（单项选择题备选答案中，只有一个符合题意的正确答案。多选、错选、不选均不得分）

1. 企业将款项委托开户银行汇往采购地银行，开立采购账户时，应借记的科目是（　　）。

A. "银行存款"科目　　　　　　B. "材料采购"科目

C. "其他货币资金"科目　　　　D. "其他应收款"科目

2. 下列各项中，不属于"其他货币资金"科目核算内容的是（　　）。

A. 信用证存款　　　　　　　　B. 存出投资款

D. 银行汇票存款　　　　　　　D. 商业汇票

3. 企业采用银行承兑汇票结算方法购进货物，签发的银行承兑汇票经开户银行承兑时，支付的承兑手续费应计入（　　）。

A. 管理费用　　　　　　　　　B. 财务费用

C. 销售费用　　　　　　　　　D. 材料采购

4. 企业在现金清查中发现多余现金，在未经批准处理之前，应借记"库存现金"科目，贷记（　　）。

A. 营业外收入   B. 待处理财产损溢

C. 其他应付款   D. 其他业务收入

5. 企业的银行存款账户中，办理日常转账结算和现金收付业务的是( )。

A. 基本存款账户   B. 一般存款账户

C. 临时存款账户   D. 专用存款账户

6. 关于现金日记账的格式的表述，不正确的是 ( )。

A. 现金日记账的格式主要有三栏式

B. 现金日记账都可以使用活页账

C. 凭证栏是登记入账的收付款凭证的种类和编号

D. 三栏式库存现金日记账是用来登记库存现金的增减变动及其结果的日记账

7. 企业商业承兑汇票的承兑人通常为 ( )。

A. 购货企业   B. 销货企业

C. 购货企业的开户银行   D. 销货企业的开户银行

8. 一个企业的采购人员预借差旅费，出纳以库存现金支付，应借记( )账户核算。

A. 库存现金   B. 管理费用

C. 其他应收款   D. 其他应付款

9. 根据我国《现金管理暂行条例》规定，企业的下列经济业务中，不能用现金支付的是 ( )。

A. 支付职工奖金 4 000 元   B. 支付零星办公用品购置费 900 元

C. 支付物资采购货款 1 200 元   D. 支付职工差旅费 2 000 元

10. 企业对现金清查中发现的确实无法查明原因的长款，应将该长款计入( )。

A. 其他业务收入   B. 其他综合收益

C. 管理费用   D. 营业外收入

11. 企业的工资、奖金等库存现金的支取，按规定只能通过 ( ) 账户办理。

A. 基本存款   B. 一般存款

C. 临时存款   D. 专用存款

12. 企业存放在银行的外埠存款，应通过 ( ) 科目进行核算。

A. 其他货币资金　　　　　　B. 银行存款

C. 存出投资款　　　　　　　D. 库存现金

13. 现行银行结算管理办法规定，企业支票付款的有效期限应为（　　）天。

A. 3　　　　　　　　　　　B. 5

C. 10　　　　　　　　　　　D. 15

14. 现行银行结算办法规定，下列结算方式中，只能用于商品交易款项结算的是（　　）。

A. 银行汇票结算方式　　　　B. 商业汇票结算方式

C. 委托收款结算方式　　　　D. 银行本票结算方式

15. 现行银行结算办法规定，商业汇票的承兑期限一般不得超过（　　）。

A. 1 个月　　　　　　　　　B. 6 个月

C. 10 个月　　　　　　　　　D. 1 年

16. 企业已存入证券公司但尚未进行交易性金融资产的现金是指（　　）。

A. 外埠存款　　　　　　　　B. 银行汇票

C. 存出投资款　　　　　　　D. 信用证

17. 企业到外地进行临时或零星采购时，汇往采购地银行开立采购专户的款项属于下列哪一项（　　）。

A. 外埠存款　　　　　　　　B. 银行汇票

C. 银行本票　　　　　　　　D. 信用证

18. 下列各项中，可以采用商业汇票进行结算的是（　　）。

A. 法人之间具有真实的交易

B. 个人之间具有真实的交易

C. 法人之间只有商品交易才可采用

D. 个人之间只有商品交易才可采用

19. 企业收到承租方以现金支付的出租包装物押金 500 元。会计分录为（　　）。

A. 借：库存现金 500　　贷：其他业务收入 500

B. 借：库存现金 500　　贷：主营业务收入 500

C. 借：库存现金 500　　贷：应收账款 500

D. 借：库存现金 500　　贷：其他应付款 500

20. 按照《银行账户管理办法》的规定，一个单位或企业只能在一家银行的一个营业机构开设一个（　　　）。

    A. 一般存款户   B. 专用存款

    C. 临时存款产   D. 基本存款账户

21. 信用卡存款业务发生时，应在（　　　）科目核算。

    A. 其他应收款   B. 银行存款

    C. 其他货币资金   D. 库存现金

22. 银行存款日记账应由（　　　）登记。

    A. 会计负责人   B. 会计人员

    C. 出纳人员   D. 业务经办人员

23. 下列情形中，不违背《内部控制会计规范——货币资金》规定的"确保办理货币资金业务的不相容岗位相互分离、制约和监督"原则的是（　　　）。

    A. 由出纳人员兼任会计档案保管工作

    B. 由出纳人员保管签发支票所需全部印章

    C. 由出纳人员兼任收入总账和明细账的登记工作

    D. 由出纳人员兼任固定资产明细账及其总账的登记工作

24. 对于银行已经入账，而企业尚未入账的未达账项，企业在编制银行存款余额调节表后，一般应当（　　　）。

    A. 根据银行存款余额调节表进行账务处理

    B. 根据银行对账单上的记录进行账务处理

    C. 待结算凭证到达后再进行账务处理

    D. 根据对账单和调节表自制凭证进行账务处理

25. 企业将款项汇往异地银行开立采购专户，编制该业务的会计分录时应当（　　　）。

    A. 借记"应收账款"科目，贷记"银行存款"科目

    B. 借记"其他货币资金"科目，贷记"银行存款"科目

    C. 借记"其他应收款"科目，贷记"银行存款"科目

    D. 借记"材料采购"科目，贷记"其他货币资金"科目

26. 以下所述不符合银行存款开户的有关规定的是（　　　）。

    A. 企业的工资、奖金等日常经营业务的资金收付，只能通过基本存款账户办理

    B. 企业可以通过一般存款账户办理转账结算和现金支取

C. 一个企业只能选择一家银行的一个营业机构开立一个基本存款账户，不得在多家银行机构开立基本存款账户

D. 不得在同一家银行的几个分支机构开立一般存款账户

27. 经过"银行存款余额调节表"调整后的银行存款余额为（　　）。

A. 企业账上的银行存款余额　　　　B. 银行账上的企业存款余额

C. 企业可动用的银行存款数额　　　　D. 企业应当在会计报表中反映的银行存款余额

28. 企业发现库存现金短缺后属于无法查明的其他原因，按照管理权限经批准处理时，应在以下账户核算（　　）。

A. 其他应收款　　　　　　　　　　B. 营业外支出

C. 管理费用　　　　　　　　　　　D. 财务费用

29. 下列支付结算方式中，需签订有购销合同才能使用的是（　　）。

A. 银行汇票　　　　　　　　　　　B. 银行本票

C. 托收承付　　　　　　　　　　　D. 支票

30. 银行承兑汇票的承兑人是（　　）。

A. 购货单位　　　　　　　　　　　B. 购货单位的开户银行

C. 销货单位　　　　　　　　　　　D. 销货单位的开户银行

二、多项选择题（多项选择题备选答案中，有两个或两个以上符合题意的正确答案。多选、少选、错选、不选均不得分）

1. 按照《银行账户管理办法》规定，企业的银行存款账户分为（　　）。

A. 基本存款账户　　　　　　　　　B. 一般存款账户

C. 临时存款账户　　　　　　　　　D. 专用存款账户

2. 商业汇票的签发人可以是（　　）。

A. 收款人　　　　　　　　　　　　B. 付款人

C. 承兑申请人　　　　　　　　　　D. 承兑银行

3. 企业发生的下列支出中，可用库存现金支付的有（　　）。

A. 发放本月职工工资185 000元　　B. 向企业购买大宗材料支付的价款

C. 购买办公用品580元　　　　　　D. 出差人员随身携带的差旅费

4. 下列各项中，属于其他货币资金的有（　　）。

A. 银行本票存款　　　　　　　　　B. 信用卡存款

C. 银行汇票存款　　　　　　　　　D. 外埠存款

5. 下列各项中，符合《现金管理暂行条例》规定可以用现金结算的有（　　）。

A. 向个人收购农副产品支付的价款

B. 购买原材料价款 68 000 元

C. 支付给职工个人的劳务报酬

D. 报销退休职工张某医药费 6 300 元

6. 导致企业账银行存款的余额与银行账企业存款的余额在同一日期不一致的情况有（　　）。

A. 银行已记作企业的存款增加，而企业尚未接到收款通知，尚未记账的款项

B. 银行已记作企业的存款减少，而企业尚未接到付款通知，尚未记账的款项

C. 企业已记作银行存款增加，而银行尚未办妥入账手续的款项

D. 企业已记作银行存款减少，而银行尚未支付入账的款项

7. 下列各项中，不通过"其他货币资金"科目核算的有（　　）。

A. 银行汇票存款　　　　　　　B. 银行承兑汇票

C. 备用金　　　　　　　　　　D. 存出投资款

8. 根据《银行账户管理办法》，企事业单位的存款账户分为（　　）。

A. 基本存款账户　　　　　　　B. 一般存款账户

C. 临时存款账户　　　　　　　D. 专用存款账户

9. 下列结算方式中同城结算可采用的方式为（　　）。

A. 支票　　　　　　　　　　　B. 银行本票

C. 委托收款　　　　　　　　　D. 托收承付

10. 下列结算方式中既可以用于同城结算，又可以用于异地结算的方式为（　　）。

A. 商业汇票　　　　　　　　　B. 银行本票

C. 委托收款　　　　　　　　　D. 托收承付

11. 基本存款账户的用途有（　　）。

A. 库存现金的存取　　　　　　B. 日常转账结算业务

C. 基建专款　　　　　　　　　D. 外地临时采购

12. 商业汇票分为（　　）。

A. 定额汇票　　　　　　　　　　B. 非定额汇票

C. 商业承兑汇票　　　　　　　　D. 银行承兑汇票

13. 按照《现金管理暂行条例》的规定，（　　　）属于库存现金收入的范围。

A. 职工交回差旅费剩余款　　　　B. 从银行提取现金

C. 将现金送存银行　　　　　　　D. 收取结算起点以下的小额销货款

14. 下列各项中，违反现金收入管理规定的是（　　　）。

A. 坐支现金

B. 收入的现金于当日送存银行

C. 将企业的现金收入按个人储蓄方式存入银行

D. "白条"抵库

15. 下列各项中，应确认为企业其他货币资金的有（　　　）。

A. 企业持有的 3 个月内到期的债券投资

B. 企业为购买股票向证券公司划出的资金

C. 企业汇往外地建立临时采购专户的资金

D. 企业向银行申请银行本票时拨付的资金

16. 编制银行存款余额调节表时，下列未达账项中，会导致企业银行存款日记账的账面余额小于银行对账单余额的有（　　　）。

A. 企业开出支票，银行尚未支付

B. 企业送存支票，银行尚未入账

C. 银行代收款项，企业尚未接到收款通知

D. 银行代付款项，企业尚未接到付款通知

17. 货币资金的管理和控制应当遵循如下原则（　　　）。

A. 实施定期轮岗制度　　　　　　B. 实施内部稽核

C. 实行交易分开　　　　　　　　D. 严格职责分工

18. 下列事项中，符合现金管理有关规定的有（　　　）。

A. 企业对于当日送存现金有困难的，由开户银行确定送存时间

B. 因特殊情况需要坐支现金的，应当事先报经开户银行审批

C. 企业从开户银行提取现金，只要由本单位出纳人员签字盖章即可

D. 不准用银行账户代其他单位和个人存入或支取现金

19. 货币资金监督检查的内容主要包括（　　　）。

A. 票据的保管情况

B. 货币资金业务相关岗位及人员的设置情况

C. 货币资金授权批准制度的执行情况

D. 支付款项印章的保管情况

三、判断题（正确用"√"表示，错误用"×"表示）

1. 根据现行银行结算办法的有关规定，异地托收承付结算方式可适用于各种企业办理商品交易，以及因商品交易而产生的劳务供应的款项。（　　）

2. 企业采用代销、寄销、赊销方式销售商品的款项，不得采用异地托收承付结算方式结算货款。（　　）

3. 我国的会计核算以人民币为记账本位币，因此，企业的现金是指库存的人民币现金，不包括外币。（　　）

4. 企业与银行核对银行存款账目时，对已发现的未达账项，应当编制银行存款余额调节表进行调节，并进行相应的账务处理。（　　）

5. 无论是商业承兑汇票还是银行承兑汇票，付款人都负有到期无条件支付票款的责任。（　　）

6. 企业用银行汇票支付购货款时，应通过"应付票据"账户核算。（　　）

7. 我国会计上所说的现金仅指企业库存的人民币。（　　）

8. 未达账款是指企业与银行之间由于凭证传递上的时间差，一方已登记入账而另一方尚未入账的账项。（　　）

9. 托收承付结算方式既适用于同城结算，也适用于异地结算。（　　）

10. 商业承兑汇票是由购货企业签发的，并由购货企业承兑。（　　）

11. 企业采用托收承付结算的款项，必须是商品交易，以及因商品交易而产生的劳务供应的款项。（　　）

12. 企业平时核对银行存款只需以银行对账单为准。（　　）

13. 企业采用托收承付结算的款项，必须是商品交易，以及因商品交易而产生的劳务供应的款项。（　　）

14. 企业银行存款账面余额与银行对账单余额因未达账项存在差额时，应按照银行存款余额调节表调整银行存款日记账。（　　）

四、计算分析题

1. 甲公司 2016 年 12 月发生与银行存款有关的业务如下：

（1）①12 月 28 日，甲公司收到 A 公司开出的 480 万元转账支票，交存银行。该笔款项系 A 公司违约支付的赔款，甲公司将其计入当期损益。

②12 月 29 日，甲公司开出转账支票支付 B 公司咨询费 360 万元，并于当日交给 B 公司。

（2）12 月 31 日，甲公司银行存款日记账余额为 432 万元，银行转来对账单余额为 664 万元。经逐笔核对，发现以下未达账项：

①甲公司已 12 月 28 日收到的 A 公司赔款登记入账，但银行尚未记账。

②B 公司尚未将 12 月 29 日收到的支票送存银行。

③甲公司委托银行代收 C 公司购货款 384 万元，银行已于 12 月 30 日收妥并登记入账，但甲公司尚未收到收款通知。

④12 月甲公司发行借款利息 32 万元，银行已减少其存款，但甲公司尚未收到银行的付款通知。

要求：

（1）编制甲公司上述业务（1）的会计分录；

（2）根据上述资料编制甲公司银行存款余额调节表。

2. 某企业发生的经济业务资料如下：

（1）办公室科员张行出差预借差旅费 800 元，财务部以现金支付，出差后报销费用 850 元。

（2）供销部门采购员李远要在市内采购材料，预借备用金 1 000 元，开出现金支票。采购结束报销 800 元。

（3）财务部核定供销科备用金定额 750 元，并以现金支付。本月供销科实际报销零星开支 730 元，用现金补足定额。

（4）财务部门在现金定期清查中发现短缺 20 元，清查核实后，仍无法查明原因。责成出纳员王敏赔偿。

要求：根据上述资料编制会计分录。

3. 某企业发生的经济业务资料如下：

（1）A 公司销售产品价款 10 000 元，增值税率为 17%，收到银行汇票并送存银行。

（2）B 公司采用托收承付结算方式从 E 公司采购甲材料价款 50 000 元，增值税率为 17%，验货付款。验货后，材料实际入库 45 000 元，另 5 000 元材料因质量问题已退货，入库材料的货款已支付。

（3）C 公司采用托收承付结算方式销售给 D 公司乙产品货款 60 000 元，增值税率为 17%，用银行存款垫付运费 700 元，购货方验单付款，3 天后如数收到所有款项。

要求：根据上述资料编制会计分录。

4. 某企业发生的经济业务资料如下：

（1）甲公司委托银行开出 50 000 元银行汇票进行采购。采购丙材料价款 42 000元，增值税率为17%。材料验收入库，余款退回。

（2）乙公司汇出 80 000 元去外地设立采购专户。采购结束收到供货单位发票凭证，所列价款 60 000 元，增值税率17%，所购丁材料已入库，余额已收回。

要求：根据上述资料编制会计分录。

案例分析：

货币资金管理漏洞，出纳 10 年挪用公款 2 500 多万元

陕西省水利厅出纳，10 年时间竟然挪用了公款 2 500 多万元，直到挥霍一空也没有被发现。这样的事情说起来令人瞠目结舌甚至有些荒唐。近日，随着西安市新城区人民法院公开审理，这起国家工作人员挪用巨额公款的案件浮出了水面。

2017 年 11 月 9 日上午，西安市新城区法院公开审理一起挪用公款案，检察院指控，2005 年 2 月~2016 年 4 月，被告人闵某担任陕西省水利厅出纳及水利厅下属陕西省机电排灌管理站出纳期间，先后多次从其单位账户上挪用公款 2500 多万元。

一名国家公职人员，为什么胆大包天，10 年时间挪用公款 2 500 多万元没有被发现？他的作案动机究竟是什么？

原来，10 多年前，闵某就热衷于炒股，一开始用自己的钱炒股，虽有盈利，但投入少，获利并不大。闵某当时是陕西省机电排灌站管理现金的出纳，为了投入更多的钱炒股，他就动起了歪念。

最初他用来炒股的钱很少，仅有一两万元，就开始挪用公款，赚了就补上所挪用款项。

一开始，闵某采取套现的方式挪用公款，后来担心时间长了被发现。2005 年 2 月，闵某找到了和自己关系要好的西安莲湖区某钣金加工部的李某，闵某声称自己单位要用钱，现金不好提，所以把单位账户 30 万元资金转到钣金加工部

账户,然后再由李某转给闵某本人。2005 年和 2006 年,闵某通过这样的手段套取现金 62 万元。之后,为了挪用公款更方便,闵某干脆自己拿着现金支票,盖上单位财务专用章和财务负责人印章后,直接去银行提取公款。

为了掩人耳目,闵某找人私刻了银行印章,每个月伪造银行对账单交由会计做账。

2007 年之后,闵某几乎每月都以各种名义,从单位账户提款,少则三四万元、多则一二十万元。

2008 年后,由于股市行情不好,闵某动用公款炒股亏损较多,为了及时回本,他开始融资炒股、炒商品期货、股指期货,但亏损居多。这期间闵某还大量买彩票,想以中奖弥补挪用公款的亏空,光购买彩票的费用就花了 300 多万元,但一直未能中上大奖。

2016 年 5 月,由于挪用公款亏空太大,无法继续隐瞒,闵某投案自首。他挪用的 2 500 多万元,几乎没有追回来,一是时间跨度长,二是这个钱主要用于期货,账户上亏空完了,所以没有办法追回。

经法院审理发现,对于挪用的公款,闵某除了买股票、期货和彩票之外,还用于偿还私人借款,买房、买汽车,娱乐场所消费等。

此案件令人警示的是,闵某挪用如此大数额的公款,也反映出了其单位在财务监管上的巨大漏洞。正如其辩护律师所述:闵某所在单位的会计人员,从来没有尽到必要的核查职责,负责人没有尽到必要的监管职责,单位的各项管理制度形同虚设,监管机制的缺乏给被告人犯罪创造了土壤。

一个出纳,居然在十年时间里挪用 2 500 多万元的公款,却没有被发现。震惊之余,值得反思的恐怕还是单位的管理体制和制度方面存在的漏洞。正如检察官所说,如果单位能把财务制度严格落实到位,如果会计人员能认真负责核查账目。这样的事情或许就不会发生。

资料来源:王宏伟,陕西新闻网,2017 – 11 – 15。

案例思考:该企业货币资金管理存在哪些漏洞?

第三章　应收及预付款项

知识目标和要求。学习本章，要求学生了解应收账款的性质与范围，掌握应收账款发生与收回的核算，掌握应收票据、坏账、预付及其他应收款的核算。

能力、技能目标和要求。通过本章学习，学生要能独立完成对企业应收及预付款项业务的会计核算和分析。

本章重点。应收票据的贴现；应收账款的确认核算；应收账款的坏账处理。

本章难点。应收票据贴现的核算以及应收账款的坏账处理。

一、单项选择题（单项选择题备选答案中，只有一个符合题意的正确答案。多选、错选、不选均不得分）

1. 下列项目中，属于应收账款范围的是（　　）。

A. 应向接受劳务单位收取的款项　　B. 应收外单位的赔偿款

C. 应收存出保证金　　　　　　　　D. 应向职工收取的各种垫付款项

2. 某企业销售商品一批，增值税专用发票上标明的价款为 60 万元，适用的增值税税率为17%，为购买方代垫运杂费 2 万元，款项尚未收回。该企业确认的应收账款为（　　）万元。

A. 60　　　　　　　　　　　　　　B. 62

C. 70. 2　　　　　　　　　　　　　D. 72. 2

3. 总价法是将（　　）作为实际售价，记为应收账款的入账价值。

A. 未扣减商业折扣前的金额　　　　B. 未扣减现金折扣前的金额

C. 扣减现金折扣后的金额　　　　　D. 扣减商业折扣和现金折扣的金额

4. 下列各项中，不构成应收账款入账价值的是（　　）。

A. 现金折扣　　　　　　　　　　　B. 商业折扣

C. 提供劳务的价款　　　　　　　　D. 代购货方垫付的包装费

5. 采用总价法确认应收账款入账金额的情况下，销售方应将给予客户的现金折扣计入（　　）。

A. 管理费用　　　　　　　　　　B. 财务费用

C. 营业费用　　　　　　　　　　D. 营业外支出

6. 某企业 2016 年 10 月 8 日销售商品 100 件，增值税专用发票上注明的价款为 10 000 元，增值税额为 1 700 元。企业为了及早收回货款而在合同中规定的现金折扣条件为：2/10，1/20，n/30。假定计算现金折扣时不考虑增值税。如买方 2016 年 10 月 14 日付清货款，该企业实际收款金额应为（　　）元。

A. 11 466　　　　　　　　　　　B. 11 500

C. 11 583　　　　　　　　　　　D. 11 600

7. 华大公司销售某种商品报价 10 000 元，商业折扣为 5%，付款条件为 2/10，1/20，n/30，在总价法下，应收账款入账金额为（　　）元。

A. 9 500　　　　　　　　　　　 B. 10 000

C. 9 800　　　　　　　　　　　 D. 9 310

8. 某工业企业销售产品每件 120 元，若客户购买 100 件（含 100 件）以上可得到 20 元的商业折扣。某客户 2013 年 12 月 10 日购买该企业产品 100 件，按规定现金折扣条件为 2/10，1/20，n/30。适用的增值税率为 17%。该企业于 12 月 29 日收到该笔款项时，应给予客户的现金折扣为（　　）元。（假定计算现金折扣时不考虑增值税）

A. 0　　　　　　　　　　　　　 B. 100

C. 117　　　　　　　　　　　　 D. 1 100

9. 企业对有确凿证据表明已不符合预付账款性质的预付账款，应将其金额转入（　　）科目，并计提坏账准备。

A. 应收账款　　　　　　　　　　B. 应收票据

C. 其他应收款　　　　　　　　　D. 应付账款

10. 预付款项情况不多的企业，可以不设置"预付账款"科目，预付货款时，借记的会计科目是（　　）。

A. 应收账款　　　　　　　　　　B. 预收账款

C. 其他应收款　　　　　　　　　D. 应付账款

11. 应收票据在贴现时，其贴现息应该计入（　　）。

A. 财务费用　　　　　　　　　　B. 银行承兑汇票

C. 商业承兑汇票　　　　　　　　D. 应收票据

12. 未贴账的商业承兑汇票到期，如果付款人无力支付票款，银行将应收票据退回时，收款企业应将其转入（　　）科目。

  A. 应收账款   B. 其他应收款

  C. 预收账款   D. 预付账款

13. 甲企业 2009 年 11 月 1 日销售一批商品，并于当日收到面值 6 000 元、期限 3 个月的银行承兑汇票一张。12 月 31 日，该应收票据的账面价值为（　　）元。

  A. 6 075   B. 6 025

  C. 6 050   D. 6 000

14. 应收票据取得时应按（　　）做账。

  A. 票据到期价值   B. 票据面值

  C. 票据面值加应计利息   D. 票据贴现额

15. 一张 5 月 26 日签发的 30 天的票据，其到期日为（　　）。

  A. 6 月 25 日   B. 6 月 26 日

  C. 6 月 27 日   D. 6 月 24 日

16. 某企业于 2 月 28 日将某股份公司于 1 月 31 日签发的带息应收票据向银行贴现，该票据面值为 10 000 元，年利率为 10%，期限为 6 个月，贴现率为 12%，该企业实际收到的贴现金额应为（　　）元。

  A. 10 600   B. 10 335

  C. 10 000   D. 9 975

17. 票据贴现期即从（　　）。

  A. 票据开出日到贴现日   B. 票据开出日到到期日

  C. 票据贴现日到到期日   D. 票据贴现日到实际收款日

18. B 公司为增值税一般纳税人，12 月 1 日从 A 公司购入甲材料 1 000 千克，每千克 50 元，增值税率 17%，当日以将于 12 月 15 日到期的票面金额为 51 000 元的应收 C 公司商业承兑汇票抵偿购料款，差额部分以银行存款结清。则 B 公司应计入银行存款账户的方向和金额为（　　）。

  A. 借方 1 000 元   B. 贷方 1 000 元

  C. 借方 7 500 元   D. 贷方 7 500 元

19. 甲企业 2010 年 9 月 1 日向 A 公司销售商品一批，售价 10 000 元，增值税税率为 17%，合同规定的现金折扣条件为 2/10，1/20，n/30（计算现金折扣时考虑增值税）。则 9 月 1 日，甲企业应该确认的应收账款为（　　）元。

A. 11 700   B. 11 500

C. 11 466   D. 10 000

20. 下列各项中，通过"其他应收款"科目核算的是（   ）。

    A. 应收的出租包装物租金   B. 预付的购货款

    C. 应收的销货款   D. 收取的出租包装物押金

21. 下列各项中，不会引起应收账款账面价值发生变化的是（   ）。

    A. 转销无法收回的应收账款   B. 收回应收销货款

    C. 计提应收账款坏账准备   D. 收回已转销的坏账

22. 某企业不单独设置预收账款科目，期初应收账款的余额为0。2017年5月10日销售产品一批，销售收入为10 000元，增值税税率为17%，款项尚未收到。2017年5月30日，预收货款10 000元。2017年5月31日应收账款的余额为（   ）元。

    A. 10 000   B. 11 700

    C. 21 700   D. 1 700

23. A公司2017年12月31日应收甲公司账款1 000万元，该账款预计的未来现金流量现值为960万元，此前已对该账款计提了15万元的坏账准备，则12月31日A公司为该笔应收账款应计提的坏账准备为（   ）万元。

    A. 1 000   B. 40

    C. 25   D. 15

24. 华盛公司年末应收账款余额为1 000 000元，坏账准备贷方余额为1 000元，按5‰提取坏账准备，则应补提的坏账准备为（   ）元。

    A. 4 000   B. 2 000

    C. 5 000   D. 3 500

25. 华盛公司2016年起采用应收账款余额百分比法计提坏账准备，计提比率为2%，2017年末应收账款余额500万元，2017年上半年确认坏账损失10万元，下半年收回已作为坏账损失处理的应收账款2万元。2017年末应收账款余额400万元，华盛公司2017年末坏账准备账户的余额是（   ）万元。

    A. 2   B. 10

    C. 8   D. 6

26. 企业采用余额百分比法计提坏账准备，计提比例1%，"坏账准备"的期初贷方余额为3 200元，以前期间确认的坏账中有2 000元在本期收回，本期确认的坏账为 5 000 元，本期末应收账款借方金额 1 000 000 元，则本期（   ）。

    A. 不计提坏账准备   B. 计提坏账准备 5 000 元

    C. 重减坏账准备 200 元   D. 计提坏账准备 9 800 元

27. 甲企业对应收款项按年末余额的 5% 计提坏账准备。2017 年末企业应收款项余额为 600 万元，坏账准备贷方余额 8 万元，则年末企业对应收款项应确认的资产减值损失为（   ）万元。

    A. 30   B. 22

    C. −8   D. −22

28. 2016 年 12 月 31 日，甲公司对应收 A 公司的账款进行减值测试。应收账款余额为 2 000 000 元，已提坏账准备 60 000 元，甲公司根据 A 公司的资信情况确定按应收账款期末余额的 10% 提取坏账准备。则甲公司 2016 年末提取坏账准备的会计分录为（   ）。

    A. 借：资产减值损失   140 000

           贷：坏账准备   140 000

    B. 借：资产减值损失   100 000

           贷：坏账准备   100 000

    C. 借：资产减值损失   60 000

           贷：坏账准备   60 000

    D. 借：资产减值损失   40 000

           贷：坏账准备   40 000

29. 连续提取坏账准备的情况下，"坏账准备"科目在期末结账前如为贷方余额，其反映的内容是（   ）。

    A. 企业已提取但尚未转销的坏账准备数额

    B. 上年末坏账准备的余额小于本年确认的坏账损失部分

    C. 已经发生的坏账损失

    D. 本年提取的坏账准备

30. 企业已计提坏账准备的应收账款确实无法收回，按管理权限报经批准作为坏账转销时，应编制的会计分录是（   ）。

    A. 借记"资产减值损失"科目，贷记"坏账准备"科目

    B. 借记"管理费用"科目，贷记"应收账款"科目

    C. 借记"坏账准备"科目，贷记"应收账款"科目

D. 借记"坏账准备"科目,贷记"资产减值损失"科目

二、多项选择题(多项选择题备选答案中,有两个或两个以上符合题意的正确答案。多选、少选、错选、不选均不得分)

1. 下列各种票据收到时,应通过应收票据核算的有(　　)。

A. 商业承兑汇票　　　　　　　　B. 支票

C. 银行承兑汇票　　　　　　　　D. 银行本票

2. 在会计实务中,企业应收账款包括(　　)。

A. 销售商品、产品应向客户收取的款项

B. 提供主要经营业务、劳务时应向客户收取的款项

C. 购货的预付定金

D. 存出保证金

3. 按照准则规定,可以作为应收账款入账金额的项目有(　　)。

A. 商品销售收入价款　　　　　　B. 增值税销项税额

C. 商业折扣　　　　　　　　　　D. 代垫运杂费

4. 下列各项中,会引起应收账款账面价值发生变化的有(　　)。

A. 结转到期不能收回的应收票据

B. 计提应收账款坏账准备

C. 收回应收账款

D. 收回已转销的坏账

5. 下列各项中,构成应收账款入账价值的有(　　)。

A. 赊销商品的价款　　　　　　　B. 代购货方垫付的包装费

C. 代购货方垫付的运杂费　　　　D. 销售货物发生的商业折扣

6. 下列各项中,应通过"其他应收款"科目核算的有(　　)。

A. 代购货单位垫付的运杂费　　　B. 收取的出租包装物押金

C. 应收的各种赔款　　　　　　　D. 应向职工收取的各种垫付款

7. 根据承兑人不同,商业汇票分为(　　)。

A. 商业承兑汇票　　　　　　　　B. 银行承兑汇票

C. 银行本票　　　　　　　　　　D. 银行汇票

8. 应收票据终止确认时,对应的会计科目可能有(　　)。

A. 资本公积　　　　　　　　　　B. 原材料

C. 应交税费　　　　　　　　　　D. 材料采购

9. 在不单设预付账款的情况下，甲公司向乙公司预付材料款，甲公司在进行账务处理时，可能涉及的科目有（　　　）。

A. 借记"银行存款"　　　　　　　　B. 贷记"银行存款"

C. 借记"应付账款"　　　　　　　　D. 贷记"应付账款"

10. 下列各项业务中，应记入"坏账准备"科目贷方的有（　　　）。

A. 当期确认的坏账损失　　　　　　B. 冲回多提的坏账准备

C. 当期应补提的坏账准备　　　　　D. 已转销的坏账当期又收回

11. 下列各项中，应计提坏账准备的有（　　　）。

A. 应收账款　　　　　　　　　　　B. 应收票据

C. 预付账款　　　　　　　　　　　D. 其他应收款

12. 企业将无息应收票据贴现时，影响贴现利息计算的因素有（　　　）。

A. 票据的面值　　　　　　　　　　B. 票据的期限

C. 票据的种类　　　　　　　　　　D. 贴现的利率

13. 下列各项中，应计入"坏账准备"科目借方的有（　　　）。

A. 提取坏账准备　　　　　　　　　B. 冲回多提坏账准备

C. 收回以前确认并转销的坏账　　　D. 备抵法下实际发生的坏账

14. 关于预付账款账户，下列说法正确的有（　　　）。

A. "预付账款"属于资产类账户

B. 预付账款不多的企业，可以不单独设置"预付账款"账户，将预付的货款计入应付账款账户的借方

C. 预付账款账户贷方余额反映的是应付供应单位的款项

D. 预付账款账户核算企业因销售业务产生的往来款项

15. 不单设预付账款的情况下，甲公司向乙公司预付材料款，甲公司在进行账务处理时，可能涉及的科目有（　　　）。

A. 借记"银行存款"　　　　　　　　B. 贷记"银行存款"

C. 借记"应付账款"　　　　　　　　D. 贷记"应付账款"

16. 下列各项中，应计入"预付账款"借方的是（　　　）。

A. 收到货物验收入库　　　　　　　B. 预付购货款

C. 补付购货款　　　　　　　　　　D. 收回多余预付款

17. 下列各项业务中，应记入"坏账准备"科目贷方的有（　　　）。

A. 当期确认的坏账损失　　　　　　B. 冲回多提的坏账准备

C. 当期应补提的坏账准备　　　　　D. 已转销的坏账当期又收回

18. 下列各项中，应包括在资产负债表"应收账款"项目的有（　　　）。

A. 应收账款借方明细账余额　　　　B. 坏账准备

C. 预收账款借方明细账余额　　　　D. 其他应收款

三、判断题（正确用"√"表示，错误用"×"表示）

1. 对于商品销售业务，销货企业即使在向客户提供现金折扣的情况下，现金折扣也不影响确认应收账款的入账价值。（　　）

2. 商业折扣是债权人为鼓励债务人在规定期限内付款而向其提供的债务扣除。（　　）

3. 企业应收债务的利息在"应收账款"科目核算。（　　）

4. 总价法将销售方给予客户的现金折扣视为融资的财务费用。（　　）

5. 备抵法核算的企业，将确实无法收回的应收账款作为坏账转销时，不会减少其应收款项的账面价值。（　　）

6. 企业采用直接转销法时，不仅要考虑实际发生的坏账，还要考虑应收款项可能发生的坏账损失。（　　）

7. 采用备抵法核算坏账的情况下，发生坏账时所作的冲销应收账款的会计分录，会使资产及负债同时减少相同数额。（　　）

8. 已确认为坏账的应收账款，并不意味着企业放弃了其追索权。（　　）

9. 企业为职工垫付的水电费、应由职工负担的医药费等应该在企业的应收账款科目核算（　　）。

10. 商业折扣是债权人为鼓励债务人在规定期限内付款而向其提供的债务扣除。（　　）

11. 用应收账款余额百分比法估计坏账损失，是根据企业本期赊销金额和估计的坏账率来计提坏账准备的方法。（　　）

12. 企业坏账准备提取的方法和提取的比例应由国家统一规定。（　　）

13. 企业的应收账款既包括因赊销产品应向客户收取的款项，也包括购货的预付款项。（　　）

四、计算分析题

1. 2016 年 4 月 30 日，津宏公司收到某客户为偿付 4 月购货款 8 000 元交来的当天签发 2 个月到期的商业承兑汇票，利率为 9%。6 月 30 日，票据到期如数兑现。

要求：编制以上业务的会计分录。

2. 2016 年 6 月 1 日，在宏公司将 4 月 2 日大地公司开出的面值 10 000 元，利率 8%，90 天到期的商业承兑附息票据到银行贴现，并将贴现所得存入银行，贴现率为 10%。7 月 1 日票据到期，大地公司无力支付，银行向贴现企业索偿。

要求：编制以上业务的会计分录。

3. 大地公司于 2016 年 7 月 8 日赊销商品一批，发票价格为 40 000 元，现金折扣条件为"2/10，n/30"。该商品增值税税率为 17%，应计增值税额为 6 800 元。2016 年 7 月 15 日，收到货款。

要求：编制以上业务的会计分录。

4. 新锐公司于 2017 年 1 月 2 日通过银行转账方式向甲企业支付了材料物资预购定金 8 000 元；1 月 15 日，收到甲企业发出的材料物资，取得增值税专用发票上注明价款 10 000 元，增值税额 1 700 元；1 月 28 日，新锐公司补付材料款 3 700 元。

要求：编制以上业务的会计分录。

5. 2007 年 2 月，新锐公司发生的其他应收款业务如下：

（1）5 日，管理人员王明出差预支差旅费 2 000 元，以现金支付。2 月 20 日，王明出差回来，报销差旅费 1 560 元，余款交回现金。

（2）6 日，以银行存款替总经理垫付应由其个人负担的房租 5 000 元，拟从其工资中扣回。

（3）20 日，租包装物一批，以银行存款向出租方支付押金 10 000 元。

6. 根据以下经济业务编制会计分录：

新一公司发生以下经济业务：

（1）向金华公司销售产品，货款 2 万元，增值税额 3 400 元，共计 2.34 万元。取得不带息商业承兑汇票一张，面值 2.34 万元。

（2）向依丽公司销售产品，货款 6 万元，增值税额 1.02 万元，共计 7.02 万元。取得期限为 3 个月的带息银行承兑汇票一张，出票日期为 2016 年 11 月 1 日，票面利息为 10%。

（3）金华公司承兑的商业汇票到期，企业收回款项 23 400 元，存入银行。

（4）向瑞新公司销售产品，货款 4 万元，增值税额 0.68 万元。共计 4.68 万元，取得期限为 2 个月的带息商业承兑汇票一张，出票日期为 2016 年 12 月 1 日，票面利息为 9%。

（5）2016 年 12 月 31 日，计提依丽公司和瑞新公司商业汇票利息。

（6）向依丽公司销售产品所收的银行承兑汇票到期，企业收回款项，面值 7.02 万元，利息 1 755 元，共计 7.195 5 万元。

（7）向瑞新公司销售产品的商业承兑汇票到期，瑞新公司无力偿还票款（参见业务 4）。

（8）向 E 单位销售产品，货款 4.5 万元，增值税额 77 650 元，共计 5.265 万元。收取期限为 4 个月的商业承兑汇票，一张面值为 5.265 万元，出票日期为 2016 年 3 月 1 日。

（9）向 F 企业销售产品，货款 8 万元，增值税额 1.36 万元，共计 9.36 万元收取期限为 3 个月的商业承兑汇票一张，面值为 9.36 万元，票面利率为 10%，出票为 2009 年 4 月 1 日。

（10）2016 年 6 月 10 日，将持有的 E 单位不带息的商业承兑汇票一张到银行贴现，面值为 9.36 万元，票面利率为 10%，期限为 3 个月，出票日为 2016 年 4 月 1 日。银行年贴现率为 12%。

（11）企业将持有的账面价值为 1.17 万元的商业汇票背书转让，以取得货款为 1 万元，增值税额为 1 700 元的材料。

要求：编制以上业务的会计分录。

7. 天瑞公司为一般纳税企业，采用备抵法核算。其他资料如下：

（1）2016 年 12 月末计提坏账准备前，天瑞公司"应收账款"科目借方余额为 148 万元，"坏账准备"科目贷方余额为 1.52 万元；且"应收账款"科目所属各明细科目无贷方余额，"预收账款"科目所属各明细科目也无借方余额；天瑞公司计算估计 2016 年可能发生坏账损失 1.1 万元。

（2）2017 年度，天瑞公司发生下列相关经济业务：

①收到 A 公司归还的购货欠款，该笔欠款账面金额 117 万元，天瑞公司实际收款 115 万元存入银行，给予 A 公司现金折扣 2 万元。

②收到 B 公司归还的购货欠款，该笔应收账款为 7.02 万元，以前年度已作为坏账予以核销。

③确认 C 公司所欠劳务款 9.1 万元已无法收回，作坏账损失处理。

④向 D 公司赊销商品，不含税价款 180 万元，增值税 30.6 万元。

⑤公司计算估计 2018 年可能发生坏账损失 1.2 万元。

假定各年末，天瑞公司"其他应收款""应收票据"等科目的余额均为零。

要求：

（1）编制天瑞公司 2016 年末计提或冲减坏账准备的会计分录。

（2）编制天瑞公司 2017 年相关业务的会计分录。

8. M 公司对应收账款采用账龄分析法估计坏账损失。2015 年初"坏账准备"账户贷方余额 3 500 元；当年 3 月确认坏账损失 1 500 元；2015 年 12 月 31 日应收账款账龄及估计损失率如下表所示：

应收账款账龄	应收账款余额（元）	估计损失率（%）	估计损失金额
未到期	120 000	0.5	—
逾期 1 个月	80 000	1	—
逾期 2 个月	60 000	2	—
逾期 3 个月	40 000	3	—
逾期 3 个月以上	20 000	5	—
合计	320 000	—	—

2016 年 3 月 4 日，收回以前已作为坏账注销的应收账款 4 000 元。

要求：

（1）计算 2015 年末应收账款估计的坏账损失金额，并填入上表中。

（2）编制 2015 年、2016 年相关业务的会计分录。

案例分析：

巨额应收账款带给企业的隐患

伴随上市公司 2015 年报的陆续发布，一些敏感的财务数据也呈现出来，应收账款作为公司财务管理指标，也备受投资者关注。

在业内人士看来，合理的应收账款规模和周转速度可以增加企业的销售收入，进而扩大市场占有率，减少存货；另外，如果应收账款不能及时收回，就会占用资金，影响企业业绩。因此，应收账款对于企业而言是把"双刃剑"，如何管理是考验上市公司的一门艺术。

（一）678 家公司应收账款 5 594.98 亿元

截至 2016 年 3 月 24 日晚 21 时，沪深两市共有 702 家上市公司发布了 2015

年业绩报告。在报告期内，702 家上市公司共实现营业总收入合计为 6. 99 万亿元，2014 年同期为 7. 1 万亿元。实现归属于母公司股东的净利润合计 4 990. 7 亿元，2014 年同期为 4 827 亿元。

值得一提的是，在已经发布 2015 年业绩的上市公司中，有 246 家公司的净利润出现负增长，其中，净利润降幅超过 1 000% 的公司有 8 家，分别是三爱富、中电广通、斯太尔、威华股份、万通地产、廊坊发展、中孚实业、京城股份。在报告期内净利润降幅分别为 14 293. 67% 、4 909. 37% 、2 494. 87% 、2 063. 87% 、1 807. 52% 、1 457. 78% 、1 156% 、1 121. 12% 。而中捷资源以净利润亏损 4. 28 亿元，同比下降 14 293. 67% ，排在已发年报上市公司净利润降幅第一名。

另外，702 家公司中，净利润增幅超过 1 000% 的上市公司有 10 家，分别是东方财富、山东如意、三七互娱、同花顺、广东甘化、同达创业、道博股份、南京化纤、东方银星、当代东方，净利润增幅分别为 1 015. 45% 、1 054. 1% 、1 224. 18% 、1 483. 35% 、1 628. 35% 、2 125% 、5 504. 08% 、8 271. 56% 、10 714. 27% 、20 013% 。

从已发年报的上市公司数据可以看出，在过去的 2015 年，一些上市公司经营上出现较大困难，而作为公司重要的财务指标之一的应收账款表现不容乐观，有的公司的应收账款金额之大，甚至超过公司的净利润。

据《证券日报》记者通过东方财富网 Choice 金融终端数据统计显示，截至 3 月 24 日晚 21 时，678 家上市公司应收账款合计为 5 594. 98 亿元，而 2014 年同期为 5 245. 71 亿元。从应收账款账龄来看，1~2 年内的应收账款占主要部分。

（二）9 家公司应收账款超百亿元

根据数据显示，截至目前，应收账款超过百亿元的上市公司有 9 家，分别是江河创建、华能国际、中铁二局、中国平安、中国联通、华域汽车、中国神华、上海医药、中国石油，在报告期内的应收账款额度分别为 109. 33 亿元、143. 99 亿元、157 亿元、167. 78 亿元、168. 11 亿元、187. 56 亿元、233. 7 亿元、242. 15 亿元、522. 62 亿元。除中国石油、中国神华和中铁二局的应收账款 2015 年比 2014 年略有减少外，其他 7 家上市公司的应收账款均同比增长。

值得注意的是，有的上市公司净利润巨亏，但是公司的应收账款却居高不下。

统计行业上市公司数据，与宏观经济增速放缓等因素影响下，煤炭钢铁、化工有色等大行业的应收账款同比增长数据均高于平均水平。

作为中国最大煤炭贸易商之一的中煤能源，2015 年出现了自上市以来的首次巨亏。根据公司发布的 2015 年业绩报告显示，在报告期内，公司实现营业收入 592.71 亿元，相比上年的 706.64 亿元下降 16.1%；归属于上市公司股东的净利润为 -25.2 亿元，相比上年的 7.67 亿元下降 428.7%。

中煤能源的巨亏当然与当前宏观经济增速放缓、煤炭行业产能过剩及煤炭需求不足等因素有关，但是，公司的应收账款却高达 96.8 亿元。

同样，因公司连续两年亏损，公司股票将自 3 月 21 日起被实施退市风险警示，股票简称将变更为"＊ST 煤气"，2015 年度实现归属于上市公司股东的净利润为 -15.66 亿元，而公司的应收账款为 3.9 亿元。

在业内人士看来，由于上市公司应收账款是由企业赊销而形成的，赊销虽然能扩大销售量，给企业带来更多的利润，但同时也存在着一部分货款不能收回的风险。疲弱的经济环境之下，企业下游市场增长乏力同时面临成本费用压力，上市公司的盈利空间遭到挤压。

香颂资本执行董事沈萌在接受《证券日报》记者采访时表示，应收账款不排除是上市公司此前为了冲高业绩、提振股价而形成的会计处理，将一些会计年度的应收账款计入当年的收益。但如果应收账款年限较长，则很容易形成坏账并不得不进行资产计提，从本质上说年限较长的应收账款过高的上市公司，即使当期业绩有高速增长，也不应该被视为好企业，因为在未来这些应收账款会成为坏账，现在的好业绩未来看只不过是海市蜃楼。

资料来源：《上市公司应收账款攀升 678 家公司手握近 5600 亿元"欠条"》《证券日报》，2016 - 03 - 25。

第四章　存货

知识目标和要求。本章讲授存货的基本理论和核算，通过本章的学习，要求学生掌握存货的确认条件，存货初始计量的核算，存货可变现净值的确认方法，存货期末计量的核算，存货发出的计价方法。

能力、技能目标和要求。通过本章学习，学生要能独立完成对企业存货业务的会计核算和分析。

本章重点。在本章的学习中对存货的确认、存货入账价值的确定、存货发出的计价方法及存货的期末报告、制造业材料和流通业商品存货的会计处理应重点掌握。

本章难点。成本与市价孰低法的基本原理和运用；按计划成本法对制造业材料存货进行核算中的材料成本差异的计算。

一、单项选择题（单项选择题备选答案中，只有一个符合题意的正确答案。多选、错选、不选均不得分）

1. 下列各种物资中，不应作为企业存货核算的是（　　）。

A. 包装物　　　　　　　　　　B. 低值易耗品

C. 在产品　　　　　　　　　　D. 工程物资

2. 下列各项中，增值税一般纳税人企业不应计入收回委托加工物资成本的是（　　）。

A. 随同加工费支付的增值税

B. 支付的加工费

C. 往返运杂费

D. 支付的收回后直接用于销售的委托加工物资的消费税

3. 计入存货成本的相关税费不应该包括（　　）。

A. 可以抵扣的增值税税额　　　　B. 消费税

C. 资源税　　　　　　　　　　D. 不能抵扣的进项税额

4. 在存货采购过程中，因遭受意外灾害发生的损失和尚待查明原因的途中损耗，应先计入（　　）科目进行核算，在查明原因后再作处理。

A. 原材料　　　　　　　　　　　B. 待处理财产损溢

C. 管理费用　　　　　　　　　　D. 营业外支出

5. 下列与原材料相关的损失项目中，应计入营业外支出的是（　　　）。

A. 计量差错引起的原材料盘亏净损失

B. 人为责任造成的原材料净损失

C. 自然灾害造成的原材料净损失

D. 原材料运输途中发生的合理损耗

6. 委托加工应税消费品（非金银首饰）收回后直接销售的，其由受托方代收代交的消费税，应记入的会计科目是（　　　）。

A. 管理费用　　　　　　　　　　B. 应交税费——应交消费税

C. 营业税金及附加　　　　　　　D. 委托加工物资

7. 企业对随同商品出售且单独计价的包装物进行会计处理时，该包装物的实际成本应结转到的会计科目是（　　　）。

A. 制造费用　　　　　　　　　　B. 管理费用

C. 销售费用　　　　　　　　　　D. 其他业务成本

8. 企业在材料收入的核算中，需在月末暂估入账并于下月初红字冲回的是（　　　）。

A. 月末购货发票账单未到，但已入库的材料

B. 月末购货发票账单已到，货款已付但未入库的材料

C. 月末购货发票账单已到，货款已付且已入库的材料

D. 月末购货发票账单已到，货款未付但已入库的材料

9. 某增值税一般纳税企业因暴雨毁损库存原材料一批，其成本为 200 万元，经确认应转出的增值税税额为 34 万元；收回残料价值 8 万元，收到保险公司赔偿款 112 万元。假定不考虑其他因素，经批准企业确认该材料毁损净损失的会计分录是（　　　）。

A. 借：营业外支出　　　　　　　　　　　　　　　114

　　　贷：待处理财产损溢　　　　　　　　　　　114

B. 借：管理费用　　　　　　　　　　　　　　　　114

　　　贷：待处理财产损溢　　　　　　　　　　　114

C. 借：营业外支出　　　　　　　　　　　　　　　80

　　　贷：待处理财产损溢　　　　　　　　　　　80

D. 借：管理费用   80

    贷：待处理财产损溢   80

  10. 某工业企业为增值税一般纳税人，适用的增值税税率为17%，2015年10月9日购入材料一批，取得的增值税专用发票上注明的价款为21 200元，增值税额为3 604元。材料入库前的挑选整理费为200元，材料已验收入库。则该企业取得的材料的入账价值应为（   ）元。

  A. 20 200   B. 21 400

  C. 23 804   D. 25 004

  11. 某企业为增值税一般纳税人，购入材料一批，增值税专用发票上标明的价款为25万元，增值税为4.25万元，另支付材料的保险费2万元、包装物押金2万元。该批材料的采购成本为（   ）万元。

  A. 27   B. 29

  C. 29. 25   D. 31. 25

  12. 某企业材料采用计划成本核算。月初结存材料计划成本为130万元，材料成本差异为节约20万元。当月购入材料一批，实际成本110万元，计划成本120万元，领用材料的计划成本为100万元。该企业当月领用材料的实际成本为（   ）万元。

  A. 88   B. 96

  C. 100   D. 112

  13. 某企业采用计划成本进行材料的日常核算。月初结存材料的计划成本为80万元，材料成本差异为超支20万元。当月购入材料一批，实际成本为110万元，计划成本为120万元。当月领用材料的计划成本为100万元，当月领用材料应负担的材料成本差异为（   ）万元。

  A. 超支5   B. 节约5

  C. 超支15   D. 节约15

  14. 某企业对材料采用计划成本核算。2017年12月1日，结存材料的计划成本为400万元，材料成本差异贷方余额为6万元；本月入库材料的计划成本为2 000万元，材料成本差异借方发生额为12万元；本月发出材料的计划成本为1 600万元。该企业2017年12月31日结存材料的实际成本为（   ）万元。

  A. 798   B. 800

  C. 802   D. 1 604

15. 甲、乙公司均为增值税一般纳税人,甲公司委托乙公司加工一批应交消费税的半成品,收回后用于连续生产应税消费品。甲公司发出原材料实际成本210万元,支付加工费 6 万元、增值税 1.02 万元、消费税 24 万元。假定不考虑其他相关税费,甲公司收回该半成品的入账价值为（　　）万元。

    A. 216
    B. 217.02

    C. 240
    D. 241.02

16. 某企业采用先进先出法计算发出原材料的成本。2017 年 9 月 1 日,甲材料结存 200 千克,每千克实际成本为 300 元;9 月 7 日购入甲材料 350 千克,每千克实际成本为 310 元;9 月 21 日购入甲材料 400 千克,每千克实际成本为 290元;9 元 28 日发出甲材料 500 千克。9 月甲材料发出成本为（　　）元。

    A. 145 000
    B. 150 000

    C. 153 000
    D. 155 000

17. 某企业采用先进先出法计算发出甲材料的成本,2017 年 2 月 1 日,结存甲材料 200 千克,每千克实际成本 100 元;2 月 10 日购入甲材料 300 千克,每千克实际成本 110 元;2 月 15 日发出甲材料 400 千克。2 月末,库存甲材料的实际成本为（　　）元。

    A. 10 000
    B. 10 500

    C. 10 600
    D. 11 000

18. 某企业采用月末一次加权平均法计算发出材料成本。2017 年 3 月 1 日结存甲材料 200 件,单位成本 40 元;3 月 15 日购入甲材料 400 件,单位成本 35元;3 月 20 日购入甲材料 400 件,单位成本 38 元;当月共发出甲材料 500 件。3月发出甲材料的成本为（　　）元。

    A. 18 500
    B. 18 600

    C. 19 000
    D. 20 000

19. 某企业采用月末一次加权平均法计算发出原材料的成本。2017 年 2 月 1日,甲材料结存 200 千克,每千克实际成本为 100 元;2 月 10 日购入甲材料 300千克,每千克实际成本为 110 元;2 月 25 日发出甲材料 400 千克。2 月末,甲材料的库存余额为（　　）元。

    A. 10 000
    B. 10 500

    C. 10 600
    D. 11 000

20. 某企业材料采用计划成本核算。月初结存材料计划成本为 200 万元,材料成本差异为节约20万元，当月购入材料一批，实际成本为135万元，计划成本为150万元，领用材料的计划成本为180万元。当月结存材料的实际成本为（　　）万元。

A. 153
B. 162

C. 170
D. 187

21. 某企业材料采用计划成本核算。月初结存材料计划成本为130万元，材料成本差异为节约20万元。当月购入材料一批，实际成本110万元，计划成本120万元，领用材料的计划成本为100万元。该企业当月领用材料的实际成本为（　　）万元。

A. 88
B. 96

C. 100
D. 112

22. 某企业对材料采用计划成本核算。2008年12月1日，结存材料的计划成本为400万元，材料成本差异贷方余额为6万元；本月入库材料的计划成本为2 000万元，材料成本差异借方发生额为12万元；本月发出材料的计划成本为1 600万元。该企业2008年12月31日结存材料的实际成本为（　　）万元。

A. 798
B. 800

C. 802
D. 1 604

23. 某企业采用计划成本进行材料的日常核算。月初结存材料的计划成本为80万元，成本差异为超支20万元。当月购入材料一批，实际成本为110万元，计划成本为120万元。当月领用材料的计划成本为100万元，当月领用材料应负担的材料成本差异为（　　）万元。

A. 超支5
B. 节约5

C. 超支15
D. 节约15

24. 企业对随同商品出售而不单独计价的包装物进行会计处理时，该包装物的实际成本应结转到（　　）。

A. "制造费用" 科目
B. "销售费用" 科目

C. "管理费用" 科目
D. "其他业务成本" 科目

25. 甲公司为增值税一般纳税人，委托外单位加工一批应交消费税的商品，以银行存款支付加工费200万元、增值税34万元、消费税30万元，该加工商品收回后将直接用于销售。甲公司支付上述相关款项时，应编制的会计分录是（　　）。

A. 借：委托加工物资   264

      贷：银行存款   264

B. 借：委托加工物资   230

      应交税费   34

      贷：银行存款   264

C. 借：委托加工物资   200

      应交税费   64

      贷：银行存款   264

D. 借：委托加工物资   264

      贷：银行存款   200

      应交税费   64

26. 某企业原材料采用实际成本核算。2011 年 6 月 29 日该企业对存货进行全面清查。发现短缺原材料一批，账面成本 12 000 元。已计提货跌价准备 2 000 元，经确认，应由保险公司赔款 4 000 元，由过失人员赔款 3 000 元，假定不考虑其他因素，该项存货清查业务应确认的净损失为（   ）元。

A. 3 000   B. 5 000

C. 6 000   D. 8 000

27. 企业对于已记入"待处理财产损溢"科目的存货盘亏及毁损事项进行会计处理时，应计入管理费用的是（   ）。

A. 管理不善造成的存货净损失

B. 自然灾害造成的存货净损失

C. 应由保险公司赔偿的存货损失

D. 应由过失人赔偿的存货损失

28. 某企业 20×7 年 3 月 31 日，乙存货的实际成本为 100 万元，加工该存货至完工产成品估计还将发生成本为 20 万元，估计销售费用和相关税费为 2 万元，估计用该存货生产的产成品售价为 110 万元。假定乙存货月初"存货跌价准备"科目余额为 0，20×7 年 3 月 31 日应计提的存货跌价准备为（   ）万元。

A. –10   B. 0

C. 10   D. 12

29. 某企业采用成本与可变现净值孰低法对存货进行期末计价，成本与可变现净值按单项存货进行比较，2016 年 12 月 31 日，甲、乙、丙三种存货的成本与可变现净值分别为：甲存货成本 20 万元，可变现净值 16 万元；乙存货成本 24 万元，可变现净值 30 万元；丙存货成本 36 万元，可变现净值 30 万元。甲、乙、丙三种存货此前未计提存货跌价准备。假定该企业只有这三种存货，2016 年 12 月 31 日应补提的存货跌价准备总额为（　　）万元。

A. 0　　　　　　　　　　　　　B. 4

C. 10　　　　　　　　　　　　 D. 6

30. A 企业为增值税小规模纳税企业。A 企业购入甲材料 600 千克，每千克含税单价为 50 元，发生运杂费 2 000 元，运输途中发生合理损耗 10 千克，入库前发生挑选整理费用 450 元。另支付材料的保险费 2 000 元、包装物押金 3 000 元。该批甲材料的单位实际成本为（　　）元。

A. 50　　　　　　　　　　　　B. 50.85

C. 54　　　　　　　　　　　　 D. 58.39

二、多项选择题（多项选择题备选答案中，有两个或两个以上符合题意的正确答案。多选、少选、错选、不选均不得分）

1. "材料成本差异"账户贷方可以用来登记（　　）。

A. 购进材料实际成本小于计划成本的差额

B. 发出材料应负担的节约差异

C. 发出材料应负担的超支差异

D. 购进材料实际成本大于计划成本的差额

2. 下列项目中，应计入存货成本的有（　　）。

A. 商品流通企业在采购商品过程中发生的运输费

B. 非正常消耗的直接材料、直接人工和制造费用

C. 在生产过程中为达到下一个生产阶段所必需的仓储费用

D. 存货的加工成本

3. 下列各项中，构成企业委托加工物资成本的有（　　）。

A. 加工中实际耗用物资的成本

B. 支付的加工费用和保险费

C. 收回后直接销售物资的代收代缴消费税

D. 收回后继续加工物资的代收代缴消费税

4. 一般纳税企业委托其他单位加工材料收回后用于继续加工应税消费品的，其发生的下列支出中，应计入委托加工物资成本的有（　　）。

A. 加工费   B. 增值税

C. 发出材料的实际成本   D. 受托方代收代交的消费税

5. 下列各项中，属于存货采购成本的有 （　　　　）。

A. 采购价款   B. 入库前的挑选整理费

C. 运输途中的合理损耗   D. 存货入库后发生的仓储费用

6. 下列各项中，构成一般纳税企业外购存货入账价值的有 （　　　　）。

A. 买价   B. 运杂费

C. 运输途中的合理损耗   D. 支付的增值税

7. 下列各项中，关于企业存货的表述正确的有 （　　　　）。

A. 存货应按照成本进行初始计量

B. 存货成本包括采购成本、加工成本和其他成本

C. 存货期末计价应按照成本与可变现净值孰低计量

D. 存货采用计划成本核算的，期末应将计划成本调整为实际成本

8. 企业对随同商品出售的包装物进行会计处理时，该包装物的实际成本可能结转到（　　　　）。

A. "制造费用" 科目   B. "销售费用" 科目

C. "管理费用" 科目   D. "其他业务"

9. 下列各项中，关于周转材料会计处理正确表述的有 （　　　　）。

A. 多次使用的包装物应根据使用次数分次进行摊销

B. 低值易耗品金额较小的可在领用时一次计入成本费用

C. 随同商品销售出借的包装物的摊销额应计入管理费用

D. 随同商品出售单独计价的包装物取得的收入应计入其他业务收入

10. 某企业为增值税一般纳税人，委托其他单位加工应税消费品，该产品收回后继续加工，下列各项中，应计入委托加工物资成本的有 （　　　　）。

A. 发出材料的实际成本   B. 支付给受托人的加工费

C. 支付给受托方的增值税   D. 受托方代收代缴的消费税

11. 下列与存货相关会计处理的表述中，正确的有 （　　　　）。

A. 应收保险公司存货损失赔偿款计入其他应收款

B. 资产负债表日存货应按成本与可变现净值孰低计量

C. 按管理权限报经批准的盘盈存货价值冲减管理费用

D. 结转商品销售成本的同时转销其已计提的存货跌价准备

12. 下列项目中，一般纳税人应计入存货成本的有（　　　）。

A. 购入存货支付的关税

B. 商品流通企业采购过程中发生的保险费

C. 委托加工材料发生的增值税

D. 自制存货生产过程中发生的直接费用

13. 下列各项中，企业可以采用的发出存货成本计价方法有（　　　）。

A. 先进先出法
B. 移动加权平均法

C. 个别计价法
D. 成本与可变现净值孰低法

14. A 公司为增值税一般纳税人，其为生产甲产品自一般纳税人 B 公司处购进一批乙原材料，并取得增值税专用发票，A 公司发生的下列支出项目中，不应该计入乙原材料成本的有（　　　）。

A. 支付的购买价款的金额 900 万元

B. 支付的增值税的金额 153 万元

C. 发生的采购过程中装卸费金额 10 万元

D. 加工生产甲产品过程中发生的加工费 60 万元

15. 下列关于原材料的领用的说法中，正确的有（　　　）。

A. 领用的原材料应该根据用途计入相应的成本费用

B. 原材料应该以实际成本进行结转

C. 生产车间领用的原材料都应该计入产品的生产成本

D. 原材料用于固定资产维护的应该计入制造费用

16. 下列项目中，计算生产产品的材料的可变现净值时，会影响其可变现净值的因素有（　　　）。

A. 产品的估计售价
B. 材料的账面成本

C. 估计发生的销售费用
D. 至完工估计将要发生的加工成本

17. 下列对存货成本的结转说法正确的有（　　　）。

A. 企业在确认销售收入的当期应当将已经销售存货的成本结转为当期营业成本

B. 企业按类别计提存货跌价准备的，也应该按比例结转相应的存货跌价准备

C. 企业在结转存货成本时，实际上是按已售产成品或商品的账面价值结转主营业务成本或其他业务成本

D. 如果材料销售构成了企业的主营业务，则该材料为企业的商品存货，而不是非商品存货，此时其成本相应的结转计入其他业务成本

18. 甲公司发现一批存货盘亏，经认定属于收发计量差错引起的，则下列各项业务中，会影响盘亏净损失计算的有（　　）。

   A. 该存货购入时确认的进项税额

   B. 存货在期末计提的存货跌价准备

   C. 乙保险公司支付的该批存货损失的保险赔偿金

   D. 收到的会计人员 A 某和库管人员 B 某的过失罚款

19. 下列存货的盘亏或毁损损失，报经批准后，应转作管理费用的有（　　）。

   A. 保管中产生的定额内自然损耗

   B. 自然灾害中所造成的毁损净损失

   C. 管理不善所造成的毁损净损失

   D. 收发差错所造成的短缺净损失

20. 下列对存货跌价准备说法正确的有（　　）。

   A. 满足一定条件时，可以转回

   B. 转回的跌价准备不应考虑与相应存货的对应关系

   C. 转回的跌价准备应考虑原减值因素影响是否消失

   D. 转回的跌价准备应该以已经计提的金额为限

21. 期末存货成本高估，可能会引起（　　）。

   A. 本期所有者权益增加　　　　B. 本期所得税增加

   C. 当期发出存货的成本低估　　D. 本期利润高估

22. 下列应在甲公司第一季度末资产负债表"存货"项目中列示的有（　　）。

   A. 收到的受托加工物资 A 材料

   B. 委托丁公司销售 D 商品，至月末仍未收到代销清单

   C. 购入 C 原材料，至月末仍未收到原材料发票账单

   D. 从国外购入的 B 原材料，货款已经支付，至月末仍未收到原材料

23. 下列各项中，应作为生产企业存货成本组成项目的有（　　）。

   A. 生产人员工资　　　　　　　B. 车间设备折旧费

   C. 车间设备修理费　　　　　　D. 季节性停工损失

24. 下列关于存货的说法正确的有（　　）。

A. 存货出售时应结转其相应的跌价准备

B. 因管理不善造成的存货盘亏损失应先扣除过失人赔偿和保险公司赔款后计入管理费用

C. 因自然灾害造成的存货净损失应计入营业外支出

D. 企业采购用于广告营销的特殊商品，应在取得时计入周转材料

25. 下列对采用计划成本法核算的原材料的领用说法正确的有（　　）。

A. 应该将计提的减值准备同时结转计入相应的成本费用

B. 应该将存货的实际成本结转计入相应的成本费用

C. 应该将相应的材料成本差异与计划成本同时结转计入相应的成本费用

D. 应该将材料的材料成本差异与实际成本同时结转计入相应的成本费用

三、判断题（正确用"√"表示，错误用"×"表示）

1. 企业购入货物验收入库后，若发票账单尚未收到，应在月末按照估计的金额确认一笔负债，反映在资产负债表有关负债项目内。（　　）

2. 某一酒类生产厂家所生产的白酒在储存3个月之后才符合产品质量标准，该储存期间所发生的储存费用应计入当期管理费用。（　　）

3. 商品流通企业在采购商品时，如果发生的进货费用金额较小，可以将该费用在发生时直接计入当期损益。（　　）

4. 企业接受的投资者投入的商品应是按照该商品在投出方的账面价值入账。（　　）

5. 在物价持续上涨的情况下，企业采用先进先出法计量发出存货的成本，当月发出存货单位成本小于月末结存存货的单位成本。（　　）

6. 在物价下跌的情况下，采用先进先出法计算的发出存货的成本将高于采用加权平均法计算的发出存货成本。（　　）

7. 企业领用的低值易耗品，在领用时均应计入制造费用科目。（　　）

8. 企业采用计划成本对材料进行日常核算，应按月分摊发出材料应负担的成本差异，不应在季末或年末一次计算分摊。（　　）

9. 企业采用计划成本核算原材料，平时收到原材料时应按实际成本借记"原材料"科目，领用或发出原材料时应按计划成本贷记"原材料"科目，期末再将发出材料和期末结存材料调整为实际成本。（　　）

10. 委托加工的物资收回后用于连续生产的，应将受托方代收代缴的消费税计入委托加工物资的成本。（　　）

11. 企业收回的委托加工物资，如果是用于连续生产应税消费品的，受托方代收代交的消费税应计入委托加工物资成本；支付的收回后直接用于销售的委托加工应税消费品的消费税，应记入"应交税费——应交消费税"科目借方。（ ）

12. 存货盘盈经批准后计入营业外收入。（ ）

13. 已展出或委托代销的商品，均不属于企业存货。（ ）

14. 企业对随同商品出售而单独计价的包装物进行会计处理时，该包装物的实际成本应结转到销售费用科目。（ ）

15. 成本与可变现净值孰低法中的"成本"是指存货的实际成本。（ ）

16. 以前期间导致减记存货价值的影响因素在本期已经消失的，应在原已计提的存货跌价准备金额内恢复减记的金额。（ ）

17. 无论企业对存货采用实际成本核算，还是采用计划成本核算，在编制资产负债表时，资产负债表上的存货项目反映的都是存货的实际成本。（ ）

18. 成本与可变现净值孰低法中的"成本"是指存货的历史成本。（ ）

19. 甲企业因出租的包装物逾期未能收回而没收的加收押金，缴纳有关税费后的净收入应记入"其他业务收入"账户。（ ）

20. 持有存货的数量多于销售合同订购数量的，超出部分的存货可变现净值应当以产成品或商品的合同价格作为计算基础。（ ）

四、计算分析题

1. 某工厂按实际成本计价进行材料收发核算，本月发生如下材料收发业务：

（1）向红星工厂购进甲材料 20 000 千克，每千克 17.5 元，计价款 350 000 元，材料已验收入库，货款尚未支付。

（2）以"信汇凭证"汇出应付红星工厂的材料款 350 000 元，增值税额 59 500 元。

（3）向本地红光工厂购进乙材料 10 000 千克，每千克 10 元，增值税率 17%，材料验收入库，货款以转账支票支付。

（4）从外地星火工厂购进甲材料 30 吨，每吨 17 500 元，乙材料 20 吨，每吨 10 000 元，运杂费 1 200 元，增值税率 17%。货款和运费以托收承付方式结算，收到托收承付凭证及有关账单，审核无误承付款项，材料未到（运费按重量分配）。

（5）从外地星火工厂购进的甲材料 30 吨，乙材料 20 吨已运到，如数验收。

（6）生产车间生产 A 产品领用甲材料 25 吨，每吨 17 500 元，乙材料 15 吨，车间一般耗用乙材料 1 吨，每吨 10 000 元。

要求：根据上述经济业务编制会计分录。

2. 某企业原材料按实际成本法核算，2016 年 10 月发生下列材料收发业务：

（1）5 日，企业从本市甲企业购入原材料一批，增值税专用发票所列价款为 20 000 元，增值税税率为 17%，支付运费 1 000 元，取得增值税专用发票，运费增值税 110 元。款项签发转账支票付讫，材料验收入库。

（2）9 日，企业从外地丙企业购入 P 材料 2 000 千克，单价 10 元，增值税专用发票所列价款为 20 000 元，税款 3 400 元，企业签发商业承兑汇票结算，材料尚未到达。

（3）18 日，从外地丙企业购进 N 材料 1 000 千克，单价 30 元，增值税税率 17%，材料收到，验收入库。结算凭证尚未到款未付。

（4）26 日，上月预付外地丁企业 50 000 元，今收到丁企业发来 M 材料 80 000元，增值税税率为 17%，对方代垫运费 2 000 元，取得增值税专用发票，运费增值税 220 元。材料验收入库。差额用转账支票支付。

（5）31 日，本月仓库报来材料领用汇总表，共计领用材料 180 000 元，其中基本生产车间生产 A 产品领用材料 160 000 元，车间一般耗用 18 000 元，企业行政管理部门耗用 2 000 元。

要求：根据上述经济业务编制会计分录。

3. 甲企业为增值税一般纳税人，增值税税率为 17%。原材料采用实际成本核算，原材料发出采用月末一次加权平均法计价。运输费不考虑增值税。

2016 年 5 月，与 A 材料相关的资料如下：

（1）1 日，"原材料——A 材料"科目余额 20 000 元（共 2 000 千克，其中含 4 月末验收入库但因发票账单未到而以 2 000 元暂估入账的 A 材料 200 千克）。

（2）6 日，收到 4 月末以暂估价入库 A 材料的发票账单，货款 1 800 元，增值税额 306 元，对方代垫运杂费 400 元，全部款项已用转账支票付讫。

（3）9 日，以汇兑结算方式购入 A 材料 3 000 千克，发票账单已收到，货款 36 000 元，增值税额 6 120 元，保险费用 1 000 元。材料尚未到达，款项已由银行存款支付。

（4）14 日，收到 9 日采购的 A 材料，验收时发现只有 2 950 千克。经检查，短缺的 50 千克确定为运输途中的合理损耗，A 材料验收入库。

（5）20 日，持银行汇票 80 000 元购入 A 材料 5 000 千克，增值税专用发票上注明的货款为 49 500 元，增值税额为 8 415 元，另支付装卸费用 2 000 元，材料已验收入库，剩余票款退回并存入银行。

（6）23 日，基本生产车间自制 A 材料 50 千克验收入库，总成本为 600 元。

（7）31 日，根据"发料凭证汇总表"的记录，5 月基本生产车间为生产产品领用 A 材料 6 000 千克，车间管理部门领用 A 材料 1 000 千克，企业管理部门领用 A 材料 1 000 千克。

要求：

（1）计算甲企业 5 月发出 A 材料的单位成本。

（2）根据上述资料，编制甲企业 5 月与 A 材料有关的会计分录。

4. 某工业企业 2015 年 12 月 31 日以前对发出存货采用加权平均法，2015 年 1 月 1 日以后改为先进先出法，2016 年 1 月 1 日存货的账面价值为 14 000 元，结存数量为 4 000 吨，1 月 3 日购入 1 000 吨存货，单价 4 元，1 月 20 日购入存货 1 000 吨，单价 4.2 元，1 月 5 日发出存货 1 000 吨，1 月 25 日发出 4 000 吨。

要求：

（1）计算该企业 2016 年 1 月 31 日存货的账面金额（假设不对期初存货余额作追溯调整）；

（2）计算由于改变计价方法对期末存货的影响金额。

5. 某企业 2016 年 7 月初结存原材料的计划成本为 50 000 元；本月购入材料的计划成本为 100 000 元，本月发出材料的计划成本为 80 000 元，其中生产车间直接耗用 50 000 元，管理部门耗用 30 000 元。材料成本差异的月初数为 1 000 元（超支），本月收入材料成本差异为 2 000 元（超支）。

要求：

（1）计算材料成本差异率；

（2）计算发出材料应负担的成本差异；

（3）发出材料的实际成本；

（4）结存材料的实际成本；

（5）作为材料领用的会计分录，以及期末分摊材料成本差异的会计处理。

6. 甲企业委托乙企业加工用于连续生产的应税消费品，甲、乙两企业均为增值税一般纳税人，适用的增值税税率均为 17%，适用的消费税税率为 10%，甲企业对原材料按实际成本法进行核算，有关该业务的资料如下：

（1）甲企业发出材料一批，实际成本为 392 000 元；

（2）甲企业以银行存款支付乙企业加工费 58 000 元（不含增值税）以及相应的增值税和消费税；

（3）甲企业以银行存款支付往返运杂费 10 000 元；

（4）材料加工完成，甲企业收回该委托加工物资并验收入库。

要求：

（1）计算甲企业应支付的增值税和消费税；

（2）计算甲企业收回加工材料的实际成本；

（3）编制甲企业的有关会计分录。

7. 中兴公司 2016 年 7 月发生下列经济业务：

（1）2 日，赊购 A 材料一批，共计 200 件，价值 20 000 元，增值税 3 400 元，发票已到，材料尚未运到。

（2）6 日，仓库转来收料单，本月 1 日赊购的 A 材料已验收入库。该批材料计划成本为每件 110 元。

（3）13 日，生产车间领用 A 材料 230 件用于直接生产。

（4）16 日，与甲公司签订购货合同，购买 A 材料 400 件，每件 125 元，根据合同规定，先预付货款 50 000 元的 40%，其余货款在材料验收入库后支付。

（5）18 日，购入 B 材料一批，材料已运到并验收入库，月末尚未收到发票等结算凭证。该材料的同期市场价格为 12 000 元。

（6）28 日，收到 16 日购买的 A 材料并验收入库，以银行存款支付其余货款。

（7）月初，A 材料账面结存 50 件，"材料成本差异"科目贷方余额 1 855 元。

要求：根据上述材料编制相关会计分录。

8. M 企业为增值税一般纳税人，适用税率为 17%。有关存货资料如下：

（1）A 材料账面成本为 80 000 元，2016 年 12 月 31 日由于市场价格下跌，预计可变现净值为 70 000 元；2017 年 12 月 31 日，由于市场价格上升，预计可变现净值为 75 000 元。

2017 年 6 月购入 B 材料，账面成本 100 000 元，12 月 31 日，由于市场价格下跌，预计可变现净值为 950 000 元。M 企业按单项计提存货跌价准备。

（2）2017 年 6 月 30 日对存货进行盘点，发现甲商品盘亏 10 件，每件账面成本为 150 元；盘盈乙商品 2 件，每件账面成本 50 元。均无法查明原因，经批准对盘盈及盘亏商品进行了处理。

（3）2017 年 7 月 24 日，委托 N 企业加工原材料一批，发出材料成本为 7 000 元。

（4）2017 年 8 月 6 日，收回由 N 企业加工的原材料，支付加工费 1 100 元（不含增值税），并由 N 企业代扣代缴消费税，税率为 10%。M 企业收回的原材料用于继续生产应税消费品，双方增值税率均为 17%。

要求：根据上述资料编制相关会计分录。

9. 2016 年 12 月 31 日甲公司库存的原材料——A 材料账面余额为 88 000 元，市价为 750 000 元，用于生产仪表 80 台。由于 A 材料市场价格下降，用该材料生产的仪表的每台市价由 2 600 元降至 1 800 元，但是，将 A 材料加工成仪表，尚需发生加工费用 64 000 元。估计发生销售费用和税金为 4 000 元。

要求：

（1）计算用 A 材料生产的仪表的生产成本；

（2）计算 2016 年 12 月 31 日 A 材料的可变现净值；

（3）计算 2016 年 12 月 31 日 A 材料应计提的跌价准备并编制计提跌价准备的会计分录。

10. 甲公司按单个存货项目计提存货跌价准备。2016 年 12 月 31 日，该公司共有两个存货项目：A 库存商品和 B 材料。B 材料是专门生产 A 产品所需原材料。A 产品期末库存数量 1 万件，账面成本为 500 万元，市场销售价格 635 万元。该公司已于 2016 年 11 月 20 日与公司签订销售协议，将于 2017 年 3 月 15 日之前向乙公司提供 2 万件 A 产品，合同单价为 640 元。为甲公司期末持有专门生产合同所需 A 产品所需的 B 材料库存 200 千克，账面成本共计 400 万元，预计市场销售价格为 450 万元，估计至完工尚需发生支出 250 万元，预计销售 2 万件 A 产品所需的税金及费用为 20 万元，预计销售库存的 200 千克 B 材料所需的销售税金及费用为 5 万元。

要求：计算甲公司期末存货的可变现净值金额。

11. 某公司采用成本与可变现净值孰低法按单项存货于期末计提存货跌价准备。2016 年 12 月 31 日，该公司拥有甲、乙两种商品，成本分别为 240 万元、320 万元。其中甲商品签订了销售合同，合同销售价格为 200 万元。市场销售价格为 190 万元；乙商品没有签订销售合同，市场销售价格为 300 万元；销售价格和市场价格均不含增值税。该公司预计销售甲、乙两种尚需分别发生销售费用为

12 万元、15 万元，不考虑其他相关税费；截至 2016 年 11 月 30 日，该公司尚未为甲、乙两种商品计提存货跌价准备。

要求：计算该公司应为甲、乙两种商品计提存货跌价准备总额。

12. B 公司期末存货采用成本与可变现净值孰低法计价。2017 年 9 月 26 日，B 公司与 M 公司签订了销售合同：由 B 公司于 2006 年 3 月 6 日向 M 公司销售笔记本电脑 10 000 台，每台价格为 1.5 万元。2017 年 12 月 31 日 B 公司库存笔记本电脑 13 000 台，单位成本 1.4 万元，账面成本为 11 700 万元。2017 年 12 月 31 日市场销售价格为每台为 1.3 万元，预计销售销售税费均为每台 0.05 万元。

要求：计算 B 公司 2017 年 12 月 31 日笔记本电脑的账面价值。

13. 甲公司为上市公司对期末存货采用成本与可变现净值孰低法计价。2017 年 12 月 31 日，原材料——A 材料的实际成本为 60 万元。该材料是专门为生产甲产品而持有的。市场购买价格 56 万元。假设不发生其他购买费用，由于 A 材料市场价格下降，市场上用 A 材料生产的甲产品的市场价格由 105 万元降为 90 万元。但生产成本不变，将 A 材料加工成甲产品进一步加工所需费用 24 万元。预计销售税金及费用为 12 万元。假定该公司 2017 年初"存货跌价准备"科目贷方余额为 1 万元。

要求：计算甲公司 2017 年 12 月 31 日该项存货应计提的存货跌价准备。

案例分析：

康美药业坐实财务造假：存货少计 195 亿元，现金多计 299 亿元

2019 年 4 月 29 日晚间，康美药业披露年报显示，公司 2018 年营收 193.56 亿元，同比增长 10.11%；实现净利润 11.35 亿元，同比下滑 47.20%。2018 年，康美药业曾遭质疑存在财务造假嫌疑，因公司出现了货币现金过高、大股东股票质押比例过高以及存贷双高等问题。

根据康美药业 2018 年半年报披露，公司货币资金余额为 399 亿元，有息负债高达 347 亿元，占净资产的比例分别为 119% 和 104%。

在此次发布年报的同时，公司还发布了一份《前期会计差错更正公告》，修改了 2017 年的年报数据，解释了被广泛质疑的"存贷双高"的原因。

康美药业称通过自查后，对 2017 年财务报表进行重述，结果如下：

（1）由于公司采购付款、工程款支付以及确认业务款项时的会计处理存在错误，造成公司应收账款少计 641 073 222.34 元；存货少计 19 546 349 940.99 元；在建工程少计 631 600 108.35 元；由于公司核算账户资金时存在错误，造成货币资金多计 29 944 309 821.45 元。

（2）公司在确认营业收入和营业成本时存在错误，造成公司营业收入多计 8 898 352 337.51 元；营业成本多计 7 662 129 445.53 元；公司在核算销售费用和财务费用存在错误，造成公司销售费用少计 497 164 407.18 元；财务费用少计 228 239 962.83 元。

（3）由于公司采购付款、工程款支付以及确认业务款项时的会计处理存在错误，造成公司合并现金流量表销售商品、提供劳务收到的现金项目多计 10 299 860 158.51 元；收到其他与经营活动有关的现金项目少计 137 667 804.27 元；购买商品、接受劳务支付的现金项目多计 7 301 340 657.76 元；支付其他与经营活动有关的现金项目少计 3 821 995 147.82 元；购建固定资产、无形资产和其他长期资产支付的现金项目少计 352 392 491.73 元；收到其他与筹资活动有关的现金项目多计 360 457 000.00 元。

也就是说，康美药业直接承认了 2017 年多计入货币资金 299 亿元，存货少计入 195 亿元，坐实财务造假质疑。

资料来源：新浪财经，2019 - 04 - 30。

案例思考：存货的确认条件是什么？存货的计量原则是什么？康美药业存货核算差错的真实原因是什么？

第五章　固定资产

知识目标和要求。通过本章的学习，要求学生掌握固定资产的确认条件、固定资产初始计量、固定资产后续支出、固定资产处置的核算以及固定资产折旧方法。

能力、技能目标和要求。通过本章学习，学生要能独立完成对企业固定资产业务的会计核算和分析。

本章重点。本章应重点掌握以下内容：固定资产的确认；固定资产的初始计量；固定资产的折旧计算及相应的会计处理；固定资产清理的会计处理。

本章难点。固定资产的加速折旧法；固定资产期末可回收金额的确定以及期末计价的相关会计处理。

一、单项选择题（单项选择题备选答案中，只有一个符合题意的正确答案。多选、错选、不选均不得分）

1. 下列各项固定资产中，（　　　）固定资产不应计提折旧。

A. 未使用的机器设备

B. 季节性停用的固定资产

C. 正在改扩建而停止使用的固定资产

D. 大修理停用的固定资产

2. 下列关于固定资产确认和初始计量表述中，不正确的是（　　　）。

A. 投资者投入的固定资产，按照投资合同或协议约定的价值作为入账价值，但合同或协议约定的价值不公允的除外

B. 为使固定资产达到预定可使用状态所发生的可归属于该项资产的安装费、专业人员服务费等应计入固定资产的成本

C. 以一笔款项购入多项没有单独标价的固定资产，应当按照各项固定资产的账面价值比例对总成本进行分配，分别确定各项固定资产的成本

D. 构成固定资产的各组成部分，如果各自具有不同的使用寿命，从而适用

不同的折旧率或者折旧方法的，则企业应将其各组成部分分别确认为固定资产

3. 甲公司一台用于生产 H 产品的设备预计使用年限为 5 年，预计净残值为零。假定 H 产品各年产量基本均衡。下列折旧方法中，能够使该设备第一年计提折旧金额最多的是（　　　）。

A. 工作量法　　　　　　　　B. 年限平均法

C. 年数总和法　　　　　　　D. 双倍余额递减法

4. 甲公司为增值税一般纳税人，于 2017 年 2 月 3 日购进一台不需要安装的生产设备，收到的增值税专用发票上注明的设备价款为 3 000 万元，增值税税额为 480 万元，款项已支付；另支付保险费 15 万元，装卸费 5 万元。当日，该设备投入使用。假定不考虑其他因素，甲公司该设备的初始入账价值为（　　　）万元。

A. 3 000　　　　　　　　　　B. 3 020

C. 3 510　　　　　　　　　　D. 3 530

5. 某企业购入一台需要安装的生产用设备，取得的增值税专用发票上注明的设备买价为 50 000 元，增值税税额为 8 000 元，支付的运杂费和保险费为 3 500 元，设备安装时领用工程用材料价值 1 000 元（不含增值税），支付有关人员工资 2 000 元。该固定资产的成本为（　　　）元。

A. 65 170　　　　　　　　　B. 62 000

C. 56 500　　　　　　　　　D. 63 170

6. 甲公司某项固定资产已完成改造，累计发生的改造成本为 400 万元，拆除部分的原价为 200 万元。改造前，该项固定资产原价为 800 万元，已计提折旧 250 万元，不考虑其他因素，甲公司该项固定资产改造后的账面价值为（　　　）万元。

A. 750　　　　　　　　　　B. 812. 5

C. 950　　　　　　　　　　D. 1 000

7. 下列有关资产盘盈、盘亏会计处理的表述中正确的是（　　　）。

A. 现金盘亏在扣除责任赔款后的净损失应计入营业外支出

B. 存货盘亏中无法查明原因的净损失计入营业外支出

C. 固定资产盘亏属于重大前期差错，应进行追溯重述

D. 固定资产的盘盈通过"以前年度损益调整"科目核算

8. 对于企业在建工程在达到预定可使用状态前试生产所取得的收入，正确

的处理方法是（ ）。

 A. 作为主营业务收入 B. 作为其他业务收入

 C. 作为营业外收入 D. 冲减工程成本

9. 下列关于固定资产确认条件的表述及应用，说法不正确的是（ ）。

 A. 与该固定资产有关的经济利益很可能流入企业

 B. 该固定资产的成本能够可靠地计量

 C. 企业由于安全或环保的要求购入的设备，虽然不能直接给企业带来未来经济利益，但有助于企业从其他相关资产的使用获得未来经济利益或者将减少企业未来经济利益的流出，也应确认为固定资产

 D. 以经营租赁方式租入的固定资产，企业（承租人）虽然不拥有该项固定资产所有权，但因享有使用权，也应将其作为自己的固定资产核算

10. 企业盘盈的固定资产，应通过（ ）科目核算。

 A. 其他业务收入 B. 以前年度损益调整

 C. 资本公积 D. 固定资产清理

11. A 企业 2016 年 11 月 1 日购入一项固定资产。该固定资产原价为 498 万元，预计使用年限为 5 年，预计净残值为 5 万元，按双倍余额递减法计提折旧，假定其未发生减值，不考虑其他税费。A 企业该固定资产 2017 年应计提的折旧额是（ ）万元。

 A. 98.6 B. 119.52

 C. 185.92 D. 192.56

12. A 公司和 B 公司均为增值税一般纳税人，2017 年 1 月 1 日，A 公司从 B 公司一次性购进了 3 套不同型号且有不同生产能力的设备 X、Y 和 Z。A 公司以银行存款支付货款 10 000 万元、增值税进项税额 1 600 万元、运杂费 20 万元。Y 设备在安装过程中领用生产用原材料一批，成本为 3 万元，市场售价为 5 万元（不含增值税），支付安装费 5 万元。假定设备 X、Y 和 Z 分别满足固定资产的定义及其确认条件，公允价值分别为 1 500 万元、4 500 万元、4 000 万元。假定，不考虑其他因素，则 Y 设备的入账价值为（ ）万元。

 A. 4 517 B. 4 500

 C. 4 509 D. 5 282

13. 下列以出包方式形成的固定资产的说法中，正确的是（ ）。

 A. 建设期间发生的联合试车费计入管理费用

B. 建设期间发生的工程物资盘亏、毁损、报废的净损失计入营业外支出

C. 企业为建造固定资产通过出让方式取得土地使用权支付的土地出让金计入在建工程

D. 企业为建造该固定资产结算的工程价款计入在建工程

14. 下列关于固定资产资本化的后续支出的表述正确的是（　　）。

A. 固定资产装修费用应在"固定资产"科目下单设"固定资产装修"明细科目进行核算

B. 对于能够显著提高固定资产使用寿命或者提升产能效率的后续支出，应当进行资本化处理

C. 固定资产资本化的改扩建完成后，应在原使用寿命基础上扣除改扩建占用时间计算尚可使用寿命

D. 固定资产发生资本化的后续支出时，应通过"固定资产"科目将其账面价值转入"在建工程"

15. 甲公司系增值税一般纳税人，增值税税率为 16%。2018 年 1 月 18 日自行安装生产经营用设备一台，购入的设备价款为 500 万元，进项税额为 80 万元；领用生产用原材料的成本为 3 万元；领用库存商品的成本为 90 万元，公允价值为 100 万元；支付薪酬 5 万元；支付其他费用 2 万元。2018 年 10 月 16 日设备安装完工投入使用，预计使用年限为 5 年，预计净残值为 40 万元。在采用双倍余额递减法计提折旧的情况下，该项设备 2019 年应提折旧为（　　）万元。

A. 240　　　　　　　　　　B. 144

C. 134. 4　　　　　　　　　D. 224

16. 甲公司 2016 年 9 月 30 日购入一条生产线，进行一项新产品的生产，预计该生产线使用寿命为 5 年，生产线入账成本为 500 万元，甲公司对其采用年数总和法计提折旧，预计净残值为 20 万元。假定不考虑其他因素，则 2018 年末，甲公司该项生产线的账面价值为（　　）万元。

A. 96　　　　　　　　　　B. 116

C. 168　　　　　　　　　　D. 188

17. 某企业 2014 年 6 月 1 日自行建造的一生产车间投入使用，该生产车间建造成本为 1 200 万元，预计使用年限为 20 年，预计净残值为 10 万元。在采用双倍余额递减法计提折旧的情况下，2015 年该设备应计提的折旧额为（　　）万元。

A. 120   B. 108

C. 114   D. 97.2

18. 按照《企业会计准则第 4 号——固定资产》规定，下列会计处理方法不正确的是（　　）。

A. 已达到预定可使用状态的固定资产，无论是否交付使用，尚未办理竣工决算的，应当按照估计价值确认为固定资产，并计提折旧；待办理了竣工决算手续后，再按实际成本调整原来的暂估价值，同时调整原已计提的折旧额

B. 处于修理、更新改造过程而停止使用的固定资产，符合固定资产确认条件的，应当转入在建工程，停止计提折旧；不符合确认条件的，不应转入在建工程，照提折旧

C. 持有待售的固定资产，不计提折旧

D. 固定资产发生的更新改造支出等，符合固定资产确认条件的，应当计入固定资产成本，同时将被替换部分的账面价值扣除

19. 下列项目中，应作为固定资产核算的是（　　）。

A. 已达到预定可使用状态但尚未办理竣工手续的自用厂房

B. 融资租出的大型设备

C. 投资性房地产企业目前正在开发的商品房

D. 盘亏、毁损的固定资产

20. 企业对一条生产线进行更新改造。该生产线的原价为 120 万元，已提折旧为 60 万元。改造过程中发生支出 30 万元，被替换部分的账面原值 15 万元。该生产线更新改造后的成本为（　　）万元。

A. 65   B. 82.5

C. 135   D. 150

21. A 公司 2017 年末因管理不善毁损一台 B 设备（不考虑进项税额转出问题），残料变价收入为 500 万元，责任人赔偿 1 万元。该设备于 2015 年 12 月购买，购买价款 5 000 万元，增值税进项税额 850 万元，发生运杂费为 640 万元，预计净残值为 500 万元，预计使用年限为 5 年，采用双倍余额递减法计提折旧。B 设备的清理净损益是（　　）万元。

A. −1 529.4   B. −2 379.4

C. 5 349   D. −859

22. 下列关于企业持有待售的固定资产的说法中，不正确的是（　　）。

A. 企业对于持有待售的固定资产，应当调整该项固定资产的预计净残值，使该项固定资产的预计净残值能够反映其公允价值减去处置费用后的金额，但不得超过符合持有待售条件时该项固定资产的原账面价值

B. 某项资产或处置组被划归为持有待售，但后来不再满足持有待售固定资产确认条件，企业应当停止将其划归为持有待售

C. 持有待售的固定资产原账面价值高于预计净残值的差额，应作为资产减值损失计入当期损益

D. 持有待售的固定资产仍然计提折旧

23. 2016 年 12 月 31 日，甲公司建造了一座核电站达到预定可使用状态并投入使用，累计发生的资本化支出为 210 000 万元。当日，甲公司预计该核电站在使用寿命届满时为恢复环境发生弃置费用 10 000 万元，其现值为 8 200 万元。该核电站的入账价值为（   ）万元。

A. 200 000   B. 210 000

C. 218 200   D. 220 000

24. 某设备的账面原价为 50 000 元，预计使用年限为 4 年，预计净残值率为 4%，采用双倍余额递减法计提折旧，该设备在第 3 年应计提的折旧额为（   ）元。

A. 5 250   B. 6 000

C. 6 250   D. 9 000

25. 企业的某项固定资产账面原价为 2 000 万元，采用年限平均法计提折旧，预计使用寿命为 10 年，预计净残值为 0。在第 4 个折旧年度末企业对该项固定资产的某一主要部件进行更换，发生支出合计 1 000 万元，符合准则规定的固定资产确认条件。被更换部件的账面原价为 800 万元，出售取得变价收入 1 万元。固定资产更新改造后的入账价值为（   ）万元。

A. 2 200   B. 1 720

C. 1 200   D. 2 199

26. 下列各项交易，应当将固定资产划分为持有待售的是（   ）。

A. 甲公司 20×8 年 10 月 1 日与 A 公司签订不可撤销的销售协议，约定于 20×9 年 11 月 30 日将一台生产设备转让给 A 公司

B. 乙公司管理层做出决议，计划将一栋自用办公楼于本月底出售给 B 公司

C. 丙公司与 C 公司签订一项销售协议，约定于次月 1 日将一条生产线出售

给 C 公司，双方均已通过管理层决议

　　D. 丁公司 20×9 年 1 月 1 日与 D 公司达成协议，计划将于本年 10 月 31 日将一台管理用设备转让给 D 公司，但是此协议为口头协议，尚未签订正式的书面协议

　　27. 企业采用出包方式建造自用厂房，企业发生的下列支出中，不构成在建工程项目成本的是（　　）。

　　A. 领用工程物资的价值

　　B. 领用自产应税消费品负担的消费税

　　C. 支付给建筑公司的工程进度款

　　D. 已完工但尚未办理竣工决算手续前发生的专门借款利息支出

　　28. 企业盘盈的固定资产，应通过（　　）科目核算。

　　A. 其他业务收入　　　　　　　B. 以前年度损益调整

　　C. 资本公积　　　　　　　　　D. 营业外收入

　　29. A 公司对一座办公楼进行更新改造，该办公楼原值为 1 000 万元，已计提折旧 500 万元。更新改造过程中发生支出 600 万元，被替换部分账面原值为 100 万元，出售价款为 2 万元。则新办公楼的入账价值为（　　）万元。

　　A. 1 100　　　　　　　　　　　B. 1 050

　　C. 1 048　　　　　　　　　　　D. 1 052

　　30. 企业结转固定资产清理净损益时，不可能涉及的会计科目是（　　）。

　　A. 管理费用　　　　　　　　　B. 营业外收入

　　C. 营业外支出　　　　　　　　D. 资产处置损益

　　二、多项选择题（多项选择题备选答案中，有两个或两个以上符合题意的正确答案。多选、少选、错选、不选均不得分）

　　1. 下列各项资产，符合固定资产定义的有（　　）。

　　A. 企业为生产持有的机器设备

　　B. 企业以融资租赁方式出租的机器设备

　　C. 企业以经营租赁方式出租的机器设备

　　D. 企业以经营租赁方式出租的建筑物

　　2. 下列项目中，构成外购固定资产入账价值的有（　　）。

　　A. 购买设备发生的运杂费　　　B. 取得固定资产而交纳的契税

　　C. 购买设备发生的包装费用　　D. 取得固定资产发生的耕地占用税

3. 增值税一般纳税人购入生产经营用固定资产，其入账价值通常包括（   ）。

A. 购入设备时支付的增值税　　B. 进口关税

C. 途中保险费　　　　　　　　D. 购买价款

4. 下列各项中，不应计入固定资产成本的有（   ）。

A. 在建工程（一年以上）达到预定可使用状态前发生的一般借款利息费用的汇兑差额

B. 购建厂房领用生产的原材料的成本

C. 购买生产用机器设备支付的增值税进项税额

D. 建设期间发生的工程物资盘亏、报废及毁损的净损失

5. 下列各项中，影响在建工程成本的有（   ）。

A. 在建工程试运行收入

B. 因在建工程取得的财政专项补贴

C. 工程完工后因火灾造成的工程物资盘亏净损失

D. 建造期间工程物资盘盈净收益

6. 甲企业为增值税一般纳税人，采用自营方式建造生产用厂房，下列各项应计入厂房建造成本的有（   ）。

A. 自营建造厂房发生的职工薪酬

B. 工程在达到预定可使用状态前所发生的建造工程项目的管理费用

C. 工程建造期间发生的工程物资盘亏净损失

D. 因自然灾害造成的在建工程报废净损失

7. 如果购买固定资产的价款超过正常信用条件延期支付，实质上具有融资性质时，下列说法中正确的有（   ）。

A. 固定资产的成本以购买价款为基础确定

B. 固定资产的成本以购买价款的现值为基础确定

C. 实际支付的价款与购买价款现值之间的差额，应当在信用期内予以资本化

D. 实际支付的价款与购买价款现值之间的差额，应在信用期内采用实际利率法摊销，摊销金额满足资本化条件的应计入固定资产成本

8. 下列各项中，应计提折旧的固定资产有（   ）。

A. 未使用的机器设备

B. 季节性停用的固定资产

C. 正在改扩建而停止使用的固定资产

D. 大修理停用的固定资产

9. 下列各项中,不应计提折旧的固定资产有 (　　)。

A. 融资租入方式租入固定资产

B. 以经营租赁方式租出的固定资产

C. 单独计价入账的土地

D. 因改扩建而停用的固定资产

10. 下列关于固定资产折旧的说法正确的有 (　　)。

A. 已达到预定可使用状态但尚未办理竣工决算的固定资产不需要计提折旧

B. 已计提减值准备的固定资产在计提折旧时,应当按照减值后的账面价值以及尚可使用年限重新计算应确认的折旧额

C. 放置停用的固定资产仍需要计提折旧

D. 处于更新改造过程中的固定资产应当照提折旧

11. 甲公司 20×2 年发生对固定资产的维修或改造业务,处理正确的有 (　　)。

A. 对一条生产线进行改造,预计改造之后产量大幅提高,因此对改造支出进行资本化处理

B. 某台生产设备出现零部件磨损,因此对其进行维护和检修,将检修费和维护支出计入设备成本

C. 一栋写字楼因近期阴雨天气出现漏雨现象,对其进行修缮,发生费用 8 000 元,增设"固定资产装修"明细核算

D. 一台生产设备发生故障,对此进行停工检修,修理完成后可以正常使用,将修理费用计入存货成本

12. 下列关于固定资产的说法中,正确的有 (　　)。

A. 企业持有固定资产的目的是生产产品、提供劳务、出售或经营管理

B. 只有可以直接为企业带来经济利益的固定资产企业才可以予以确认

C. 工业企业持有的备品备件、维修设备若符合固定资产的定义,也应当确认为固定资产

D. 固定资产的各组成部分具有不同使用寿命,或者以不同方式为企业提供经济利益,适用不同折旧率或折旧方法的,应当分别将各组成部分确认为单项固定资产

13. 根据《企业会计准则第 4 号——固定资产》规定,下列各项中应通过

"固定资产" 会计科目核算的内容有 (   )。

A. 航空企业的高价周转件

B. 企业以经营租赁方式租入设备发生的改良支出

C. 非房地产开发企业尚未找到合适承租人的已购建完成的写字楼

D. 企业为开发新产品、新技术购置的符合固定资产定义和确认条件的设备

14. 下列事项中可能对固定资产账面价值产生影响的有 (   )。

A. 对固定资产计提折旧

B. 对固定资产进行更新改造

C. 持有待售固定资产的公允价值减去处置费用后的净额低于其账面价值

D. 调整原暂估入账固定资产的实际成本

15. 下列关于固定资产会计处理的表述中，正确的有 (   )。

A. 未投入使用的固定资产不应计提折旧

B. 特定固定资产弃置费用的现值应计入该资产的成本

C. 融资租入固定资产发生的费用化后续支出应计入当期损益

D. 预期通过使用或处置不能产生经济利益的固定资产应终止确认

16. 企业在确定固定资产使用寿命时应当考虑的因素有 (   )。

A. 预计生产能力或实物产量

B. 预计有形损耗和无形损耗

C. 法律或者类似规定对资产使用的限制

D. 预计净残值

17. 下列各项中，影响固定资产处置损益的有 (   )。

A. 固定资产原价   B. 固定资产清理费用

C. 固定资产处置收入   D. 固定资产减值准备

18. 下列关于固定资产会计处理的表述中，正确的有 (   )。

A. 已转为持有待售的固定资产不应计提折旧

B. 至少每年年度终了对固定资产折旧方法进行复核

C. 至少每年年度终了对固定资产使用寿命进行复核

D. 至少每年年度终了对固定资产预计净残值进行复核

19. 企业在固定资产发生资本化后续支出并达到预定可使用状态对进项的下列各项会计处理中，正确的有 (   )。

A. 重新预计净残值   B. 重新确定折旧方法

C. 重新确定入账价值　　　　D. 重新预计使用寿命

20. 关于企业盘盈的固定资产，下列说法不正确的有（　　）。

A. 固定资产的盘盈属于前期差错

B. 盘盈固定资产应按照可收回金额与账面价值孰低的金额入账

C. 盘盈固定资产应通过"待处理财产损溢"核算

D. 盘盈固定资产待批准之后应冲减"管理费用"

21. 下列各项中，需要通过"固定资产清理"进行处理的有（　　）。

A. 直接销售生产用动产设备的销项税额

B. 处置自用办公楼收到的价款

C. 处置过程中收回的材料变价收入

D. 处置过程中收到的保险公司赔偿

22. 企业发生的固定资产处置损益，可能计入的科目包括（　　）。

A. 管理费用　　　　　　　　B. 资本公积

C. 营业外收入　　　　　　　D. 营业外支出

23. 下列关于固定资产盘盈盘亏的说法中，正确的有（　　）。

A. 盘盈的固定资产首先记入"待处理财产损溢"进行核算，报经批准后，记入"营业外收入"

B. 盘盈的固定资产作为前期会计差错通过"以前年度损益调整"进行核算，并最终转入留存收益

C. 盘亏的固定资产首先通过"待处理财产损溢"核算，报经批准后转入"营业外支出"

D. 盘亏的固定资产作为前期差错更正首先通过"以前年度损益调整"核算，并最终转入留存收益

24. 下列各部门使用的固定资产在进行日常修理时，发生的相关支出应计入管理费用的有（　　）。

A. 管理部门　　　　　　　　B. 生产部门

C. 财务部门　　　　　　　　D. 专设销售机构

25. 下列与固定资产有关的项目中，可能对企业当期损益造成影响的有（　　）。

A. 不超过固定资产可收回金额的符合资本化条件的改良支出

B. 为固定资产发生的日常维修费用

C. 计提固定资产减值准备

D. 出售固定资产的净损失

26. 下列各项中，会引起固定资产账面价值发生变化的有（ 　 ）。

A. 计提固定资产减值准备　　　　B. 计提固定资产折旧

C. 固定资产改扩建　　　　　　　D. 固定资产日常修理

27. 下列各项中，影响固定资产清理净损益的有（ 　 ）。

A. 清理固定资产发生的增值税　　B. 清理固定资产的变价收入

C. 清理固定资产的账面价值　　　D. 清理固定资产耗用的材料成本

28. 下列各项中，应通过"固定资产清理"科目核算的有（ 　 ）。

A. 固定资产盘亏的账面价值　　　B. 固定资产更新改造支出

C. 固定资产毁损净损失　　　　　D. 固定资产出售的账面价值

29. 下列不通过"待处理财产损溢"账户核算的有（ 　 ）。

A. 盘盈的固定资产　　　　　　　B. 盘亏的固定资产

C. 盘盈的存货　　　　　　　　　D. 报废的固定资产

30. 下列各项中，关于企业固定资产折旧会计处理表述正确的有（ 　 ）。

A. 自营建造厂房使用自有固定资产，计提的折旧应计入在建工程成本

B. 基本生产车间使用自有固定资产，计提的折旧应计入制造费用

C. 经营租赁租出的固定资产，其计提的折旧应计入管理费用

D. 专设销售机构使用的自有固定资产，计提的折旧应计入销售费用

三、判断题（正确用"√"表示，错误用"×"表示）

1. 固定资产是为生产产品、提供劳务、出租或经营管理而持有，而不是直接用于出售。（ 　 ）

2. 与固定资产有关的专业人员服务费应计入当期损益。（ 　 ）

3. 在建工程项目达到预定可使用状态前，试生产产品对外出售取得的收入应冲减工程成本。（ 　 ）

4. 采用出包方式自行建造固定资产工程时，预付承包单位的工程价款应通过"预付账款"科目核算。（ 　 ）

5. 企业购入的环保设备，不能通过使用直接给企业带来经济利益的，不应作为固定资产进行管理和核算。（ 　 ）

6. 企业以一笔款项购入多项没有单独标价的固定资产，应将该款项按各项固定资产公允价值占公允价值总额的比例进行分配，分别确定各项固定资产的成本。（ 　 ）

7. 自营方式建造固定资产应负担的职工薪酬、辅助生产部门为之提供的劳务，以及其他必要支出等也应计入所建工程项目的成本。（   ）

8. 对于固定资产借款发生的利息支出，在竣工决算前发生的，应予资本化，将其计入固定资产的建造成本；在竣工决算后发生的，则应作为当期费用处理。（   ）

9. 企业更新改造的固定资产，应将发生的可资本化后续支出计入固定资产成本，同时应当终止确认被替换部分的账面原价。（   ）

10. 企业对经营租入的固定资产和融资租入的固定资产均应按照自有资产对其计提折旧。（   ）

11. 按暂估价值入账的固定资产在办理竣工结算后，企业应当根据暂估价值与竣工结算价值的差额调整原已计提的折旧金额。（   ）

12. 固定资产提足折旧后，不论能否继续使用，均不再计提折旧；提前报废的固定资产，也不再补提折旧。（   ）

13. 工作量法计提折旧的特点是每年提取的折旧额相等。（   ）

14. 企业一般应当按月提取折旧，当月增加的固定资产，当月计提折旧；当月减少的固定资产，当月不提折旧。（   ）

15. 固定资产在定期的大修理期间不计提折旧。（   ）

16. 企业以经营租赁方式租入的固定资产发生的改良支出，应直接计入当期损益。（   ）

17. 固定资产处于处置状态或者预期通过使用或处置不能产生经济利益的，应予终止确认。（   ）

18. 企业持有待售的固定资产，应按账面价值与公允价值减去处置费用后的净额孰低进行计量。（   ）

19. 按照新准则的规定，对于计提的固定资产减值准备，在以后期间价值恢复时，不转回任何原已计提的减值准备金额。（   ）

20. 正常报废和非常报废的固定资产均应通过"固定资产清理"科目予以核算。（   ）

四、计算分析题

1. 甲公司为一家制造企业。2016 年 1 月 1 日向乙公司购进三套不同型号且具有不同生产能力的设备 A、B、C。共支付货款 7 800 000 元，增值税额 1 326 000 元，包装费 42 000 元。全部以银行存款支付。假定 A、B、C 均满足固定资产的定义和确认条件，公允价值分别为 2 926 000 元、3 594 800 元、1 839 200元；不考虑其他相关税费。

要求：

（1）确定固定资产 A、B、C 的入账价值；

（2）做出购入固定资产的会计分录。

2. 某企业 2014 年 12 月购入一台需要安装设备，增值税专用发票上注明的设备价款为 80 000 元，增值税额为 13 600 元，发生运杂费 1 400 元，安装费5 000元，全部款项已用银行存款支付。该设备当月安装完毕并达到预定可使用状态。该设备预计残值 4 000 元，预计使用年限 5 年。

要求：

（1）计算该设备的入账价值，并编制相关会计分录；

（2）分别采用平均年限法、双倍余额递减法和年数总和法计算该设备 2015 年至 2019 年各年的折旧额。

3. 甲公司于 2012 年初购入一台生产用设备，总价款为 1 000 万元，分三次付款，2012 年末支付 400 万元，2013 年末支付 300 万元，2014 年末支付 300 万元。税法规定，增值税在约定的付款时间按约定的付款额计算缴纳。假定资本市场利率为 10%，无其他相关税费。

要求：

（1）计算固定资产的入账成本；

（2）编制 2012 年初购入设备时的会计分录；

（3）编制每年利息费用的推算表；

单位：万元

年份	年初本金	当年利息费用	当年还款额	当年还本额
2012	836.96	83.70	400.00	316.30
2013	520.66	52.07	300.00	247.93
2014	272.73	27.27	300.00	272.73

（4）编制 2012～2014 年末支付设备款及增值税并认定利息费用的会计分录。

4. 乙股份有限公司（简称乙公司）为增值税一般纳税人，适用的增值税税率为 17%。该公司在生产经营期间以自营方式建造一条生产线。2014 年 1～4 月发生的有关经济业务如下：

（1）购入一批工程物资，收到的增值税专用发票上注明的价款为 200 万元，增值税额为 34 万元，款项已通过银行转账支付。

（2）工程领用工程物资 180 万元。

（3）工程领用生产用 A 原材料一批，实际成本为 100 万元；购入该批 A 原材料支付的增值税额为 17 万元；未对该批 A 原材料计提存货跌价准备。

（4）应付工程人员职工薪酬 114 万元。

（5）工程建造过程中，由于非正常原因造成部分毁损，该部分工程实际成本为 50 万元，未计提在建工程减值准备；应从保险公司收取赔偿款 5 万元，该赔偿款尚未收到。

（6）以银行存款支付工程其他支出 40 万元。

（7）工程达到预定可使用状态前进行试运转，领用生产用 B 原材料实际成本为 20 万元，购入该批 B 原材料支付的增值税额为 3.4 万元；以银行存款支付其他支出 5 万元。未对该批 B 原材料计提货跌价准备。工程试运转生产的产品完工转为库存商品。该库存商品成本中耗用 B 原材料的增值税额为 3.4 万元，经税务部门核定可以抵扣；该库存商品的估计售价（不含增值税）为 38.3 万元。

（8）工程达到预定可使用状态并交付使用。

（9）剩余工程物资转为生产用原材料，并办妥相关手续。

要求：编制 2014 年 1～4 月自营方式建造生产线过程的会计分录。

5. 甲航空公司为增值税一般纳税人，2010 年 12 月购入一架飞机总计花费 8 000 万元（含发动机），发动机当时的购买价为 500 万元。公司未将发动机作为一项单独的固定资产进行核算。2019 年初，公司开辟新航线，航程增加。为延长飞机的空中飞行时间，公司决定更换一部性能更为先进的发动机。新发动机购价 700 万元，增值税专用发票注明的增值税额为 112 万元，另支付安装费并取得增值税专用发票，注明安装费用 100 000 元，增值税率 16%，假定飞机的年折旧率为 3%，不考虑预计净残值的影响且替换下的老发动机报废无残值收入。

要求：编制甲公司的相关业务的会计分录。

6. 基本生产车间一台机床报废，原价 2 000 000 元，已提折旧 1 800 000 元，清理费用 5 000 元，残值收入 8 000 元，企业需要缴纳增值税 1 280 元。均通过银行存款收支。该项固定资产已清理完毕。

要求：编制清理固定资产过程的会计分录。

7. 甲公司系增值税一般纳税人，20×6 年至 20×9 年与固定资产业务相关的资料如下：

资料一：20×6 年 12 月 5 日，甲公司以银行存款购入一套不需安装的大型生产设备，取得的增值税专用发票上注明的价款为 5 000 万元，增值税税额为 850 万元。

资料二：20×6 年 12 月 31 日，该设备投入使用，预计使用年限为 5 年，净残值为 50 万元，采用年数总和法按年计提折旧。

资料三：20×8 年 12 月 31 日，该设备出现减值迹象。预计未来现金流量的现值为 1 500 万元，公允价值减去处置费用后的净额为 1 800 万元，甲公司对该设备计提减值准备后，根据新获得的信息预计其剩余使用年限仍为 3 年，净残值为 30 万元，仍采用年数总和法按年计提折旧。

资料四：20×9 年 12 月 31 日，甲公司售出该设备，开具的增值税专用发票上注明的价款为 900 万元，增值税税额为 144 万元，款项已收存银行，另以银行存款支付清理费用 2 万元。

假定不考虑其他因素。

要求：

（1）编制甲公司 20×6 年 12 月 5 日购入该设备的会计分录。

（2）分别计算甲公司 20×7 年度和 20×8 年度对该设备应计提的折旧金额。

（3）计算甲公司 20×8 年 12 月 31 日对该设备计提减值准备的金额，并编制相关会计分录。

（4）计算甲公司 20×9 年度对该设备应计提的折旧金额，并编制相关会计分录。

（5）编制甲公司 20×9 年 12 月 31 日处置该设备的会计分录。

案例分析：

一笔固定资产的会计处理带来的双重税务处罚

税务机关在对某企业进行账务检查时，发现该单位 2013 年 3 月购入小轿车一辆，价值 234 000 元，取得税控开具的机动车销售发票。该企业财务人员将其认证后，抵扣进项税，计入固定资产，作如下会计分录：

1. 借：固定资产——轿车　　　　　　　　　　　　　　　　200 000

　　　应交税费——应交增值税（进项税额）　　　　　　　34 000

　　　贷：银行存款　　　　　　　　　　　　　　　　　　　234 000

截至 2016 年 3 月，共计提折旧 76 000 元（5% 残值率，5 年折旧）净值余 124 000 元。该企业 2016 年 4 月处置该资产，处置价值为 117 000 元。

该企业处置固定资产，作如下会计分录：

2. 借：固定资产清理　　　　　　　　　　　　　　　　　200 000
　　　贷：固定资产——小轿车　　　　　　　　　　　　　　　200 000

3. 借：累计折旧　　　　　　　　　　　　　　　　　　　76 000
　　　贷：固定资产清理　　　　　　　　　　　　　　　　　　76 000

处置价值 117 000 元，作如下会计分录：

4. 借：银行存款　　　　　　　　　　　　　　　　　　117 000
　　　贷：固定资产清理　　　　　　　　　　　　　　　　　100 000
　　　　　应交税费——应交增值税（销项税额）　　　　　　17 000

因为该企业本月进项税额比较大，所以没有应缴税金产生。

处置时，缴纳交易费用 1 000 元，作如下会计分录：

5. 借：固定资产清理　　　　　　　　　　　　　　　　　1 000
　　　贷：银行存款　　　　　　　　　　　　　　　　　　　1 000

至此，将固定资产清理余额转入营业外支出，作如下会计分录：

借：营业外支出　　　　　　　　　　　　　　　　　　25 000
　　贷：固定资产清理　　　　　　　　　　　　　　　　　　25 000

处罚：

税务机关随即通知该企业，2013 年 3 月购进的小汽车，属于不得抵扣的项目，不应抵扣进项税额，应该做进项税额转出处理。

因此要求该企业：

（1）将 2013 年 3 月抵扣的 34 000 元的进项税额转出，推算出该企业 2013 年 3 月应该缴纳增值税 10 000 元，要求其补缴税金并处以 50% 的罚款以及相应的滞纳金。

（2）该企业处置该固定资产时，应该采取简易计税的方式，按照 3% 的征收率减按 2% 计算缴纳增值税，而不能采取一般计税方式计提销项税额，因此企业需要调整会计凭证，补缴增值税 2 271.84 元，处以 50% 的罚金以及相应的滞纳金。

（3）企业因为计提计税方法错误造成的折旧的计算错误，自行调整，是否调整所得税应税所得，企业自行选择。

政策依据：

2008 年颁布的《中华人民共和国增值税暂行条例实施细则》第二十五条规定：纳税人自用的应征消费税的摩托车、汽车、游艇，其进项税额不得从销项税额中抵扣。

2013 年颁布的《财政部国家税务总局关于将铁路运输和邮政业纳入营业税改征增值税试点的通知》（财税〔2013〕106 号）规定：2013 年 8 月 1 日起，纳税人购买自用的小汽车不属于以上不得抵扣情形的，可以凭合法有效机动车销售统一发票按规定申报抵扣。

该企业 2013 年 3 月购进的汽车，属于不得抵扣的范围，必须作进项税额转出。

税企辩论：

该企业财务人员辩称：虽然该企业按规定不得抵扣，但企业处置时，按照一般计税方法计提了增值税，所以没有侵占国家便宜，不应受到处罚。

税务机关指出：

（1）该企业汽车入账时，明确不得抵扣，这是基本规定，没有任何争议。而且车辆折旧以及处置贬值部分的进项税额，已经造成了国家税收的流失。企业没有侵占国家便宜这一说，不成立。

（2）企业处置不允许抵扣进项税额的固定资产，只能采取简易计税的方法，计算缴纳税金。至于是否享受 2% 的减征，是企业的权利，但企业没有采取一般计税的权利。因为企业采取简易计税，当时即需缴纳相应税金，如果采取一般计税，企业可能就无须缴纳税金，属于故意偷税漏税行为。

因此，企业购进轿车时抵扣的进项税额必须转出，接受处罚。同时，该企业处置固定资产选择错误的计税方法，造成晚缴甚至不缴的增值税，必须补缴，并接受处罚。

资料来源：张钦光，中国会计视野，2017 – 03 – 11。

案例思考：最新增值税税收制度改革对固定资产核算的影响。

第六章 无形资产

知识目标和要求。通过本章的学习，要求学生掌握无形资产的确认条件，研究与开发支出的确认条件，无形资产初始计量的核算，无形资产使用寿命的确定原则，无形资产摊销原则，无形资产处置和报废。

能力、技能目标和要求。通过本章学习，学生要能独立完成对企业无形资产业务的会计核算和分析。

本章重点。本章的重点集中在无形资产在不同取得渠道下的初始计量；研究支出与开发支出在确认与计量方面的联系与区别；使用寿命有限的无形资产和使用寿命不确定的无形资产不同的摊销方法及分摊时的会计分录。

本章难点。研究阶段与开发阶段的划分；无形资产使用期限的确定。

一、单项选择题（单项选择题备选答案中，只有一个符合题意的正确答案。多选、错选、不选均不得分）

1. 下列各项属于无形资产的是（　　）。

A. 非专利技术　　　　　　　　　B. 自创商誉

C. 吸收合并形成的商誉　　　　　D. 对外出租的土地使用权

2. 购买无形资产的价款超过正常信用条件延期支付，实质上具有融资性质的，无形资产的成本以（　　）为基础确定。

A. 全部购买价款　　　　　　　　B. 全部购买价款的现值

C. 对方提供的凭据上标明的金额　　D. 市价

3. 房地产开发企业已用于在建商品房的土地使用权，在资产负债表中应列示的项目为（　　）。

A. 存货　　　　　　　　　　　　B. 固定资产

C. 无形资产　　　　　　　　　　D. 投资性房地产

4. 下列关于无形资产的表述中，正确的是（　　）。

A. 企业自创商誉、自创品牌及报刊名等可以确认为无形资产

B. 企业内部研究开发项目开发阶段的支出应该全部确认为无形资产

C. 支付土地出让金获得的用于自用办公楼建造的土地使用权应确认为无形资产

D. 企业合并中形成的商誉应该确认为无形资产

5. 关于无形资产的初始计量，下列说法中错误的是（　　）。

A. 外购无形资产的成本包括购买价款、相关税费以及直接归属于该项资产达到预定用途所发生的其他支出

B. 购买无形资产价款超过正常信用条件延期支付，实质上具有融资性质的，应该按照购买价款的现值为基础确定无形资产的成本

C. 自行研发的无形资产，其成本包括自该项资产满足无形资产确认条件以及在其开发阶段支出满足确认为无形资产的条件后至达到预定用途前所发生的符合资本化条件的支出总额，以前期间已经费用化的部分也应调整增加无形资产成本

D. 投资者投入的无形资产成本，按照合同或协议价确定，但合同或协议约定价值不公允的除外

6. 下列项目应作为无形资产核算的是（　　）。

A. 对外出租的土地使用权　　　　B. 吸收合并取得的商誉

C. 处于研究阶段的研发项目　　　　D. 某企业的注册商标权

7. 某公司主营房地产开发业务，下列说法中不正确的是（　　）。

A. 用于建造自营商业设施的土地使用权确认为无形资产

B. 用于建造住宅小区的土地使用权确认为开发成本

C. 持有并准备增值后转让的土地使用权确认为投资性房地产

D. 建造住宅小区的土地使用权建造期间不计提摊销

8. 企业在研发阶段发生的无形资产支出应先计入（　　）科目。

A. 无形资产　　　　　　　　　　B. 管理费用

C. 研发支出　　　　　　　　　　D. 累计摊销

9. 下列有关自行开发无形资产发生的研发支出，不正确的处理方法是（　　）。

A. 企业自行开发无形资产发生的研发支出，不满足资本化条件的，借记"管理费用"，满足资本化条件的，借记"无形资产"科目

B. 企业自行开发无形资产发生的研发支出，在研究开发项目达到预定用途

形成无形资产的,应按"研发支出——资本化支出"科目的余额,转入无形资产

C. 企业自行开发无形资产发生的研发支出,不满足资本化条件的,借记"研发支出——费用化支出"科目

D. 企业自行开发无形资产发生的研发支出,期末应将"研发支出——费用化支出"科目的余额,转入"管理费用"科目

10. 研究开发活动无法区分研究阶段和开发阶段的,当期发生的研究开发支出应在资产负债表日确认为( )。

A. 无形资产 　　　　　　　　　B. 管理费用

C. 研发支出 　　　　　　　　　D. 营业外支出

11. 甲公司 2007 年 2 月开始研制一项新技术,2008 年 5 月初研发成功,企业申请了专利技术。研究阶段发生相关费用 18 万元;开发过程发生工资费用 25 万元,材料费用 55 万元,发生的其他相关费用 5 万元(假定开发支出均可资本化);申请专利时发生注册费等相关费用 10 万元。企业该项专利权的入账价值为( )万元。

A. 30 　　　　　　　　　　　　B. 75

C. 95 　　　　　　　　　　　　D. 108

12. 甲公司自行研发一项新技术,累计发生研究开发支出 800 万元,其中符合资本化条件的支出为 500 万元。研发成功后向国家专利局提出专利权申请并获得批准,实际发生注册登记费 8 万元;为使用该项新技术发生的有关人员培训费为 6 万元。不考虑其他因素,甲公司该项无形资产的入账价值为( )万元。

A. 508 　　　　　　　　　　　B. 514

C. 808 　　　　　　　　　　　D. 814

13. 甲公司有一项 A 专利权,2016 年 12 月 31 日 A 专利权的可收回金额为 320 万元。该无形资产系 2014 年 10 月 2 日购入并交付管理部门使用,入账价值为 525 万元,预计使用年限为 5 年,净残值为零,甲公司对其采用直线法摊销。假定不考虑其他因素,甲公司 2016 年 12 月 31 日 A 专利权的账面价值为( )万元。

A. 288.75 　　　　　　　　　　B. 320

C. 525 　　　　　　　　　　　　D. 420

14. 在会计期末,持有的无形资产的账面价值高于其可收回金额的差额,应当计入( )科目。

A. 管理费用   B. 资产减值损失

C. 其他业务成本   D. 营业外支出

15. 下列各项中，不会引起资产负债表无形资产项目发生增减变动的是
（   ）。

A. 对无形资产计提减值准备   B. 转让无形资产所有权

C. 摊销无形资产   D. 发生无形资产后续支出

16. 嘉禾公司 20×7 年 3 月 1 日以银行存款 96 万元购入一项无形资产，法定
有效期为 8 年，合同规定的受益年限为 5 年。该无形资产 20×8 年末估计可收回
金额为 57 万元，20×9 年末估计可收回金额为 45 万元。则甲公司 20×9 年末无
形资产的账面价值为（   ）万元。

A. 39   B. 45

C. 41.6   D. 37.8

17. 甲公司 2012 年自行研发一项专利技术，2012 年发生研发费用 200 万元，
其中符合资本化条件的为 30 万元，2013 年发生研发费用 150 万元，符合资本化
的金额有 70 万元，2013 年 7 月 31 日，该专利技术达到预定可使用状态，当月申
请专利发生专利费 20 万元，另外为该专利技术生产的新产品进行宣传，发生宣
传费用 5 万元，为职工支付培训费 3 万元，该专利技术预计使用 5 年，预计无残
值，2013 年 12 月 31 日该专利技术的账面价值为（   ）万元。

A. 108   B. 106

C. 115.2   D. 113.07

18. 企业摊销自用的、使用寿命确定的无形资产时，借记"管理费用"科
目，贷记（   ）科目。

A. 无形资产   B. 累计摊销

C. 累计折旧   D. 无形资产减值准备

19. 在会计期末，企业所持有的无形资产的账面价值高于其可收回金额的差
额，应当计入（   ）科目。

A. 管理费用   B. 资产减值损失

C. 其他业务成本   D. 营业外支出

20. 某股份有限公司于 2015 年 7 月 1 日，以 50 万元的价格转让一项无形资
产，同时发生相关税费 3 万元。该无形资产系 2012 年 7 月 1 日购入并投入使用，
其入账价值为 300 万元，预计使用年限为 5 年，法律规定的有效年限为 6 年。该

无形资产按直线法摊销。转让该无形资产发生的净损失为（　　）万元。（假定不考虑相关税费）

  A. 70   B. 73

  C. 100   D. 103

  21. 2014 年 1 月 1 日，甲企业外购 M 无形资产，实际支付的价款为 100 万元，假定未发生其他税费。该无形资产使用寿命为 5 年。2015 年 12 月 31 日，由于与 M 无形资产相关的经济因素发生不利变化，致使 M 无形资产发生价值减值，甲企业估计其可收回金额为 18 万元。2017 年 12 月 31 日，甲企业发现，导致 M 无形资产在 2015 年发生减值损失的不利经济因素已全部消失，且此时估计 M 无形资产的可收回金额为 22 万元，则此无形资产在 2017 年末的账面价值为（　　）万元。

  A. 20   B. 10

  C. 6   D. 22

  22. 2013 年 1 月 1 日，甲公司某项特许使用权的原价为 960 万元，已摊销 600 万元，已计提减值准备 60 万元。预计尚可使用年限为 2 年，预计净残值为零，采用直线法按月摊销。不考虑其他因素，2013 年 1 月甲公司该项特许使用权应摊销的金额为（　　）万元。

  A. 12.5   B. 15

  C. 37.5   D. 40

  23. 甲公司 20×6 年 1 月 1 日购入一项无形资产。该无形资产的实际成本为 750 万元，摊销年限为 10 年，采用直线法摊销。2×10 年 12 月 31 日，该无形资产发生减值，预计可收回金额为 270 万元。计提减值准备后，该无形资产原摊销年限和摊销方法不变。2×11 年 12 月 31 日，该无形资产的账面价值为（　　）万元。

  A. 750   B. 321

  C. 300   D. 216

  24. 下列关于使用寿命不确定的无形资产的会计处理中，表述正确的是（　　）。

  A. 持有期间按月摊销，计入成本费用科目

  B. 如果后续期间有证据表明其使用寿命是有限的，应当作会计估计变更处理

  C. 发生减值迹象时，进行减值测试

D. 每个会计期间不需要对使用寿命进行复核

25. 如果无形资产预期不能为企业带来经济利益时，应将其账面价值转入（   ）。

A. 其他业务成本   B. 管理费用

C. 营业外支出   D. 资产减值损失

26. 使用寿命不确定的无形资产计提减值时，影响利润表的项目是（   ）。

A. 管理费用   B. 资产减值损失

C. 营业外支出   D. 营业成本

27. 下列关于无形资产会计处理的表述中，不正确的是（   ）。

A. 当月增加的使用寿命有限的无形资产从当月开始摊销

B. 无形资产摊销方法应当反映其经济利益的预期实现方式

C. 使用寿命有限的无形资产的摊销金额全部计入当期损益

D. 使用寿命不确定的无形资产持有期间不需要摊销

二、多项选择题（多项选择题备选答案中，有两个或两个以上符合题意的正确答案。多选、少选、错选、不选均不得分）

1. 下列各项关于无形资产的说法中，不正确的有（   ）。

A. 使用寿命有限的无形资产，应当自可供使用时起在预计使用年限内分期平均摊销

B. 生产车间使用的无形资产，如非专利技术，其每期的摊销额应计入管理费用

C. 出租的无形资产，其每期的摊销额应计入管理费用

D. 使用寿命不确定的无形资产，在持有期间内不需要摊销，但应当在每个会计期间进行减值测试

2. 外购无形资产的成本，包括（   ）。

A. 购买价款

B. 直接归属于使该项资产达到预定用途所发生的测试费

C. 直接相关税费

D. 直接归属于使该项资产达到预定用途所发生的专业服务费

3. 企业有关土地使用权正确的会计处理方法有（   ）。

A. 企业通过出让或转让方式取得的、以经营租赁方式出租的土地使用权应确认为投资性房地产

B. 土地使用权用于自行开发建造厂房等地上建筑物时，相关的土地使用权应当计入所建造的房屋建筑物成本

C. 企业改变土地使用权的用途，将其作为用于出租或增值目的时，应将其账面价值转为投资性房地产

D. 企业外购的房屋建筑物支付的价款无法在地上建筑物与土地使用权之间分配的，应当按照《企业会计准则第 4 号——固定资产》规定，确认为固定资产原价

4. 一般情况下，使用寿命有限的无形资产应当在其预计使用年限内摊销。但是，如果预计使用年限超过了相关合同规定的受益年限或法律规定的有效年限，则下列各项关于确定摊销年限的表述中，正确的有（　　）。

A. 合同规定受益年限，法律没有规定有效年限的，摊销年限不应该超过受益年限

B. 没有明确的合同或法律规定无形资产的使用寿命的，企业应当综合各方面情况以及参考企业的历史经验等，确定无形资产为企业带来未来经济利益的期限

C. 合同规定受益年限，法律也规定了有效年限的，摊销年限选择二者中较短者

D. 合同没有规定受益年限，法律规定有效年限的，摊销年限不应该超过有效年限

5. 甲公司有关无形资产业务如下：①20×6 年 1 月 1 日购入一项无形资产，价款 810 万元，另发生相关税费 90 万元。该无形资产有效使用年限为 8 年，甲公司估计使用年限为 6 年，预计残值为零。②20×7 年 12 月 31 日，由于与该无形资产相关的经济因素发生不利变化，致使其发生减值，甲公司估计可收回金额为 375 万元。计提减值准备后原预计使用年限不变。③假定该企业按年进行无形资产摊销。不考虑其他因素，下列有关无形资产 20×6 年 1 月 1 日至 20×8 年 12 月 31 日表述正确的有（　　）。

A. 20×6 年 1 月 1 日购入一项无形资产的成本为 900 万元

B. 20×6 年 12 月 31 日无形资产的累计摊销额为 150 万元

C. 20×7 年 12 月 31 日计提无形资产减值准备为 225 万元

D. 20×8 年 12 月 31 日无形资产摊销额为 93.75 万元

6. 企业确定无形资产的使用寿命，通常应当考虑的因素有（　　）。

A. 该资产通常的产品寿命周期、可获得的类似资产使用寿命的信息

B. 技术、工艺等方面的现阶段情况及对未来发展趋势的估计

C. 以该资产生产的产品（或服务）的市场需求情况

D. 现在或潜在的竞争者预期采取的行动

7. 下列对于无形资产的摊销说法正确的有（　　）。

A. A公司设计一项商标，在相关政府申请时确定，每十年可以申请延期一次，且支付手续费与未来代理的收益相比比重极小，因此A公司按照取得的成本在10年内平均分摊

B. B公司取得一项土地使用权，确定可以使用50年，B公司将其建成办公楼使用5年后对外经营租出，经营出租期间该土地使用权摊销金额应该记入"其他业务成本"科目

C. C公司有偿取得一项公路经营权，在未来20年内可以使用，C公司按照取得价款在20年内按照合理的摊销方法计提累计摊销

D. D公司自行研发专门生产D产品的专利技术，确定在未来10年内使用，但是受法律保护年限只有8年，因此D公司按照8年计提摊销

8. 下列属于无形资产特征的有（　　）。

A. 由企业拥有或控制并能带来未来经济利益流入

B. 不具有实物形态

C. 不具有可辨认性

D. 属于非货币性资产

9. 下列关于无形资产的初始计量的表述中正确的有（　　）。

A. 通过政府补助取得的无形资产均应按照公允价值计量

B. 外购的无形资产发生的相关税费以及专业人员服务费计入无形资产的成本

C. 通过债务重组取得的无形资产，应按无形资产的公允价值计量

D. 经营租入的无形资产应确认为无形资产

10. 下列关于无形资产处置的说法中，不正确的有（　　）。

A. 出售无形资产发生的支出应计入其他业务成本

B. 企业出售无形资产形成的净损益会影响营业利润的金额

C. 无形资产预期不能为企业带来经济利益的，应按原预定方法和使用寿命摊销

D. 企业出租无形资产获得的租金收入应通过其他业务收入核算

11. 下列应作为无形资产入账的有（　　）。

A. 企业自创的品牌

B. 有偿取得的高速公路 20 年的收费权

C. 企业为建造自用厂房而购入的土地使用权

D. 房地产开发企业为建造住宅小区而购买的土地使用权

12. 下列可以确认为无形资产的有（　　）。

A. 有偿取得的经营特许权

B. 企业自创的商誉

C. 国家无偿划拨给企业的自用的土地使用权

D. 有偿取得的高速公路 15 年的收费权

13. 2015 年 1 月 1 日，甲公司从乙公司购入一项专利权 Y，支付价款 800 万元，同时支付相关税费 20 万元，该项专利自 2015 年 1 月 10 日起用于 X 产品生产，法律保护期限为 15 年，甲公司预计运用该专利生产的产品在未来 10 年内会为企业带来经济利益。就该项专利技术，A 公司向甲公司承诺在第 5 年年末以320 万元购买该专利权。按照甲公司管理层目前的持有计划来看，准备在第 5 年将其出售给 A 公司。甲公司采用直线法摊销该项无形资产。下列各项关于甲公司专利权 Y 摊销的表述中，正确的有（　　）。

A. 专利权 Y 应从 2015 年 1 月开始摊销

B. 专利权 Y 应从 2015 年 2 月开始摊销

C. 专利权 Y 的摊销期为 15 年

D. 专利权 Y 的摊销期为 5 年

14. 下列关于无形资产的说法正确的有（　　）。

A. 无形资产出租时收到的租金，应该确认为收入

B. 对于取得源自合同性权利或其他法定权利的无形资产，使用寿命不应超过合同性权利或其他法定权利的期限

C. 自行研发无形资产研究阶段的支出应计入管理费用

D. 自行研发无形资产开发阶段的支出应该在资产负债表中"开发支出"列示

15. 下列关于无形资产的处置的说法中正确的有（　　）。

A. 企业出租无形资产的摊销计入其他业务成本

B. 企业处置无形资产的净收益计入营业外收入

C. 无形资产报废时应将无形资产的账面价值转销，计入其他业务成本

D. 持有待售的无形资产，在持有待售期间不摊销

16. 下列关于土地使用权的处理中正确的有（　　）。

A. 房地产开发企业为开发用于出售的住宅小区而购入的土地使用权，应先记入"开发成本"

B. 土地使用权用于自行开发建造厂房等地上建筑物时，相关的土地使用权不应当计入所建造的房屋建筑物成本

C. 对外出租的土地使用权在出租期间计提的摊销额应计入其他业务成本

D. 用于建造办公楼的土地使用权摊销额在办公楼的建造期间计入其他业务成本

17. 下列关于内部研发无形资产的处理的说法中正确的有（　　）。

A. 如果无法区分研究阶段的支出与开发阶段的支出，应将其所发生的研究支出全部费用化，计入当期损益

B. 研发无形资产时发生的注册费计入当期损益

C. 研究阶段发生的支出符合资本化条件的计入无形资产的成本

D. 企业自行研发无形资产的过程中，发生的相关支出在研发支出科目中进行归集

18. 下列各项业务处理中，不应计入其他业务收入的有（　　）。

A. 处置无形资产取得的利得　　　　B. 处置长期股权投资产生的收益

C. 出租无形资产取得的收入　　　　D. 以无形资产抵偿债务确认的利得

19. 下列关于无形资产处置的说法中，正确的有（　　）。

A. 无形资产预期不能为企业带来经济利益的，应当将该无形资产的账面价值予以转销，计入当期管理费用

B. 企业出售无形资产的，应将所取得的价款与该无形资产账面价值以及出售该项资产发生的相关税费之和的差额计入当期损益

C. 企业将所拥有的专利技术的使用权转让，仍应按期对其成本进行摊销，摊销金额计入管理费用

D. 企业将所拥有的专利技术的使用权转让，发生的与转让相关的费用支出应该计入其他业务成本

20. 下列关于专门用于产品生产的专利权会计处理的表述中，正确的有

（　　）。

A. 该专利权的摊销金额应计入管理费用

B. 该专利权的使用寿命至少应于每年年度终了进行复核

C. 该专利权的摊销方法至少应于每年年度终了进行复核

D. 该专利权应以成本减去累计摊销和减值准备后的余额进行后续计量

21. 下列关于使用寿命有限的无形资产摊销的表述中，正确的有（　　）。

A. 自达到预定用途的下月起开始摊销

B. 至少应于每年年末对使用寿命进行复核

C. 有特定产量限制的经营特许权，应采用产量法进行摊销

D. 无法可靠确定与其有关的经济利益预期实现方式的，应采用直线法进行摊销

22. 下列关于无形资产后续计量的表述中，正确的有（　　）。

A. 至少应于每年年度终了对以前确定的无形资产残值进行复核

B. 应在每个会计期间对使用寿命不确定的无形资产的使用寿命进行复核

C. 至少应于每年年度终了对使用寿命有限的无形资产的使用寿命进行复核

D. 至少应于每年年度终了对使用寿命有限的无形资产的摊销方法进行复核

23. 下列各项业务的会计处理，不会影响企业当期利润表中营业利润的有（　　）。

A. 无形资产开发阶段发生的符合资本化条件的支出

B. 摊销对外出租无形资产的成本

C. 出售无形资产取得的净收益

D. 计提无形资产减值准备

24. 北方公司为从事房地产开发的上市公司，2008 年 1 月 1 日，外购位于甲地块上的一栋写字楼，作为自用办公楼，甲地块的土地使用权能够单独计量；2008 年 3 月 1 日，购入乙地块和丙地块，分别用于开发对外出售的住宅楼和写字楼，至 2009 年 12 月 31 日，该住宅楼和写字楼尚未开发完成；2009 年 1 月 1 日，购入丁地块，作为办公区的绿化用地，至 2009 年 12 月 31 日，丁地块的绿化已经完成，假定不考虑其他因素，下列各项中，北方公司 2009 年 12 月 31 日不应单独确认为无形资产（土地使用权）的有（　　）。

A. 甲地块的土地使用权　　　　　　B. 乙地块的土地使用权

C. 丙地块的土地使用权　　　　　　D. 丁地块的土地使用权

三、判断题（正确用"√"表示，错误用"×"表示）

1. 无形资产是指企业为生产商品、提供劳务、出租给他人，或为管理目的而持有的、没有实物形态的非货币性长期资产。（　　）

2. 购买无形资产的价款超过正常信用条件延期支付，实质上具有融资性质的，无形资产的成本以购买价款的现值为基础确定。（　　）

3. 无形资产达到预定用途前发生的可辨认的无效和初始运作损失，构成无形资产成本，但为运行该无形资产发生的培训支出等不构成无形资产的开发成本。（　　）

4. 投资者投入无形资产的成本，应当按照投资合同或协议约定的价值确定，合同或协议约定价值不公允的情况下，应以无形资产的公允价值为准。（　　）

5. 使用寿命不确定的无形资产不用进行摊销，也不用进行减值测试计提减值准备。（　　）

6. 对自行开发并按法律程序申请取得的无形资产，按在研究与开发过程中发生的材料费用、直接参与开发人员的工资及福利费、开发过程中发生的租金、借款费用，以及注册费、聘请律师费等费用作为无形资产的实际成本。（　　）

7. 企业购入的土地使用权，先按实际支付的价款计入无形资产，待土地使用权用于自行开发建造厂房等地上建筑物时，再将其账面价值转入相关在建工程，如果是房地产开发企业则应将土地使用权的账面价值转入开发成本。（　　）

8. 房地产企业取得土地使用权用于建造对外出售的房屋建筑物，土地使用权账面价值应当计入所建造的房屋建筑物的成本。（　　）

9. 企业无法区分无资产研究阶段支出和开发阶段支出，应当将其所发生的研发支出全部资本化，计入无形资产成本。（　　）

10. 企业研发无形资产，研究阶段的支出全部费用化计入当期损益，开发阶段符合资本化条件的最终计入无形资产，不符合资本化条件的计入当期损益。（　　）

11. 无形资产的残值都为零。（　　）

12. 企业用于生产某种产品的、已确认为无形资产的非专利技术，其摊销金额应计入当期管理费用。（　　）

13. 无形资产摊销金额可能影响当期损益，也可能不影响当期损益。（　　）

14. 企业的无形资产均应按照直线法进行摊销。（　　）

15. 使用寿命有限的无形资产自取得当月起在预计使用寿命期内合理摊销计

入当期损益。（　　）

16. 无形资产预期不能为企业带来经济利益的，应将无形资产的账面价值转入"管理费用"科目。（　　）

17. 由于出售无形资产属于企业的日常活动，因此出售无形资产所取得的收入应通过"其他业务收入"科目核算。（　　）

18. 内部开发无形资产的成本仅仅包括在满足资本化条件的时点至无形资产申请成功发生的支出总和，对于同一项无形资产在开发过程中达到资本化条件之前已经费用化计入到当期损益的支出不再进行调整。（　　）

19. 合同性权利或其他法定权利在到期时，因续约等延续，无论企业发生多少续约成本，续约期都应当计入使用寿命。（　　）

20. 企业将土地使用权用于自行开发建造自用厂房的，该土地使用权与厂房应分别进行摊销和提取折旧。（　　）

四、计算分析题

1. 2015 年 1 月 1 日，大华公司的董事会批准研发某项新型技术，该公司董事会认为，研发该项目具有可靠的技术和财务等资源的支持，并且一旦研发成功将降低该公司的生产成本。2016 年 1 月 31 日，该项新型技术研发成功并已经达到预定用途。研发过程中所发生的直接相关的必要支出情况如下：

（1）2015 年度发生材料费用 9 000 000 元，人工费用 4 500 000 元，计提专用设备折旧 750 000 元，以银行存款支付其他费用 3 000 000 元，总计 17 250 000元，其中符合资本化条件的支出为 7 500 000 元。

（2）2016 年 1 月 31 日前发生材料费用 800 000 元，人工费用 500 000 元，计提专用设备折旧 50 000 元，其他费用 20 000 元，总计 1 370 000 元，假设全部符合资本化条件。

要求：编制大华公司与无形资产相关的会计分录。

2. 东方公司 2017 年 1 月 8 日，从乙公司购买一项商标权，经与乙公司协议采用分期付款方式支付款项。合同规定，该项商标权总计 8 000 000 元，每年末付款 4 000 000 元，两年付清。假定银行同期贷款利率为 6%，2 年期年金现值系数为 1.8 334。

要求：编制东方公司与无形资产相关的会计分录。

3. 2016 年 1 月 1 日，优锐公司将某商标权出租给乙公司使用，租期为 4 年，每年收取不含税租金 150 000 元，根据《关于全面推开营业税改征增值税试点的通知》（财税〔2016〕36 号），优锐公司是一般纳税人，应缴纳的增值税为 9 000 元（适用的增值税税率为 6%）。在出租期间内优锐公司不再使用该商标权，该商标权系优锐公司 2015 年 1 月 1 日购入的，初始入账价值为 1 800 000 元，预计使用年限为 15 年，采用直线法摊销。假定按年摊销商标权，且不考虑增值税以外的其他相关税费。

要求：编制优锐公司与无形资产相关的会计分录。

4. 甲企业出售一项商标权，所得价款为 127.2 万元，根据《关于在全国开展交通运输业和部分现代服务业营业税改征增值税试点税收政策的通知》（财税〔2013〕37 号）应缴纳的增值税为 7.2 万元（适用增值税税率为 6%，不考虑其他税费）。该商标权成本为 300 万元，出售时已摊销金额为 180 万元，已计提的减值准备为 30 万元。

要求：编制甲企业出售一项商标权的会计分录。

5. A 公司 2014～2017 年与无形资产业务有关的资料如下：

（1）2014 年 12 月 3 日，以银行存款 540 万元购入一项无形资产。预计该项无形资产的使用年限为 5 年，采用直线法摊销。

（2）2016 年 12 月 31 日，对该无形资产进行减值测试，该无形资产的预计未来现金流量现值是 245 万元，公允价值减去处置费用后的净额为 280 万元。计提减值准备后该资产的使用年限及摊销方法不变。

（3）2017 年 4 月 1 日，该无形资产预期不能再为企业带来经济利益，A 公司将其报废。

（4）假设不考虑交易产生的相关税费。

要求（金额单位用万元表示）：

（1）编制购入该无形资产的会计分录；

（2）计算 2014 年 12 月 31 日无形资产的摊销金额并编制会计分录；

（3）计算 2015 年 12 月 31 日该无形资产的账面价值；

（4）计算该无形资产 2016 年末计提的减值准备金额并编制会计分录；

（5）计算 2017 年无形资产计提的摊销金额；

（6）编制该无形资产报废时的会计分录。

案例分析:

会计实务探讨:这项业务是否可以确认为无形资产

某公司进行矿权转让业务,在取得矿权后转让以获利。

矿业权是探矿权与采矿权的合称。探矿权、采矿权转让是指探矿权人、采矿权人在法律法规规定的条件下,经依法批准,以出售、作价出资(包括合资、合作经营和矿业股票上市)等形式,将探矿权、采矿权转让与他人的行为。

如果是一个以主要开采矿产品并销售矿产品的企业,将矿权作为无形资产核算,转让矿权作为营业外收支核算是合理的。

但我们提到企业不是以开采矿产品为主,而是专门取得探矿权与采矿权后进行转让,那么这种情况下企业矿权该如何核算?该企业作为无形资产核算合适吗?

《企业会计准则第6号——无形资产》规定如下:

第三条无形资产,是指企业拥有或者控制的没有实物形态的可辨认非货币性资产。

资产满足下列条件之一的,符合无形资产定义中的可辨认性标准:

(一)能够从企业中分离或者划分出来,并能单独或者与相关合同、资产或负债一起,用于出售、转移、授予许可、租赁或者交换。

……

从上述规定看,可以转让的矿权符合无形资产的定义,可是,我们知道,无形资产属于非流动资产,而该企业的商业模式实质上是将矿权作为商品出售,其本质上不是使用矿权而是为了转让矿权,就像房地产开发企业开发的商品房作为存货核算而不作为固定资产核算同理。

因此,仅仅以《企业会计准则第6号——无形资产》为依据不足以真实反映企业商业模式。

如果把矿权作为流动资产核算符合准则要求吗?

《企业会计准则第30号——财务报表列报》第十三条规定:

资产满足下列条件之一的,应当归类为流动资产:

(一)预计在一个正常营业周期中变现、出售或耗用。

（二）主要为交易目的而持有。

……

从上述规定看，该企业矿权满足上述预计在一个正常营业周期中变现、出售或耗用和主要为交易目的而持有的规定，因此应该作为流动资产核算，而不能作为非流动资产核算。

那么应该作为流动资产的什么项目核算呢？比照房地产企业将商品房做存货的规定，该企业的矿权能作为存货吗？

《企业会计准则第 1 号——存货》第三条规定：

存货，是指企业在日常活动中持有以备出售的产成品或商品、处在生产过程中的在产品、在生产过程或提供劳务过程中耗用的材料和物料等。

从表面上看，上述存货的概念和"产成品""商品""在产品"等有形资产概念相关。细看存货定义最后几个字："在生产过程或提供劳务过程中耗用的材料和物料等"，生产中的消耗价值转移属于存货，该企业业务模式是就是取得矿权并转让，那么在取得矿权过程中的生产消耗当满足存货定义。

另外的引证就是劳务企业的"劳务成本"和施工企业的"工程施工"作为存货项目在资产负债表列示，但是仍然不是一个具有"实体"的有形资产，因此，实物形态并不是作为存货的必然条件。

下一个问题又来了，作为存货列示，那么在会计科目上作为什么会计科目核算呢？目前现存的存货类会计科目都无法反映该企业矿权这项资产特征，不过企业可以自设科目进行核算，因为会计制度并非一定要求按照会计准则设置的科目核算，《企业会计制度——会计科目和会计报表》中就如此规定：在不影响会计核算要求和会计报表指标汇总，以及对外提供统一的财务会计报告的前提下，可以根据实际情况自行增设、减少或合并某些会计科目。

因此，企业可以自设科目名称进行核算。

再一个问题又出现了，矿权取得有风险，探矿未必有矿，发生的支出就一定可以作为存货类资产列示吗？根据《企业会计准则第 1 号——存货》第四条规定：

存货同时满足下列条件的，才能予以确认：

（一）与该存货有关的经济利益很可能流入企业；

（二）该存货的成本能够可靠地计量。

因此，对于没有成功保障的时候的矿权成本支出是不适宜作为资产列示的，不能保证经济利益很可能流入企业本身不符合资产的概念。在会计准则运行中，还需要关注企业业务特征做职业判断，取得矿权的支出在什么时点可以作为资产列示。

案例总结：

1. 财务会计相对于管理会计更侧重于按照会计准则标准进行披露，对企业运行管理关注程度没有管理会计关注程度高，会计准则也没有明确提出对企业业务模式的关注要求，但是在具体准则适用中是需要考虑企业经营模式方面因素的。

2. 这类企业考虑业务模式，营业周期超过一年，把矿权作为流动资产核算，同时一些超过一年的负债但是在一个营业周期内偿还，也需要作为流动负债核算，这样体现的资产负债表结构会变化，对于投资者分析财务状况会有预期影响。

资料来源：蔺龙文，中国会计视野，2017 - 11 - 26。

案例思考：无形资产确认应考虑哪些因素？

第七章　投资性房地产

知识目标和要求。过本章的学习，要求学生掌握投资性房地产概念和范围，投资性房地产的确认条件，投资性房地产初始计量的核算，投资性房地产后续计量的核算，投资性房地产转换的核算，投资性房地产处置的核算。

能力、技能目标和要求。通过本章学习，学生要能独立完成对企业投资性房地产业务的会计核算和分析。

本章重点。投资性房地产后续计量的核算以及投资性房地产转换的核算。

本章难点。投资性房地产后续计量的核算以及投资性房地产转换的核算。

一、单项选择题（单项选择题备选答案中，只有一个符合题意的正确答案。多选、错选、不选均不得分）

1. 下列各项中，属于投资性房地产的是（　　）。

A. 房地产企业开发的准备出售的房屋

B. 房地产企业开发的已出租的房屋

C. 企业持有的准备建造房屋的土地使用权

D. 企业以经营租赁方式租入的建筑物

2. 关于企业租出并按出租协议向承租人提供保安和维修等其他服务的建筑物，是否属于投资性房地产的说法正确的是（　　）。

A. 所提供的其他服务在整个协议中不重大的，该建筑物应视为企业的经营场所，应当确认为自用房地产

B. 所提供的其他服务在整个协议中如为重大的，应将该建筑物确认为投资性房地产

C. 所提供的其他服务在整个协议中如为不重大的，应将该建筑物确认为投资性房地产

D. 所提供的其他服务在整个协议中无论是否重大，均不将该建筑物确认为投资性房地产

3. 下列项目中，不属于投资性房地产的是（　　　）。

A. 经营出租给子公司的自用写字楼

B. 已出租的房屋租赁期届满，收回后继续用于出租但暂时空置

C. 房地产开发企业持有并准备增值后出售的建筑物

D. 企业持有并准备增值后转让的土地使用权

4. 下列关于投资性房地产的说法中，不正确的是（　　　）。

A. 只要与投资性房地产有关的经济利益很可能流入企业，就应确认投资性房地产

B. 外购投资性房地产的成本，包括购买价款、相关税费和可直接归属于该资产的其他支出

C. 自行建造投资性房地产的成本，由建造该项资产达到预定可使用状态前所发生的必要支出构成

D. 与投资性房地产有关的后续支出，满足投资性房地产准则规定的确认条件的，应当计入投资性房地产成本；不满足准则规定的确认条件的，应当在发生时计入当期损益

5. 企业持有的下列不动产应当作为投资性房地产项目列报的是（　　　）。

A. 甲公司购入一项土地使用权，使用期限为 40 年，用于甲市儿童福利机构建设，并拟建成后出租给该机构，租金为每年 1 元，租期为 40 年

B. 乙公司取得一项建筑物出租给职工，作为职工宿舍使用

C. 丙公司将其持有的一项厂房对外出租，同时由于丙公司发生财务困难，将该厂房作为抵押物取得银行贷款

D. 丁公司将一项剩余租赁期为 2 年的厂房转租给其供应商

6. 下列投资性房地产初始计量的表述不正确的有（　　　）。

A. 外购的投资性房地产按照购买价款、相关税费和可直接归属于该资产的其他支出

B. 自行建造投资性房地产的成本，由建造该项资产达到可销售状态前所发生的必要支出构成

C. 债务重组取得的投资性房地产按照债务重组的相关规定处理

D. 非货币性资产交换取得的投资性房地产按照非货币性资产交换准则的规定处理

7. 企业发生的下列支出，不应计入自行建造的投资性房地产成本的是（　　　）。

A. 以出让方式取得土地使用权的价款

B. 支付给施工单位的结算工程款

C. 建造过程中发生的非正常损耗

D. 领用的建造工程物料

8. 2017 年 1 月 1 日，甲公司购入一幢建筑物用于出租，取得发票上注明的价款为 200 万元，款项以银行存款支付。购入该建筑物发生的契税为 4 万元也以银行存款支付。该投资性房地产的入账价值为（　　）万元。

A. 204　　　　　　　　　　　　B. 200

C. 196　　　　　　　　　　　　D. 206

9. 下列各项中关于投资性房地产的转换的说法不正确是（　　）。

A. 自用的固定资产转为采用公允价值模式进行后续计量的投资性房地产，转换日的公允价值大于账面价值的差额计入到其他综合收益

B. 自用的固定资产转为采用成本模式进行后续计量的投资性房地产，转换日的公允价值大于账面价值的差额计入到公允价值变动损益

C. 作为存货的房地产转为采用成本模式计量的投资性房地产以转换日存货的账面价值作为投资性房地产的入账价值

D. 作为存货的房地产转为采用公允价值模式计量的投资性房地产以转换日存货的公允价值作为投资性房地产的入账价值

10. 存货转换为采用公允价值模式计量的投资性房地产，投资性房地产应当按照转换当日的公允价值计量。转换当日的公允价值小于原账面价值的其差额通过（　　）科目核算。

A. 营业外支出　　　　　　　　B. 公允价值变动损益

C. 投资收益　　　　　　　　　D. 其他业务收入

11. 企业对成本模式进行后续计量的投资性房地产摊销时，应该借记（　　）科目。

A. 投资收益　　　　　　　　　B. 其他业务成本

C. 营业外收入　　　　　　　　D. 管理费用

12. 企业的投资性房地产采用成本计量模式。2017 年 1 月 1 日，该企业将一项投资性房地产转换为固定资产。该投资性房地产的账面余额为 120 万元，已提折旧 20 万元，已经计提的减值准备为 10 万元。该投资性房地产的公允价值为 75 万元。转换日固定资产的入账价值为（　　）万元。

A. 100

B. 80

C. 90

D. 120

13. 假定甲公司 2017 年 1 月 1 日以 9 360 000 元购入的建筑物预计使用寿命为 20 年，预计净残值为零，采用直线法按年计提折旧。2017 年应计提的折旧额为（　　）元。

A. 468 000

B. 429 000

C. 439 000

D. 478 000

14. 下列关于投资性房地产后续支出的说法中，不正确的是（　　）。

A. 投资性房地产的后续支出，满足资本化条件的，应当计入投资性房地产的成本

B. 投资性房地产的后续支出，不满足资本化条件的，应当计入当期损益

C. 企业对投资性房地产进行改扩建等再开发且将来仍作为投资性房地产的，在再开发期间，需要将投资性房地产的账面价值结转到在建工程

D. 采用成本模式计量的投资性房地产在再开发期间不计提折旧或摊销

15. 甲公司从事房地产开发经营业务，20×8 年度发生的有关交易或事项如下：①因商品房滞销，董事会决定将两栋商品房用于出租。②收回租赁期届满的一宗土地使用权，经批准用于建造办公楼。③收回租赁期届满的商铺，并计划对其重新装修后继续用于出租。甲公司对出租的商品房、土地使用权和商铺均采用成本模式进行后续计量。下列各项关于甲公司对上述交易或事项会计处理的表述中，正确的是（　　）。

A. 商铺重新装修所发生的支出直接计入当期损益

B. 重新装修完工并达到预定可使用状态的商铺作为固定资产列报

C. 用于建造办公楼的土地使用权账面价值计入所建造办公楼的成本

D. 商品房改为出租用房时按照其账面价值作为投资性房地产的入账价值

16. 投资性房地产的后续支出，不满足资本化条件的，应当在发生时记入（　　）。

A. 管理费用

B. 其他业务成本

C. 制造费用

D. 销售费用

17. 企业将采用公允价值模式计量的投资性房地产转换为自用房地产时，公允价值与原账面价值的差额应计入的会计科目是（　　）。

A. 投资收益

B. 其他综合收益

C. 公允价值变动损益   D. 其他业务收入

18. 投资性房地产后续计量由成本模式转换为公允价值模式，转换日公允价值大于原账面价值的差额应计入（　　　）。

A. 投资收益   B. 公允价值变动损益

C. 未分配利润   D. 盈余公积和利润分配——未分配利润

19. 关于投资性房地产后续计量模式的转换，下列说法正确的是（　　　）。

A. 成本模式转为公允价值模式的，应当作为会计估计变更

B. 已经采用成本模式计量的投资性房地产，不得从成本模式转为公允价值模式

C. 企业对投资性房地产的计量模式可以随意选择

D. 已经采用公允价值模式计量的投资性房地产，不得从公允价值转为成本模式

20. 企业出售、转让、报废投资性房地产时，应当将处置收入计入（　　　）。

A. 公允价值变动损益   B. 营业外收入

C. 其他业务收入   D. 其他综合收益

21. 下列各项投资性房地产业务中，应通过"其他综合收益"科目核算的是（　　　）。

A. 采用公允价值模式计量的投资性房地产转换为自用房地产，转换当日公允价值大于投资性房地产原账面价值

B. 采用公允价值模式计量的投资性房地产转换为自用房地产，转换当日公允价值小于投资性房地产原账面价值

C. 自用房地产转换为采用公允价值模式计量的投资性房地产，转换当日公允价值大于其账面价值

D. 自用房地产转换为采用公允价值模式计量的投资性房地产，转换当日公允价值小于其账面价值

22. 甲公司从事房地产开发经营业务，20×5年1月1日，因商品房滞销，董事会决定将两栋商品房用于出租。1月20日，甲公司与乙公司签订租赁合同并已将两栋商品房以经营租赁方式提供给乙公司使用。出租商品房的账面余额为9 000万元，未计提跌价准备，公允价值为10 000万元。该出租商品房预计使用50年，预计净残值为零，采用年限平均法计提折旧。甲公司对出租的商品房采用成本模式

进行后续计量。甲公司出租商品房20×5年度应当计提的折旧是（　　　）。

A. 165　　　　　　　　　　　　　　B. 180

C. 183.33　　　　　　　　　　　　D. 200

23. 2011年7月1日，甲公司将一项按照成本模式进行后续计量的投资性房地产转换为固定资产。该资产在转换前的账面原价为4 000万元，已计提折旧200万元，已计提减值准备100万元，转换日的公允价值为3 850万元，假定不考虑其他因素，转换日甲公司应借记"固定资产"科目的金额为（　　　）万元。

A. 3 700　　　　　　　　　　　　B. 3 800

C. 3 850　　　　　　　　　　　　D. 4 000

24. 下列关于采用成本模式进行后续计量的投资性房地产说法中正确的是（　　　）。

A. 企业应对已出租的土地使用权计提摊销

B. 企业应当将已出租的建筑物按公允价值进行计量

C. 企业不需要对投资性房地产进行减值测试

D. 企业取得的投资性房地产租金收入记入"营业外收入"科目

25. 某企业采用公允价值模式对投资性房地产进行后续计量，2017年6月30日，企业自行建造的办公楼开始对外出租，该办公楼建造成本为2 100万元，预计使用20年，预计净残值为100万元。2017年12月31日该办公楼的公允价值为2 200万元，则下列说法中正确的是（　　　）。

A. 当年该办公楼应当计提的折旧为50万元

B. 当年该办公楼应当计提的折旧为0万元

C. 公允价值上升会影响当期损益200万元

D. 该办公楼应当在资产负债表日进行减值测试

二、多项选择题（多项选择题备选答案中，有两个或两个以上符合题意的正确答案。多选、少选、错选、不选均不得分）

1. 下列各项中关于投资性房地产的表述中正确的有（　　　）。

A. 投资性房地产实质上是一种让渡资产使用权的行为

B. 投资性房地产是为了赚取租金或资本增值

C. 同一企业只能采用一种模式对所有投资性房地产进行后续计量

D. 投资性房地产就是企业用于赚取租金或资本增值的房产

2. 下列有关投资性房地产的说法中，正确的有（　　　）。

A. 企业对投资性房地产采用公允价值模式计量的，不对投资性房地产计提折旧或进行摊销

B. 企业将自用建筑物或土地使用权停止自用改为出租时，其转换日为租赁期开始日

C. 企业将自用建筑物或土地使用权停止自用改为出租，在成本模式下，应当将房地产转换前的账面价值作为转换后的入账价值

D. 企业将自用房地产转换为采用公允价值模式计量的投资性房地产，转换当日的公允价值小于原账面价值的，其差额计入所有者权益

3. 根据《企业会计准则第 3 号——投资性房地产》，非房地产开发企业拥有的下列房地产中，属于该企业投资性房地产的有（　　　）。

A. 已签订租赁协议并于本年 1 月 1 日已经出租的土地使用权

B. 企业管理当局已做出书面决议明确将继续持有，待其增值后转让的土地使用权

C. 企业董事会决议持有以备经营出租的空置建筑物

D. 经营出租给本企业职工居住的建筑物

4. 下列各项中不属于投资性房地产的有（　　　）。

A. 房地产开发企业购入的已出租的土地使用权

B. 房地产开发企业持有并准备增值后转让的土地使用权

C. 企业经营租入后又转租给其他单位的土地使用权

D. 经董事会批准，企业持有以备经营出租的空置建筑物或在建建筑物

5. 下列情况能够引起投资性房地产的账面价值发生变化的有（　　　）。

A. 将厂房用于出租

B. 计提投资性房地产减值准备

C. 房地产开发企业将开发的准备出售的商品房改为出租

D. 对投资性房地产进行维修

6. 下列各项有关投资性房地产转换会计处理的表述中，正确的有（　　　）。

A. 自用房地产或者存货转换为采用成本模式计量的投资性房地产时，投资性房地产按照转换当日的账面价值计价

B. 采用公允价值模式计量的投资性房地产转换为自用房地产时，应当以其转换当日的公允价值作为自用房地产的入账价值，公允价值与原账面价值的差额计入当期损益

C. 采用公允价值模式计量的投资性房地产转换为自用房地产时，应当以其转换当日的账面价值作为自用房地产的账面价值，不确认转换损益

D. 自用房地产或存货转换为采用公允价值模式计量的投资性房地产时，投资性房地产按照转换当日的账面价值计价

7. 下列各项有关投资性房地产转换的表述中，正确的有（　　）。

A. 存货转换为采用成本模式计量的投资性房地产时，投资性房地产按照转换日的账面价值计价

B. 采用公允价值模式计量的投资性房地产转换为自用房地产时，应当以转换日的公允价值作为自用房地产的入账价值

C. 采用成本模式计量的投资性房地产转换为自用房地产时，应当以转换日的账面价值作为自用房地产的账面价值

D. 自用房地产或存货转换为采用公允价值模式计量的投资性房地产时，投资性房地产按照转换当日的账面价值计价

8. 下列有关投资性房地产确认时点或转换日的确定，表述正确的有（　　）。

A. 准备增值后转让的土地使用权，确认时点为停止自用、准备增值后转让的日期

B. 持有以备经营出租的空置建筑物，确认时点为董事会或类似机构做出书面决议明确表明将其用于经营出租且持有意图短期内不再发生变化的日期

C. 自用建筑物或土地使用权停止自用改为出租的，转换日为租赁期开始日

D. 投资性房地产转为存货的，转换日为租赁期届满，企业董事会或类似机构做出书面决议明确表明将其重新用于对外销售的日期

9. 下列有关对投资性房地产不正确的会计处理方法有（　　）。

A. 采用公允价值模式对投资性房地产进行后续计量，将作为存货的房地产转换为投资性房地产的，应按其在转换日的公允价值，借记"投资性房地产——成本"科目，按其账面余额，贷记"开发产品"等科目，按其差额，贷记或借记"投资收益"科目。已计提跌价准备的，还应同时结转跌价准备

B. 无论采用公允价值模式，还是采用成本模式对投资性房地产进行后续计量，取得的租金收入，均应借记"银行存款"等科目，贷记"其他业务收入"科目等

C. 采用公允价值模式对投资性房地产进行后续计量，将投资性房地产转为自用时，应按其在转换日的公允价值，借记"固定资产"等科目，按其账面余

额，贷记"投资性房地产——成本、公允价值变动"科目，按其差额，贷记或借记"投资收益"科目

D. 处置投资性房地产时，与处置固定资产和无形资产的核算方法相同，其处置损益均计入营业外收入或营业外支出

10. 下列各项中，应计入一般工业企业其他业务收入的有（　　　）。

A. 出售投资性房地产的收入

B. 出租建筑物的租金收入

C. 出售自用房屋的净收益

D. 将持有并准备增值后转让的土地使用权予以转让所取得的收入

11. 有关投资性房地产的后续计量，下列表述正确的有（　　　）。

A. 投资性房地产一般应采用公允价值模式计量

B. 采用成本模式计量的投资性房地产，发生减值迹象时，应以可收回金额为基础计量减值损失的金额

C. 采用公允价值模式计量的投资性房地产，期末公允价值发生严重下跌时，应将持续下跌的金额确认为当期的减值损失

D. 已经采用公允价值模式计量的投资性房地产，不得从公允价值模式转换为成本模式

12. 下列各项有关投资性房地产的后续计量表述中，正确的有（　　　）。

A. 采用成本模式进行后续计量的投资性房地产需要计提折旧或摊销

B. 采用公允价值模式进行计量的投资性房地产期末需要按照公允价值调整账面价值

C. 采用成本模式进行后续计量的投资性房地产出现减值迹象时，需要按照账面价值与可收回金额的差额计算减值

D. 采用公允价值模式对投资性房地产进行后续计量的企业如果偶尔取得的一项非在建投资性房地产的公允价值不能持续可靠取得的，应当对该投资性房地产采用成本模式计量直至处置完毕，并假设无残值

13. 采用公允价值模式对投资性房地产进行后续计量的情况下，下列会计处理方法中，说法正确的有（　　　）。

A. 将作为存货的房地产转换为投资性房地产的，应按其在转换日的公允价值，借记"投资性房地产——成本"科目，按其账面余额，贷记"开发产品"等科目，按其差额，贷记"其他综合收益"科目或借记"公允价值变动损益"科目

B. 资产负债表日，投资性房地产的公允价值高于其账面余额的差额，借记"投资性房地产——公允价值变动"科目，贷记"公允价值变动损益"科目

C. 将投资性房地产转为存货时，应按其在转换日的公允价值，借记"开发产品"等科目，结转"投资性房地产"的科目余额，按其差额，贷记或借记"公允价值变动损益"科目

D. 出售投资性房地产时，除结转成本外，还应将公允价值变动损益和其他综合收益转入"其他业务收入"科目

14. 采用公允价值模式进行后续计量的投资性房地产，应当同时满足( )条件。

A. 投资性房地产所在地有活跃的房地产交易市场

B. 企业能够从活跃的房地产交易市场上取得同类或类似房地产的市场价格及其他相关信息，从而对投资性房地产的公允价值做出合理的估计

C. 所有的投资性房地产有活跃的房地产交易市场

D. 企业能够取得交易价格的信息

15. 下列事项中，影响企业当期损益的有 ( )。

A. 采用公允价值模式计量的投资性房地产期末公允价值高于账面价值

B. 采用公允价值模式计量的投资性房地产期末公允价值低于账面价值

C. 采用成本模式计量的投资性房地产期末可收回金额高于账面价值

D. 采用成本模式计量的投资性房地产期末可收回金额低于账面价值

16. 下列各项中关于投资性房地产的处置的表述中不正确的有 ( )。

A. 处置时应结转其账面价值到"其他业务成本"科目

B. 处置价款记入"其他业务收入"科目

C. 结转的以前期间的公允价值变动影响处置损益

D. 转换日原计入其他综合收益的金额在处置日要转到投资收益

17. 下列各项应该记入一般企业"其他业务收入"科目的有 ( )。

A. 出售投资性房地产的收入

B. 出租建筑物的租金收入

C. 出售自用房屋的收入

D. 将持有并准备增值后转让的土地使用权予以转让所取得的收入

18. 下列情况下，企业可将其他资产转换为投资性房地产的有 ( )。

A. 原自用土地使用权停止自用改为出租

B. 房地产企业将开发的准备出售的商品房改为出租

C. 自用办公楼停止自用改为出租

D. 出租的厂房收回改为自用

19. 关于投资性房地产的计量模式，下列说法中正确的是（　　）。

A. 已经采用公允价值模式计量的投资性房地产，不得从公允价值模式转为成本模式

B. 已经采用成本模式计量的投资性房地产，不得从成本模式转为公允价值模式

C. 采用公允价值模式计量的，不对投资性房地产计提折旧或进行摊销

D. 企业对投资性房地产计量模式一经确定不得随意变更

20. 关于投资性房地产的后续计量，下列说法正确的有（　　）。

A. 采用公允价值模式计量的，不对投资性房地产计提折旧或进行摊销

B. 已采用公允价值模式计量的投资性房地产，不得从公允价值模式转为成本模式

C. 已经采用成本模式计量的，可以转为采用公允价值模式计量

D. 采用公允价值模式计量的，应对投资性房地产计提折旧或进行摊销

21. 下列各项资产减值准备中，一经确认在相应资产持有期间内均不得转回的有（　　）。

A. 坏账准备　　　　　　　　B. 固定资产减值准备

C. 存货跌价准备　　　　　　D. 投资性房地产减值准备

22. 企业采用成本模式计量的投资性房地产，且投资性房地产不属于企业的主营业务，按期计提折旧或进行摊销，会涉及的会计科目有（　　）。

A. 其他业务成本　　　　　　B. 管理费用

C. 投资性房地产累计折旧　　D. 累计摊销

23. 下列关于企业将作为存货的房地产转换为采用公允价值模式计量的投资性房地产时的会计处理表述正确的是（　　）。

A. 应该按该项房地产在转换日的公允价值入账

B. "存货跌价准备"应转入"投资性房地产跌价准备"

C. 转换日的公允价值大于账面价值的，其差额记入"资本公积——其他资本公积"

D. 转换日的公允价值小于账面价值的，按其差额记入"公允价值变动损益"

科目

三、判断题（正确用"√"表示，错误用"×"表示）

1. 企业将采用经营租赁方式租入的土地使用权转租给其他单位的，应该将土地使用权确认为投资性房地产。（　　）

2. 期末企业将投资性房地产的账面余额单独列示在资产负债表上。（　　）

3. 企业以融资租赁方式出租建筑物是作为投资性房地产进行核算的。（　　）

4. 企业持有的准备增值的建筑物是作为投资性房地产进行核算的。（　　）

5. 企业将自行建造的房地产达到预定可使用状态时开始自用，之后改为对外出租，应当在该房地产达到预定可使用状态时确认为投资性房地产。（　　）

6. 企业不论在成本模式下，还是在公允价值模式下，投资性房地产取得的租金收入，均确认为其他业务收入。（　　）

7. 企业采用公允价值模式进行后续计量的，不对投资性房地产计提折旧或进行摊销，应当以资产负债表日投资性房地产的公允价值为基础调整其账面价值，公允价值与原账面价值之间的差额计入其他业务成本或其他业务收入。（　　）

8. 已采用公允价值模式计量的投资性房地产，不得从公允价值模式转为成本模式。（　　）

9. 在以成本模式计量的情况下，将作为存货的房地产转换为投资性房地产的，应按其在转换日的账面余额，借记"投资性房地产"科目，贷记"开发产品"等科目。（　　）

10. 采用公允价值模式计量的投资性房地产转换为自用房地产时，应当以其转换当日的公允价值作为自用房地产的账面价值，公允价值与原账面价值的差额计入当期损益（公允价值变动损益）。（　　）

11. 自用房地产或存货转换为采用公允价值模式计量的投资性房地产时，投资性房地产应当按照转换当日的公允价值计量，公允价值与原账面价值的差额计入当期损益（公允价值变动损益）。（　　）

12. 企业出售投资性房地产或者发生投资性房地产毁损，应当将处置收入扣除其账面价值和相关税费后的金额直接计入到所有者权益。（　　）

13. 投资性房地产采用公允价值模式进行后续计量的，应按资产负债表日该资产的公允价值调整其账面价值。（　　）

14. 采用成本模式进行后续计量的投资性房地产，其后续计量原则与固定资产或无形资产相同。（　　）

四、计算分析题

1. 2016 年 8 月，华建公司打算搬迁至新建办公楼，由于原办公楼处于商业繁华地段，华建公司准备将其出租以赚取租金收入。2017 年 1 月 1 日，华建公司与乙公司签订了租赁协议，将其原办公楼租赁给乙公司使用，约定租赁期开始日为 2017 年 1 月 1 日，租赁期为 3 年。假设华建公司对出租的该办公楼采用公允价值模式计量。假设 2017 年 1 月 1 日，该办公楼的公允价值为 380 000 000 元，其原价为 550 000 000 元，已提折旧 150 000 000 元。

要求：做出华建公司相关的会计处理。

2. 2017 年 4 月 20 日乙公司购买一块土地使用权，购买价款为 2 000 万元，支付相关手续费 30 万元，款项全部以银行存款支付。企业购买后用于出租，并与 A 公司签订了经营租赁协议。乙公司对该投资性房地产采用公允价值模式进行后续计量。该项投资性房地产 2017 年取得租金收入为 150 万元，已存入银行，假定不考虑其他相关税费。经复核，该投资性房地产 2017 年 12 月 31 日的公允价值为 2000 万元。

要求：做出乙公司相关的会计处理。（金额单位用万元表示）

3. 乙公司将原采用公允价值计量模式计价的一幢出租用厂房收回，作为企业的一般性固定资产处理。在出租收回前，该投资性房地产的成本和公允价值变动明细科目分别为 700 万元和 100 万元（借方）。转换当日该厂房的公允价值为 780 万元。

要求：做出乙公司转换日的会计处理。（金额单位用万元表示）

4. 甲股份有限公司（以下简称甲公司）为华北地区的一家上市公司，甲公司 2×14 年至 2×16 年与投资性房地产有关的业务资料如下：

（1）2×14 年 1 月，甲公司购入一幢建筑物，取得的增值税专用发票上注明的价款为 8 000 000 元，款项以银行存款转账支付。不考虑其他相关税费。

（2）甲公司购入的上述用于出租的建筑物预计使用寿命为 15 年，预计净残值为 36 万元，采用年限平均法按年计提折旧。

（3）甲公司将取得的该项建筑物自当月起用于对外经营租赁，甲公司对该房地产采用成本模式进行后续计量。

（4）甲公司该项房地产 2×14 年取得租金收入为 900 000 元，已存入银行。

假定不考虑其他相关税费。

（5）2×16 年 12 月，甲公司将原用于出租的建筑物收回，作为企业经营管理用固定资产处理。

要求：

（1）编制甲公司 2×14 年 1 月取得该项建筑物的会计分录。

（2）计算 2×14 年度甲公司对该项建筑物计提的折旧额，并编制相应的会计分录。

（3）编制甲公司 2×14 年取得该项建筑物租金收入的会计分录。

（4）计算甲公司该项房地产 2×15 年末的账面价值。

（5）编制甲公司 2016 年收回该项建筑物的会计分录。（金额单位用万元表示）

5. 甲公司 2017 年 6 月 30 日购入一幢商务楼，当天即用于对外出租。该资产的买价为 3 000 万元，相关税费 20 万元，预计使用寿命为 40 年，预计残值为 21 万元，预计清理费用 1 万元，甲公司采用直线法提取折旧。该办公楼的年租金为 400 万元，于年末一次结清。甲公司对此房地产采用成本模式进行后续计量。2018 年末商务楼的可收回价值为 2 330 万元，假定净残值、折旧方法、折旧年限均未发生变化。

要求：编制投资性房地产 2017～2019 年的会计处理。

6. 2017 年 5 月，甲公司与乙公司的一项厂房经营租赁合同即将到期。该厂房原价为 50 000 000 元，已计提折旧 10 000 000 元。为了提高厂房的租金收入，甲公司决定在租赁期满后对该厂房进行改扩建，并与丙公司签订了经营租赁合同，约定自改扩建完工时将该厂房出租给丙公司。2017 年 5 月 31 日，与乙公司的租赁合同到期，该厂房随即进入改扩建工程，2017 年 12 月 31 日，该厂房改扩建工程完工，共发生支出 5 000 000 元，均已支付，即日按照租赁合同出租给丙公司，假定甲公司采用成本计量模式。

要求：编制甲公司投资性房地产的会计处理。

7. 2016 年 5 月，甲公司与乙公司一项厂房经营租赁合同即将到期，为了提高厂房的租金收入，甲公司决定在租赁期满后对该厂房进行改扩建，并与丙公司签订了经营租赁合同，约定自改扩建完工时将该厂房出租给丙公司，2016 年 5 月 31 日，与乙公司的租赁合同到期，该厂房随即进入改扩建工程。2016 年 5 月 31 日，该厂房账面余额为 20 000 000 元，其中成本 16 000 000 元，累计公允价值变动 4 000 000 元，2016 年 11 月 30 日该厂房改扩建工程完工，共发生支出

3 000 000元，均已支付，即日按照租赁合同出租给丙公司，假定甲公司采用公允价值计量模式。

要求：编制甲公司投资性房地产的会计处理。

8. 长城房地产公司（以下简称长城公司）于2017年12月31日将一建筑物对外出租并采用公允价值模式计量，租期为3年，每年12月31日收取租金200万元，出租当日，该建筑物的成本为2 700万元，已计提折旧400万元，尚可使用年限为20年，公允价值为1 700万元，2018年12月31日，该建筑物的公允价值为1 830万元，2019年12月31日，该建筑物的公允价值为1 880万元，2020年12月31日的公允价值为1 760万元，2021年1月5日将该建筑物对外出售，收到1 800万元存入银行。

要求：编制长城公司上述经济业务的会计分录。

案例分析：

投资性房地产折旧摊销税前扣除小议

众所周知，投资性房地产是会计上资产中的一个类别，而税法上只有固定资产、无形资产、存货等类别而没有投资性房地产这一资产分类。

拿一个会计上的资产科目去论述税法上的资产类别的税前扣除，这本身就是没分清会计与税法，就好比是会计上分为老、中、青三类人，税法上分为男、女，明明这两个分类是交叉互叠，结果却非得为老人是男人，老人是女人辩个半天，这明显是把会计和税法混为一谈。

要想知道投资性房地产折旧摊销能不能税前扣除，其实很简单，跳出会计看税法即可。

一、投资性房地产在税法上的重分类

会计上的投资性房地产一般只有以下三类资产：①已出租的土地使用权。②持有并准备增值后转让的土地使用权。③已出租的建筑物。

既然要跳出会计，那么只需要把已出租的土地使用权、持有并准备增值后转让的土地使用权和已出租的建筑物这三个资产按照税法的规定，划入税法资产的类别中即可。

首先，看已出租的土地使用权。

依据《企业所得税法实施条例》第六十五条规定，企业所得税法第十二条所称无形资产，是指企业为生产产品、提供劳务、出租或者经营管理而持有的、没有实物形态的非货币性长期资产，包括专利权、商标权、著作权、土地使用权、非专利技术、商誉等。

很明显，出租的土地使用权，是企业出租而持有的、没有实物形态的非货币性长期资产，符合税法关于无形资产的定义，自然应划分为税法上的无形资产。

其次，看已出租的建筑物。

依据《企业所得税法实施条例》第五十七条规定，企业所得税法第十一条所称固定资产，是指企业为生产产品、提供劳务、出租或者经营管理而持有的、使用时间超过 12 个月的非货币性资产，包括房屋、建筑物、机器、机械、运输工具以及其他与生产经营活动有关的设备、器具、工具等。

同样的道理，已出租的建筑物出租而持有的使用时间超过 12 个月的非货币性资产，符合税法中关于固定资产的划分，应属于税法上的固定资产这一类别。

最后，看持有并准备增值后转让的土地使用权。

依据《企业所得税法实施条例》第七十二条规定，企业所得税法第十五条所称存货，是指企业持有以备出售的产品或者商品、处在生产过程中的在产品、在生产或者提供劳务过程中耗用的材料和物料等。

而持有并准备增值后转让的土地使用权，首先，土地使用权可以作为商品；其次，该土地使用权为持有并准备增值后转让。符合税法中存货持有以备出售的商品的标准，因此属于税法上的存货。

二、投资性房地产折旧摊销能否税前扣除

把投资性房地产按税法的规定进行重新拆解分类后，接下来，投资性房地产折旧摊销是否能够税前扣除就一目了然了。

首先，是划分为存货的持有并准备增值后转让的土地使用权，既然税法上属于存货，因此在税法上自然不存在摊销，因此，无论会计上采取成本法计量还是公允价值计量持有并准备增值后转让的土地使用权，无论会计上是否计提了摊销，税法上都应按照存货的处理原则，不得税前扣除。

其次，是划分为固定资产的已出租的建筑物，对于采用成本法计量下计提了折旧的已出租的建筑物投资性房地产，只要不超过税法的折旧限，则可以税前扣

除折旧，这一点无论是反对方还是支持方都认可税前扣除，这里就不再论述了。

但对于采用公允价值计量，未计提折旧摊销的投资性房地产，以已出租的建筑物为例，反对者认为：依据《国家税务总局关于企业所得税应纳税所得额若干税务处理问题的公告》（2012 年第 15 号公告）第八项规定："对企业依据财务会计制度规定，并实际在财务会计处理上已确认的支出，凡没有超过《企业所得税法》和有关税收法规规定的税前扣除范围和标准的，可按企业实际会计处理确认的支出，在企业所得税前扣除，计算其应纳税所得额。"

然而，该规定只是说可按企业实际会计处理确认的支出，在企业所得税前扣除，而并非必须按企业实际会计处理确认的支出，在企业所得税前扣除，也就是说，此时企业应有选择权。

同时，《关于〈国家税务总局关于企业所得税应纳税所得额若干问题的公告〉的解读》（国家税务总局公告 2014 年第 29 号）专门就上述 2012 年第 15 号公告第八项进行了解读，解读主要针对的是会计上有折旧年限，已经计提了折旧的情形，而投资性房地产采取公允价值计量情形下，很明显会计上并未计提折旧，也就不存在折旧年限一说，因此，自然不适用《国家税务总局关于企业所得税应纳税所得额若干税务处理问题的公告》及《关于〈国家税务总局关于企业所得税应纳税所得额若干问题的公告〉的解读》的相关规定。

再次，从实务操作来说，也并非需要会计上进行了计提折旧的处理，税法才允许扣除，例如《财政部国家税务总局关于完善固定资产加速折旧企业所得税政策的通知》（财税〔2014〕75 号）关于固定资产一次性计入当期成本费用，以及加速折旧允许税前扣除的规定，就不要求会计账务处理上必须一次性计入费用或加速折旧，税法才允许扣除。也就是说，会计上虽然未加速计提折旧或一次性计入费用，税法上依然允许税前扣除。

最后，从法理上来说，《企业所得税法实施条例》第五十九条规定，固定资产按照直线法"计算"的折旧，准予扣除。

该条很明确的规定是"计算"，而不是计提，也就是说，只要按税法规定，计算的折旧就能税前扣除，而并非必须要计提的折旧才能在税前扣除。

既然反对投资性房地产中的已出租的建筑物的折旧不得税前扣除无法律依据，同时，实务操作中并非需要会计上进行了计提折旧的处理，税法才允许扣除，而依据《企业所得税法实施条例》规定，是"计算"的折旧准予扣除，而不是"计提"的折旧准予扣除，那么，投资性房地产中的已出租的建筑物虽然会计上按公允价值法计量未计提折旧，但是按税法规定计算的折旧自然可以税前扣除。

同样的道理，关于划分为税法上无形资产的已出租的土地使用权，依据《企业所得税法实施条例》第六十七条规定，无形资产按照直线法计算的摊销费用，准予扣除。也就是说，只要按照税法规定的年限（10年以上）和税法规定的摊销方法（直线法）计算的摊销，也可以税前扣除。

事实上，划分为无形资产和固定资产的投资性房地产都是出租性质，而出租的情形下，如果不允许企业计提折旧，使企业只能确认收入，却不能扣除成本，明显违背权责发生制。

案例总结：

投资性房地产的折旧摊销是否能税前扣除，关键是要分清税法与会计，即税法上按税法，会计的按会计，二者不可混为一谈。对于会计上的投资性房地产应将其拆解重新按照税法的规定划分为税法中的各类资产，然后再依据相关规定，来确认是否允许税前扣除折旧与摊销。而不可关公战秦琼，含糊穿越。

附投资性房地产折旧或摊销税前扣除一览表：

资产名称	会计计量方法		属于税法哪类资产	税前扣除
	成本法	公允价值法		
已出租的土地使用权	计提摊销	不计提摊销	无形资产	不超过税法规定年限并按税法摊销方法计提的摊销可以税前扣除
持有并准备增值后转让的土地使用权	计提摊销	不计提摊销	存货	无论是否计提摊销，都不得税前扣除
已出租的建筑物	计提折旧	不计提折旧	固定资产	不超过税法规定年限并按税法折旧方法计提的折旧可以税前和除

资料来源：郑大世，中国会计视野，2015－12－22。

第八章　金融资产

知识目标和要求。通过本章的学习，要求学生掌握交易性金融资产初始计量和后续计量，交易性金融资产的核算，可供出售金融资产初始计量和后续计量，可供出售金融资产的核算，采用实际利率确定金融资产摊余成本的方法，不同类金融资产转换的核算。

能力、技能目标和要求。通过本章学习，学生要能独立完成对企业金融资产业务的会计核算和分析。

本章重点。可供出售金融资产初始计量和后续计量，可供出售金融资产初始计量和后续计量，采用实际利率确定金融资产摊余成本的方法。

本章难点。可供出售金融资产初始计量和后续计量，可供出售金融资产初始计量和后续计量，采用实际利率确定金融资产摊余成本的方法。

一、单项选择题（单项选择题备选答案中，只有一个符合题意的正确答案。多选、错选、不选均不得分）

1. 下列有关交易性金融资产的表述中，正确的是（　　）。

A. 取得交易性金融资产发生的交易费用应计入初始成本

B. 交易性金融资产期末确认的公允价值变动应计入其他综合收益

C. 取得时支付的价款中包含的已宣告但尚未发放的现金股利不应作为初始成本入账

D. 交易性金融资产的核算反映了相关市场变量变化对其价值的影响

2. 下列项目中，不应计入交易性金融资产取得成本的是（　　）。

A. 支付的交易费用

B. 支付的含应收股利的购买价款

C. 支付的已到付息期但尚未领取的利息的购买价款

D. 购买价款中包含的已宣告但尚未领取的现金股利

3. 企业购入及持有交易性金融资产时，账务处理不会涉及的会计科目是（　　）。

A. 交易性金融资产——成本

B. 应收股利

C. 财务费用

D. 投资收益

4. 根据我国企业会计准则的要求，购入交易性金融资产发生的交易费用，在（　　）科目中反映。

A. 交易性金融资产——成本

B. 投资收益

C. 财务费用

D. 应收股利

5. 企业在发生以公允价值计量且其变动计入当期损益的金融资产的下列有关业务中，不应贷记"投资收益"的是（　　）。

A. 收到持有期间获得的现金股利

B. 收到持有期间获得的债券利息

C. 企业转让交易性金融资产收到的价款大于其账面价值的差额

D. 资产负债表日，持有的股票市价大于其账面价值

6. 某企业购入 W 上市公司股票 180 万股，并划分为交易性金融资产，共支付款项 2 830 万元，其中包括已宣告但尚未发放的现金股利 126 万元。另外，支付相关交易费用 4 万元。该项交易性金融资产的入账价值为（　　）万元。

A. 2 700　　　　B. 2 704　　　　C. 2 956　　　　D. 2 834

7. 某股份有限公司 2017 年 3 月 30 日以每股 12 元的价格购入某上市公司的股票 100 万股，划分为交易性金融资产，购买该股票支付手续费 20 万元。2017 年 5 月 20 日收到该上市公司按照每股 0.5 元发放的现金股利。2017 年 12 月 31 日，该股票的市价为每股 11 元。2017 年 12 月 31 日该交易性金融资产的账面价值为·（　　）万元。

A. 1 100　　　　B. 1 150　　　　C. 1 170　　　　D. 1 220

8. A 公司于 2018 年 11 月 5 日从证券市场上购入 B 公司发行在外的股票 2 000 万股作为交易性金融资产，每股支付价款 5 元，另支付相关费用 10 万元，2018 年 12 月 31 日，这部分股票的公允价值为 10 500 万元，A 公司 2018 年 12 月 31 日应确认的公允价值变动损益为（　　）万元。

A. 损失 10　　　B. 收益 500　　　C. 收益 490　　　D. 损失 500

9. 甲公司将其持有的交易性金融资产全部出售，售价为 3 000 万元；出售前该金融资产的账面价值为 2 800 万元（其中成本 2 500 万元，公允价值变动 300 万元）。假定不考虑其他因素，甲公司对该交易应确认的投资收益为（　　）万元。

A. 200　　　　　B. - 200　　　　　C. 500　　　　　D. - 500

10. 企业持有至到期投资的特点不包括（　　）。

A. 发生投资收益率变化或者外汇风险变化时，将出售该金融资产

B. 到期日固定、回收金额固定或可确定

C. 有能力持有至到期

D. 有明确意图持有至到期

11. 嘉美公司支付 78 万元从二级市场上购入新华公司 100 万股股票，购买价款中包含已宣告但尚未发放的现金股利 5 万元以及手续费 3 万元，甲公司对这部分股票准备近期出售，甲公司这部分股权的入账价值为（　　）。

A. 70 万元　　　B. 73 万元　　　C. 78 万元　　　D. 75 万元

12. 2019 年 1 月 1 日，甲公司从证券市场购入面值总额为 2 000 万元的债券，该债券发行日为 2018 年 1 月 1 日，为分期付息到期还本债券，期限为 5 年，每年年末付息一次。则下列说法错误的是（　　）。

A. 若甲公司取得该项金融资产是为了随时变现以赚取差价，则应将其划分为以公允价值计量且其变动计入当期损益的金融资产

B. 若甲公司取得该项金融资产是为了随时变现以赚取差价，则应将其划分为可供出售金融资产

C. 若甲公司取得该项金融资产短期内不准备变现，但也不打算持有至到期，则应划分为可供出售金融资产

D. 该项债券划分标准应以管理层持有该项债券意图为出发点来确定

13. 企业取得持有至到期投资时入账价值中不应当包括的是（　　）。

A. 购入债券的净买价

B. 支付的手续费

C. 已到付息期但尚未领取的债券利息

D. 支付的交易费用

14. 持有至到期投资的面值与实际支付的金额的差额应计入（　　）。

A. 持有至到期投资——利息调整　　B. 投资收益

C. 应收利息　　　　　　　　　　　D. 持有至到期投资——成本

15. 下列各项中，属于资产负债表日计算持有至到期投资实际利息的是（   ）。

    A. 持有至到期投资公允价值乘以实际利率

    B. 持有至到期投资票面价值乘以票面利率与实际利率的差额

    C. 持有至到期投资公允价值乘以票面利率

    D. 持有至到期投资摊余成本乘以实际利率

16. 企业将持有至到期投资部分出售，并将该项投资的剩余部分重分类为可供出售金融资产，以公允价值进行后续计量，在重分类日，该投资剩余部分的账面价值与其公允价值之间的差额，应计入（   ）。

    A. 公允价值变动损益　　　　　　B. 投资收益

    C. 营业外收入　　　　　　　　　D. 其他综合收益

17. 某股份有限公司于 2017 年 4 月 1 日购入面值为 1 000 万元的 3 年期债券并划分为持有至到期投资，实际支付的价款为 1 100 万元，其中包含已到付息期但尚未领取的债券利息 50 万元，另支付相关税费 5 万元。该项债券投资的初始入账金额为（   ）万元。

    A. 1 105　　　　　B. 1 100　　　　　C. 1 055　　　　　D. 1 000

18. 2016 年 5 月 4 日，某企业自证券市场购入面值为 1 000 万元的债券，作为持有至到期投资核算。购入时实际支付的价款为 950 万元，另支付交易费用 5 万元。该债券是 2015 年 5 月 1 日发行的，系分期付息到期还本，上年利息费用于次年 5 月 15 日支付。已知债券票面年利率为 5%，则企业取得债券时的入账价值为（   ）万元。

    A. 950　　　　　B. 955　　　　　C. 1 000　　　　　D. 905

19. 2017 年 1 月 1 日，甲公司购入乙公司当日发行的面值总额为 1 000 万元的债券，期限为 5 年，到期一次还本付息。票面年利率 8%，支付价款 1 080 万元，另支付相关税费 10 万元，甲公司将其划分为持有至到期投资，甲公司应确认"持有至到期投资——利息调整"科目的金额为（   ）万元。

    A. 70　　　　　B. 80　　　　　C. 90　　　　　D. 110

20. 2013 年 11 月 8 日，甲公司以银行存款 850 万元取得一项股权投资并作为可供出售金融资产核算，支付的价款中包括已宣告但尚未领取的现金股利 20 万元，另支付相关交易费用 15 万元。则该项可供出售金融资产的初始入账价值为（   ）万元。

A. 850　　　　　B. 830　　　　　C. 845　　　　　D. 840

21. 天宇公司从二级市场上以每股 1.6 元的价格购入某公司 200 万股股票，其中包含了每股 0.1 元的现金股利，另支付相关手续费 3 万元，天宇公司将其划分为可供出售金融资产核算，则天宇公司这部分股票的初始入账价值为 （　　　　） 万元。

A. 323　　　　　B. 300　　　　　C. 297　　　　　D. 303

22. 下列关于持有至到期投资的说法不正确的是 （　　　　）。

A. 持有至到期投资应该按照公允价值与相关交易费用之和作为初始入账金额

B. 持有至到期投资应该以摊余成本进行后续计量

C. 持有至到期投资在持有期间应该按照实际利率法确定利息收益

D. 持有至到期投资账面余额等于其账面价值

23. 下列各项中关于持有至到期投资的表述中不正确的是 （　　　　）。

A. 以摊余成本进行后续计量

B. 既可以是股权投资也可以是债权投资

C. 在持有至到期投资发生减值后所使用的实际利率不需要重新计算

D. 应当按照公允价值和相关交易费用之和作为初始入账价值

24. 20×9 年 1 月 1 日，甲公司从二级市场购入乙公司分期付息、到期还本的债券 12 万张，以银行存款支付价款 1 050 万元，另支付相关交易费用 12 万元。该债券系乙公司于 20×8 年 1 月 1 日发行，每张债券面值为 100 元，期限为 3 年，票面年利率为 5%，每年年末支付当年度利息。甲公司拟持有该债券至到期。甲公司 20×9 年 1 月 1 日购入乙公司债券时确认的利息调整的金额是 （　　　　） 万元。

A. 150　　　　　B. 162　　　　　C. 138　　　　　D. 62

25. 下列各项中，正确的是 （　　　　）。

A. 取得股票投资可以作为持有至到期投资核算

B. 取得交易性金融资产发生的交易费用计入当期损益

C. 取得持有至到期投资发生的交易费用计入当期损益

D. 取得可供出售金融资产发生的交易费用计入当期损益

二、多项选择题（多项选择题备选答案中，有两个或两个以上符合题意的正确答案。多选、少选、错选、不选均不得分）

1. 下列各项中，属于企业金融资产的有（   ）。

A. 应收票据　　　　　　　　B. 债权投资

C. 投资性房地产　　　　　　D. 贷款

2. 下列各项中，属于取得金融资产时发生的交易费用的有（   ）。

A. 融资费用　　　　　　　　B. 支付给券商的手续费

C. 债券的折价　　　　　　　D. 支付给咨询公司的佣金

3. 企业在购入公司债券作为交易性金融资产时可能用到的借方科目有（   ）。

A. 交易性金融资产　　　　　B. 管理费用

C. 财务费用　　　　　　　　D. 投资收益

4. 关于交易性金融资产的会计处理，下列说法中正确的有（   ）。

A. 取得交易性金融资产时，应当按照该金融资产取得时的公允价值作为其初始确认金额

B. 取得交易性金融资产所支付价款中包含了已宣告但尚未发放的现金股利或已到付息期但尚未领取的债券利息的，应当单独确认为应收项目

C. 取得交易性金融资产所发生的相关交易费用应当在发生时计入投资收益

D. 资产负债表日，交易性金融资产应当按照公允价值计量，公允价值与账面余额之间的差额计入当期损益

5. 下列各项中，会引起交易性金融资产账面余额发生变化的有（   ）。

A. 收到原未计入成本中的交易性金融资产的利息

B. 期末交易性金融资产公允价值高于其账面余额的差额

C. 期末交易性金融资产公允价值低于其账面余额的差额

D. 出售交易性金融资产

6. 企业发生的下列事项中，影响"投资收益"科目余额的有（   ）。

A. 交易性金融资产在持有期间取得的现金股利

B. 购买交易性金融资产支付的交易费用

C. 期末交易性金融资产的公允价值小于账面价值

D. 交易性金融资产持有期间收到包含在购买价格中的现金股利

7. 下列关于金融资产分类的说法中，正确的有（   ）。

A. 企业从证券市场购入准备随时出售的股票投资应划分为交易性金融资产

B. 企业购入有意图和能力持有至到期的债券投资应划分为可供出售金融资产

C. 企业购入有公开报价但不准备随时变现的股票投资（对被投资方不具有重大影响）应划分为可供出售金融资产

D. 企业购入没有公开报价且不准备随时变现的股票投资不能划分为可供出售金融资产

8. 下列各项中属于持有至到期投资的特点的有（   ）。

A. 以摊余成本进行后续计量

B. 既可以是股权投资也可以是债权投资

C. 在持有至到期投资发生减值后其使用的实际利率也要重新计算

D. 应当按照公允价值和相关交易费用之和作为初始入账价值

9. 下列各项投资中可以将其划分为持有至到期投资的有（   ）。

A. 对国债投资

B. 对公司债券投资

C. 对非上市公司投资

D. 对开放性基金投资

10. 下列各项中关于持有至到期投资的表述中不正确的有（   ）。

A. 持有至到期投资必须是企业有明确意图持有至到期

B. 持有至到期投资后续采用公允价值模式进行摊销

C. 持有至到期投资已计提的减值准备不得转回

D. 持有至到期投资如果有客观证据表明该实际利率计算的各期利息收入与名义利率计算的相差很小，也可以采用名义利率替代实际利率

11. 下列各项中，影响持有至到期投资摊余成本的有（   ）。

A. 确认的减值准备

B. 分期收回的本金

C. 利息调整的累计摊销额

D. 对到期一次付息债券确认的票面利息

12. 下列关于持有至到期投资的说法正确的有（   ）。

A. 对于投资者有权要求发行方赎回的债务工具投资，投资者不能将其划分为持有至到期投资

B. 企业应当于每个资产负债表日，对持有至到期投资的意图和能力进行评价

C. 当投资的金融资产的发行方可以按照明显低于其摊余成本的金额清偿的

表明投资方有意图将该金融资产持有至到期

D. 持有至到期投资通常具有长期性质，所以期限较短（1 年以内）的债券投资不能划分为持有至到期投资

13. 假设发行方按照面值发行债券，且不存在交易费用时，下列选项中，会引起持有至到期投资账面价值发生增减变动的有（　　）。

A. 计提持有至到期投资减值准备

B. 对分期付息债券计提利息

C. 对到期一次付息债券计提利息

D. 出售持有至到期投资

14. 下列各项中，处置持有至到期投资可能涉及的科目有（　　）。

A. 持有至到期投资——利息调整

B. 持有至到期投资减值准备

C. 投资收益

D. 持有至到期投资——成本

15. 下列资产中可能作为企业的可供出售金融资产核算的有（　　）。

A. 股票　　　　　　　　　　B. 债券

C. 认股权证　　　　　　　　D. 回购合同

16. 下列项目中应计入可供出售金融资产入账价值的有（　　）。

A. 相关交易费用

B. 购买日的公允价值

C. 已到付息期但尚未领取的利息

D. 为购买金融资产取得的借款发生的利息

17. 下列各项中，应计入当期损益的有（　　）。

A. 购买交易性金融资产支付的交易费用

B. 交易性金融资产在资产负债表日的公允价值小于账面价值的差额

C. 持有至到期投资发生的减值损失

D. 可供出售金融资产在资产负债表日的公允价值小于账面价值的差额

18. 下列各项关于持有至到期投资的表述正确的有（　　）。

A. 期限较短（1 年以内）的债券投资，如果符合持有至到期投资的条件，也可以将其划分持有至到期投资

B. 因需要现金可将持有至到期投资重分类为交易性金融资产

C. 取得债券时可以根据管理层意图将其分类为持有至到期投资

D. 因需要现金将持有至到期投资部分出售，剩余部分一般应重分类为可供出售金融资产

19. 下列关于金融资产重分类的叙述，正确的有（　　　）。

A. 在满足一定条件下，交易性金融资产可以重分类为可供出售金融资产

B. 在满足一定条件下，交易性金融资产可以重分类为持有至到期投资

C. 在满足一定条件下，持有至到期投资可以重分类为可供出售金融资产

D. 在满足一定条件下，可供出售金融资产可以重分类为持有至到期投资

20. 下列金融资产的后续计量中，表述正确的有（　　　）。

A. 可供出售金融资产债券投资按照摊余成本进行后续计量

B. 持有至到期投资按照摊余成本进行后续计量

C. 可供出售金融资产股票投资按照公允价值进行后续计量

D. 贷款和应收款项按照历史成本进行后续计量

三、判断题（正确用"√"表示，错误用"×"表示）

1. 交易性金融资产购买价格中包括的已经宣告发放但尚未支取的股利或已到付息期尚未领到的利息，应记入"交易性金融资产——成本"科目中。（　　　）

2. 交易性金融资产在持有期间获得的股利或债券利息收入计入投资收益。（　　　）

3. 实际收到交易性金融资产股利或债券利息时，应视为成本的收回，直接冲减交易性金融资产的入账成本。（　　　）

4. 交易性金融资产出售后，出售收入与其账面价值的差额，以及原来已经作为公允价值变动损益入账的金额，均应作为投资收益入账，以集中反映出售该交易性金融资产实际实现的损益。（　　　）

5. 企业持有交易性金融资产的时间超过一年后，应将其重分类为可供出售金融资产。（　　　）

6. 出售交易性金融资产时，应将原计入公允价值变动损益的公允价值变动金额转入营业外收支。（　　　）

7. 为了反映交易性金融资产的现值及其预计带来的收益情况，交易性金融资产应以公允价值反映，并详细记录每一交易性金融资产的成本及其公允价值变动。（　　　）

8. 持有至到期投资是指到期日固定、回收金额固定或可确定，且企业有明确意图和能力持有至到期投资的衍生金融资产。（　　）

9. 企业购入债券划分为持有至到期投资时，其入账价值应当为实际支付的全部价款。（　　）

10. 企业在持有至到期投资的会计期间，应当按照公允价值对持有至到期投资进行计量。（　　）

11. 资产负债表日，按照持有至到期投资初始确认金额和实际利率计算债券利息收入，计入投资收益。（　　）

12. 计算持有至到期投资利息收入所采用的实际利率，应当在取得该项投资时确定，且在该项投资预期存续期间或适用的更短期间内保持不变。（　　）

13. 持有至到期投资的投资收益是摊余成本乘以票面利率。（　　）

14. 企业在初始确认时将某金融资产划分为交易性金融资产后，可以再重分类为其他类金融资产，其他类别的金融资产也可以再重分类为交易性金融资产。（　　）

15. 购入的可供出售金融资产，以购入的公允价值加上相关交易费用入账；而由持有至到期投资重分类形成的可供出售金融资产，以重分类日的公允价值入账。（　　）

16. 可供出售权益工具和债权工具的公允价值变动都是权益工具和债权工具本期末与上期末的公允价值的差额。（　　）

17. 当有客观证据证明可供出售金融资产发生减值时，应当计提减值准备，记入"资本公积"科目，确认减值损失；对应科目以"可供出售金融资产——公允价值变动"反映其减值准备。（　　）

18. 可供出售金融资产中属于权益工具投资的，其减值损失是不能转回的；属于债务工具投资的，其减值损失可以通过损益转回。（　　）

19. 可供出售金融资产在资产负债表上以公允价值列示，同时为了提供可供出售金融资产的详细信息，还应以披露形式提供可供出售金融资产的构成及公允价值变动情况的信息。（　　）

20. 资产负债表日，按照持有至到期投资初始确认金额和实际利率计算债券利息收入，计入投资收益。（　　）

四、计算题

1. 2018 年 5 月 10 日，甲公司以 620 万元（含已宣告但尚未领取的现金股利

20 万元）购入乙公司股票 200 万股作为交易性金融资产，另支付手续费 6 万元，5 月 30 日，甲公司收到现金股利 20 万元。2018 年 6 月 30 日该股票每股市价为 3.2 元，2018 年 8 月 10 日，乙公司宣告分派现金股利，每股 0.20 元，8 月 20 日，甲公司收到分派的现金股利。至 12 月 31 日，甲公司仍持有该交易性金融资产，期末每股市价为 3.6 元，2019 年 1 月 3 日以 630 万元出售该交易性金融资产。假定甲公司每年 6 月 30 日和 12 月 31 日对外提供财务报告。

要求：

（1）编制上述经济业务的会计分录。

（2）计算该交易性金融资产的累计损益。

2. 2018 年 1 月 8 日，甲公司购入丙公司发行的公司债券，该笔债券于 2017 年 7 月 1 日发行，面值为 2 500 万元，票面利率为 4%，债券利息按年支付。甲公司将其划分为交易性金融资产，支付价款为 2 600 万元（其中包含已到期尚未领取的债券利息 50 万元），另支付交易费用 30 万元。2018 年 2 月 5 日，甲公司收到该笔债券利息 50 万元。2019 年 2 月 10 日，甲公司收到债券利息 100 万元。

要求：根据上述资料编制甲公司的相关会计分录。

3. 2017 年 1 月 1 日，甲公司支付价款 200 万元（含交易费用）从上海证券交易所购入 C 公司同日发行的 5 年期公司债券 12 500 份，债券票面价值总额 250 万元，票面年利率 4.72%，于每年 1 月 6 日支付上年度债券利息，本金在债券到期时一次性偿还。甲公司将其划分为持有至到期投资，实际利率为 10%。假定按年计提利息。

要求：编制甲公司 2017 年 1 月 1 日～2022 年 1 月 6 日上述有关业务的会计分录。

4. 长江公司 2016 年 4 月 10 日购入甲上市公司的股票 200 万股作为可供出售金融资产，每股 10 元（含已宣告但尚未发放的现金股利 1 元），另支付相关费用 10 万元。5 月 10 日收到现金股利 200 万元。6 月 30 日每股公允价值为 9.2 元，9 月 30 日每股公允价值为 9.4 元，12 月 31 日每股公允价值为 9.3 元。2017 年 1 月 5 日，长江公司将上述甲上市公司的股票对外出售 100 万股，每股售价为 9.4 元。长江公司对外提供季度财务报告。

要求：根据上述资料编制长江公司有关会计分录。

5. 甲公司 2017 年 1 月 1 日，按面值从债券二级市场购入乙公司公开发行的债券 100 000 张，每张面值 100 元，票面利率 3%，划分为可供出售金融资产。

2017 年 12 月 31 日，该债券的市场价格为每张 99 元。2018 年，乙公司因投资决策失误，发生严重财务困难，但仍可支付该债券当年的票面利息。2018 年 12 月 31 日，该债券的公允价值下降为每张 80 元。甲公司预计，如乙不采取措施，该债券的公允价值预计会持续下跌。

假定甲公司初始确认该债券时计算确定的债券实际利率为 3%，利息于每年年末收到，且不考虑其他因素。

要求：编制甲公司可供出售金融资产有关的会计分录。（金额单位用万元表示）

6. 以君公司于 2016 年 3 月 10 日以每股 5 元的价格（含长虹公司按照每股 0.2 元已宣告但尚未领取的现金股利）购买长虹公司发行的股票 500 万股，另支付交易费用 3 万元，以君公司作为可供出售金融资产核算；3 月 12 日收到现金股利；11 月 10 日以君公司以每股 5.6 元出售股票 300 万股，另付税费 1.20 万元；12 月 31 日该股票每股市价为 5.3 元；2017 年 7 月 26 日以每股 4.8 元，出售股票 100 万股，另付税费 2.80 万元。

要求：编制以君公司有关可供出售金融资产的会计分录。

第九章 长期股权投资

知识目标和要求。通过本章的学习，要求学生掌握同一控制下的企业合并形成的长期股权投资初始投资成本的确定方法，非同一控制下的企业合并形成的长期股权投资初始投资成本的确定方法，以非企业合并方式取得的长期股权投资初始成本的确定方法，长期股权投资权益法核算，长期股权投资成本法核算，长期股权投资处置的核算。

本章重点。长期股权投资成本法核算、权益法核算。

本章难点。长期股权投资成本法核算、权益法核算。

一、单项选择题（单项选择题备选答案中，只有一个符合题意的正确答案。多选、错选、不选均不得分）

1. 投资者投入的长期股权投资，如果合同或协议约定价值是公允的，应当按照（　　）作为初始投资成本。

A. 投资合同或协议约定的价值　　　B. 账面价值

C. 公允价值　　　　　　　　　　　D. 市场价值

2. 根据《企业会计准则第 2 号——长期股权投资》的规定，长期股权投资采用权益法核算时，初始投资成本大于应享有被投资单位可辨认净资产公允价值份额之间的差额，正确的会计处理是（　　）。

A. 计入投资收益　　　　　　　　　B. 冲减资本公积

C. 计入营业外支出　　　　　　　　D. 不调整初始投资成本

3. 对同一控制下的企业合并，合并方以发行权益性证券作为合并对价的，下列说法中正确的是（　　）。

A. 应当在合并日按照取得被合并方所有者权益账面价值的份额作为长期股权投资的初始投资成本，按照发行股份的面值总额作为股本

B. 应当在合并日按照取得被合并方所有者权益公允价值的份额作为长期股权投资的初始投资成本，按照发行股份的面值总额作为股本

C. 应当在合并日按照取得被合并方可辨认净资产公允价值的份额作为长期股权投资的初始投资成本，按照发行股份的面值总额作为股本

D. 应当在合并日按照取得被合并方所有者权益账面价值的份额作为长期股权投资的初始投资成本，按照发行股份的面值总额作为股本，长期股权投资初始投资成本与所发行股份面值总额之间的差额，应当计入当期损益

4. 长期股权投资采用权益法核算时，下列各项中，影响"长期股权投资——其他综合收益"科目余额的因素是（　　　　）。

A. 被投资单位实现净利润

B. 被投资单位因可供出售金融资产公允价值变动导致其他综合收益增加

C. 被投资单位宣告分配现金股利

D. 被投资单位发行权益性证券

5. 成本法下，被投资单位宣告分派现金股利时，投资企业应按享有的部分计入（　　　）科目。

A. 长期股权投资　　　　　　　　　B. 投资收益

C. 资本公积　　　　　　　　　　　D. 营业外收入

6. 甲公司持有乙公司5%的有表决权股份，作为可供出售金融资产。20×5年12月31日该可供出售金融资产账面价值为300万元（其中成本250万元，公允价值变动50万元）。20×6年3月1日甲公司又以现金850万元为对价自非关联方处取得乙公司15%的股权，至此持股比例达到20%，能够对乙公司施加重大影响。20×6年3月1日乙公司可辨认净资产公允价值与账面价值均为5 000万元，原股权的公允价值为350万元，假定不考虑其他因素，则再次取得投资后，长期股权投资的入账价值为（　　　）万元。

A. 1 150　　　　　B. 1 200　　　　　C. 1 400　　　　　D. 1 500

7. 20×5年1月1日，甲公司以现金1 200万元自非关联方处取得乙公司20%的股权，能够对乙公司施加重大影响。当日乙公司可辨认净资产账面价值为6 050万元（与公允价值相同）。由于甲公司非常看好乙公司，于20×5年12月1日再次以现金900万元为对价从乙公司其他股东处取得该公司10%的股权，至此持股比例达到30%，增资后仍然能对乙公司产生重大影响。此时乙公司可辨认净资产的公允价值为8 000万元。假定未发生净损益的变动等引起所有者权益变化的事项，则增资后甲公司的长期股权投资的账面价值为（　　　）万元。

A. 2 200　　　　　B. 2 210　　　　　C. 2 100　　　　　D. 2 110

8. A、B 两家公司在 20×1 年以前不具有任何关联方关系。A 公司于 20×1 年 1 月 1 日以本企业的固定资产对 B 公司投资,取得 B 公司 60% 的股份,能对 B 公司实施控制。该固定资产原值 15 500 万元,已计提折旧 400 万元,已提取减值准备 50 万元,公允价值为 12 250 万元。合并过程中发生资产评估费、审计费等共计 20 万元。购买日,B 公司所有者权益账面价值总额为 20 000 万元,可辨认净资产公允价值总额为 25 000 万元。20×1 年 4 月 10 日,B 公司宣告分派现金股利 1 000 万元。B 公司 20×1 年度实现净利润 5 000 万元。假设不考虑其他相关税费,A 公司长期股权投资的入账成本为 (   ) 万元。

A. 15 500　　　　B. 12 250　　　　C. 15 050　　　　D. 12 270

9. A 公司是甲公司的母公司的全资子公司,20×1 年 1 月 1 日,甲公司以 1 300 万元购入 A 公司 60% 的普通股权,并准备长期持有,甲公司同时支付审计费 10 万元。A 公司 20×1 年 1 月 1 日的所有者权益账面价值总额为 2 100 万元,相对于集团最终控制方的账面价值总额为 2 000 万元,可辨认净资产的公允价值为 2 400 万元。则甲公司应确认的长期股权投资初始投资成本为 (   ) 万元。

A. 1 300　　　　B. 1 310　　　　C. 1 200　　　　D. 1 440

10. A 公司以发行自身权益性证券的方式取得 B 公司 55% 股权,取得对 B 公司的控制权,A 公司为该项合并共发行 3 000 万股,每股市价为 4 元,发行佣金为 100 万元,同时为此次合并支付了中介审计费 50 万元,当日 B 公司净资产公允价值为 22 000 元,两公司在合并前不存在关联方关系,则 A 公司因取得股权影响当期损益的金额是 (   ) 万元。

A. − 50　　　　B. − 150　　　　C. 150　　　　D. 0

11. M 公司和 N 公司不属于同一控制的两个公司。20×6 年 2 月 26 日,M 公司以一项专利权和银行存款 150 万元向 N 公司投资,占 N 公司注册资本的 60%,该专利权的账面原价为 9 880 万元,已计提累计摊销 680 万元,已计提无形资产减值准备 320 万元,公允价值为 9 000 万元。合并当日 N 公司可辨认净资产公允价值为 18 000 万元。则 M 公司长期股权投资的入账价值为 (   ) 万元。

A. 10 030　　　　B. 9 030　　　　C. 9 150　　　　D. 10 800

12. 甲企业通过定向增发本企业股票方式取得乙企业 60% 的股权,取得股权后,能够控制乙企业,双方在合并前不存在任何关联方关系。甲企业共发行普通股 100 万股,每股面值 1 元,每股市价 10 元。为发行普通股发生相关手续费 10 万元。为进行企业合并发生直接相关费用 20 万元。合并日,乙企业可辨认净资

产公允价值为 1 500 万元。甲企业取得对乙企业长期股权投资的初始投资成本为
(   ) 万元。

    A. 900   B. 910   C. 1 000   D. 1 020

13. 20×6 年 6 月 30 日，甲公司以银行存款 300 万元和一项交易性金融资产
作为对价从 A 公司手中取得乙公司 20% 的股权，能够对乙公司的生产经营决策
实施重大影响。甲公司付出的交易性金融资产的公允价值为 300 万元，账面价值
为 250 万元（其中成本 200 万元，公允价值变动 50 万元）。投资当日，乙公司可
辨认净资产的公允价值为 3 200 万元，账面价值为 2 800 万元，则甲公司取得长
期股权投资的入账价值为 (   ) 万元。

    A. 600   B. 550   C. 640   D. 560

14. 在非企业合并情况下，下列各项中，不作为长期股权投资取得时初始入
账价值的有 (   )。

    A. 为取得股权付出资产的公允价值

    B. 投资时支付的手续费、印花税等初始直接费用

    C. 为取得股权付出资产确认的销项税额

    D. 为取得投资发行股票而发生的中介费等费用

15. 关于成本法与权益法的转换，下列说法中错误的是 (   )。

    A. 因追加投资等原因导致对被投资单位由重大影响转为控制的，应由权益
法核算改为成本法核算

    B. 因追加投资等原因导致对被投资单位由共同控制转为控制的，应由成本
法核算改为权益法核算

    C. 因处置投资导致对被投资单位的影响能力由控制转为具有重大影响的，
应由成本法核算改为权益法核算

    D. 因处置投资导致对被投资单位的影响能力由控制转为与其他投资方一起
实施共同控制的，应由成本法核算调整为权益法核算

16. 对取得的长期股权投资采用权益法核算的情况下，根据现行会计准则的
规定，下列各项中会引起长期股权投资账面价值发生增减变动的是 (   )。

    A. 被投资企业盈余公积转增资本

    B. 被投资企业提取盈余公积

    C. 被投资企业宣告分派现金股利

    D. 被投资企业宣告分派股票股利

17. 下列各项关于长期股权投资核算的表述中，正确的是（　　）。

A. 长期股权投资采用权益法核算下，被投资方宣告分配的现金股利，投资方应按照持股比例确认投资收益

B. 长期股权投资采用成本法核算时被投资方宣告分配的现金股利，投资方应确认投资收益

C. 期末长期股权投资账面价值大于可收回金额，不需要进行处理

D. 处置长期股权投资时，应按照处置比例结转资本公积的金额至投资收益

18. 企业处置长期股权投资时，下列表述中错误的是（　　）。

A. 处置长期股权投资时，持有期间计提的减值准备也应一并结转

B. 采用权益法核算的长期股权投资在处置股权后仍然采用权益法核算的，因被投资方除净损益、其他综合收益和利润分配以外的其他所有者权益变动而确认的所有者权益，应当按比例结转入当期投资收益

C. 处置长期股权投资，其账面价值与实际取得价款的差额，应当计入投资收益

D. 处置长期股权投资，其账面价值与实际取得价款的差额，应当计入营业外收入

19. 甲公司 20×1 年 1 月 1 日对 A 公司进行长期股权投资，拥有 A 公司 30% 的股权，至 20×2 年末长期股权投资账户余额为 480 000 元，计提的减值准备科目余额为 20 000 元。20×3 年末 A 公司发生亏损 1 800 000 元。同时甲公司对 A 公司有一笔长期应收款 50 000 元。20×3 年末甲公司对 A 公司长期应收款的账面价值为（　　）元。

A. 50 000　　　　B. −30 000　　　　C. 0　　　　D. −10 000

20. A 公司 20×2 年 7 月 1 日以一批价值 600 万元的存货取得 B 公司 80% 的股权，对 B 公司经营决策能够实施控制。B 公司 20×2 年实现净利润 500 万元（均匀发生），所有者权益其他变动增加 100 万元。则 A 公司 20×2 年末对 B 公司股权投资的账面价值为（　　）万元，不考虑增值税影响。

A. 702　　　　B. 600　　　　C. 1 500　　　　D. 1 080

21. 20×6 年 1 月 1 日，甲公司以一项交易性金融资产为对价自非关联方处取得乙公司 20% 的股权，能够对其实施加重大影响。乙公司可辨认净资产公允价值与账面价值均为 16 000 万元。20×6 年 1 月 1 日，该交易性金融资产的账面价值为 3 000 万元（其中成本为 2 500 万元，公允价值变动为 500 万元），公允价值为 3 200 万

元。不考虑其他相关税费。甲公司因该交易影响投资收益的金额为（　　）万元。

A. 700　　　　　B. 500　　　　　C. 200　　　　　D. 0

22. A 企业于 20×1 年 1 月 1 日取得对 B 企业 40% 的股权，采用权益法核算。取得投资时 B 企业的一项固定资产公允价值为 600 万元，账面价值为 500 万元。其预计尚可使用年限为 10 年，净残值为零，按照直线法折旧，除此之外，B 企业其他资产、负债的公允价值均等于其账面价值。B 企业 20×1 年度利润表中净利润为 1 100 万元。不考虑所得税和其他因素的影响，就该项长期股权投资，A 企业 20×1 年应确认的投资收益为（　　）万元。

A. 440　　　　　B. 444　　　　　C. 436　　　　　D. 412

23. 甲、乙两家公司同属丙公司的子公司。甲公司以发行股票方式从乙公司的股东手中取得乙公司 60% 的股份。甲公司发行 1 500 万股普通股股票，该股票每股面值为 1 元。乙公司在合并日所有者权益为 2 000 万元，甲公司在合并日资本公积为 180 万元，盈余公积为 100 万元，未分配利润为 200 万元。甲公司该项长期股权投资的成本为（　　）万元。

A. 1 200　　　　B. 1 500　　　　C. 1 820　　　　D. 480

24. A、B 两家公司属于非同一控制下的独立公司。A 公司以本企业的固定资产对 B 公司投资，取得 B 公司 60% 的股份。该固定资产原值 1 500 万元，已计提折旧 400 万元，已提取减值准备 50 万元，投资日该固定资产公允价值为 1 250 万元。B 公司被投资日所有者权益为 2 000 万元。甲公司该项长期股权投资的成本为（　　）万元。

A. 1 500　　　　B. 1 050　　　　C. 1 200　　　　D. 1 250

25. 非企业合并，且以发行权益性证券取得的长期股权投资，应当按照发行权益性证券的（　　）作为初始投资成本。

A. 账面价值　　　　　　　　　B. 公允价值

C. 支付的相关税费　　　　　　D. 市场价格

26. 甲公司出资 600 万元，取得了乙公司 60% 的控股权，甲公司对该项长期股权投资应采用（　　）核算。

A. 权益法　　　　　　　　　　B. 成本法

C. 市价法　　　　　　　　　　D. 成本与市价孰低法

27. 根据《企业会计准则第 2 号——长期股权投资》的规定，长期股权投资采用权益法核算时，下列各项不会引起长期股权投资账面价值减少的是（　　）。

A. 被投资单位对外捐赠

B. 被投资单位发生净亏损

C. 被投资单位计提盈余公积

D. 被投资单位宣告发放现金股利

28. 2015 年 1 月 1 日，甲公司以银行存款 2 500 万元取得乙公司 20% 有表决权的股份，对乙公司具有重大影响，采用权益法核算，乙公司当日可辨认净资产的账面价值为 12 000 万元，各项可辨认资产、负债的公允价值与其账面价值均相同。乙公司 2015 年度实现的净利润为 10 000 万元，不考虑其他因素，2015 年 12 月 31 日，甲公司该项投资在资产负债表中应列示的年末余额为（　　）万元。

A. 2 500　　　　　B. 2 400　　　　　C. 2 600　　　　　D. 2 700

29. M 企业于 2015 年 8 月 1 日以银行存款 200 万元取得 N 公司 60% 的股份，能够对 N 公司实施控制，N 公司当年实现净利润 240 万元，2016 年 4 月 3 日，N 公司宣告分配上年现金股利 120 万元，不考虑其他因素，则 2016 年 M 企业应确认的投资收益为（　　）万元。

A. 72　　　　　B. 0　　　　　C. 60　　　　　D. 120

30. A 公司 2015 年初按投资份额出资 180 万元对 B 公司进行长期股权投资，占 B 公司股权比例的 40%。当年 B 公司亏损 100 万元；2016 年 B 公司亏损 400 万元；2017 年 B 公司实现净利润 30 万元。2017 年 A 公司计入投资收益的金额为（　　）万元。

A. 12　　　　　B. 10　　　　　C. 8　　　　　D. 0

二、多项选择题（多项选择题备选答案中，有两个或两个以上符合题意的正确答案。多选、少选、错选、不选均不得分）

1. 下列情况下，投资方应采用权益法核算长期股权投资的有（　　）。

A. 控制

B. 重大影响

C. 无控制、共同控制和重大影响

D. 共同控制

2. 下列有关长期股权投资处置的说法中正确的有（　　）。

A. 采用成本法核算的长期股权投资，处置长期股权投资时，其账面价值与

实际取得价款的差额，应当计入当期损益

B. 采用权益法核算的长期股权投资，因被投资单位除净损益、利润分配和其他综合收益以外所有者权益的其他变动而计入所有者权益的，处置该项投资时应当将原计入所有者权益部分的金额按相应比例转入当期损益

C. 采用成本法核算的长期股权投资，处置长期股权投资时，其账面价值与实际取得价款的差额，应当计入所有者权益

D. 采用权益法核算的长期股权投资，因被投资单位除净损益、利润分配和其他综合收益以外所有者权益的其他变动而计入所有者权益的，处置该项投资时不应将原计入所有者权益的部分转入当期损益，应按其账面价值与实际取得价款的差额，计入当期损益

3. 成本法下处置长期股权投资，可能涉及的会计科目有（　　　）。

A. 长期股权投资减值准备

B. 资本公积

C. 投资收益

D. 应收股利

4. 下列各项中，关于被投资单位宣告发放现金股利或分配利润时，正确的会计处理有（　　　）。

A. 交易性金融资产持有期间，被投资单位宣告发放现金股利或利润时确认投资收益

B. 长期股权投资采用成本法核算时，被投资单位宣告发放现金股利或利润时确认投资收益

C. 长期股权投资采用权益法核算时，被投资单位宣告发放现金股利或利润时确认投资收益

D. 长期股权投资采用权益法核算时，被投资单位宣告发放现金股利或利润时冲减其账面价值

5. 企业购入的采用权益法核算的长期股权投资，其初始投资成本包括(　　　)。

A. 购入时实际支付的价款

B. 支付的价款中包含的被投资方已宣告但尚未发放的现金股利

C. 支付的印花税

D. 为取得长期股权投资发生的相关手续费

6. A 公司 2017 年有关长期股权投资业务如下：2017 年 2 月 C 公司宣告分配现金股利 3 000 万元，2017 年 3 月 25 日收到现金股利。2017 年 6 月 20 日将其股权全部出售，收到价款 10 000 万元。该股权为 2015 年 4 月 20 日以相关资产作为对价取得 C 公司 70% 的股权并取得控制权。对价的相关资产包括：固定资产（账面价值为 800 万元，公允价值为 1 000 万元，增值税销项税额 160 万元）、库存商品（账面价值为 1 800 万元，公允价值为 2 000 万元，增值税销项税额 320 万元）、投资性房地产（账面价值为 2 000 万元，公允价值为 3 490 万元）。A 公司与 C 公司的控股股东没有关联方关系。下列有关 A 公司长期股权投资会计处理的表述中，正确的有（　　）。

　　A. 初始投资成本为 6 970 万元

　　B. 处置 C 公司股权时长期股权投资的账面价值为 6 970 万元

　　C. C 公司宣告分配现金股利，A 公司确认投资收益 2 100 万元

　　D. 处置 C 公司股权确认的投资收益为 3 030 万元

7. 20×6 年 6 月 30 日，甲公司以银行存款 300 万元购入乙公司 20% 的股权，能够对乙公司实施重大影响，投资当日，乙公司可辨认净资产公允价值（等于账面价值）为 1 600 万元。20×6 年下半年实现净利润 200 万元，因可供出售金融资产公允价值变动确认其他综合收益 200 万元，未发生其他引起所有者权益变动的事项。20×7 年 1 月 2 日，甲公司再次以银行存款 250 万元为对价购入乙公司 10% 的股权，增资后仍能够对乙公司施加重大影响。增资当日，乙公司可辨认净资产公允价值为 2 000 万元。不考虑其他因素，则下列说法正确的有（　　）。

　　A. 20×6 年 6 月 30 日确认投资长期股权投资的入账价值为 300 万元

　　B. 20×6 年 6 月 30 日应确认营业外收入 20 万元

　　C. 20×6 年末长期股权投资的账面价值为 400 万元

　　D. 增资后长期股权投资的账面价值为 650 万元

8. A 公司通过发行普通股股票 500 万股取得甲公司 25% 的股权，能够对甲公司施加重大影响。取得该投资时支付手续费 50 万元，为发行该股票支付佣金 30 万元。A 公司普通股的面值为每股 1 元、市价为每股 8 元，甲公司可辨认净资产公允价值为 20 000 万元。假定不考虑其他因素。下列说法中正确的有（　　）。

　　A. A 公司取得的长期股权投资的入账价值为 5 050 万元

　　B. A 公司取得甲公司的股权应采用成本法进行后续计量

　　C. A 公司取得甲公司的股权应确认的资本公积金额为 3 470 万元

D. A 公司取得的长期股权投资的入账价值为 5 000 万元

9. 同一控制下企业合并在确认长期股权投资时需要考虑的因素有（ ）。

A. 被合并方与合并方的会计政策、会计期间是否一致

B. 被合并方账面所有者权益是指被合并方的所有者权益相对于最终控制方而言的账面价值

C. 如果子公司按照改制时确认的资产负债经评估确认的价值调整了资产、负债账面价值的应予以考虑

D. 如果被合并方本身编制合并财务报表的，被合并方的账面所有者权益的价值应当以其合并财务报表为基础编制

10. 下列关于权益法核算的长期股权投资转为以公允价值计量的金融资产的处理正确的有（ ）。

A. 减资当日剩余股权公允价值与账面价值的差额计入当期损益

B. 减资当日剩余股权应保持其账面价值不变

C. 原采用权益法核算的股权投资确认的累计其他综合收益应在终止采用权益法核算时计入当期损益

D. 剩余股权对应的原权益法下累计确认的其他综合收益应在处置该项投资时转入当期损益

11. 下列关于增资由可供出售金融资产转为权益法核算的长期股权投资的处理，说法正确的有（ ）。

A. 对于原股权，应保持其账面价值不变

B. 初始投资成本为原股权的公允价值与新增投资成本之和

C. 原股权公允价值与账面价值之间的差额应确认为当期损益

D. 原股权累计确认的其他综合收益应在增资日转入投资收益

12. 在非企业合并情况下，下列各项中，不应作为长期股权投资取得时初始成本入账的有（ ）。

A. 为发行权益性证券支付给有关证券承销机构的手续费、佣金等

B. 投资时支付的不含应收股利的价款

C. 投资时支付款项中所含的已宣告而尚未领取的现金股利

D. 为取得投资而支付的相关税金和手续费

13. 甲公司 20×4 年发生如下交易或事项：（1）20×4 年 1 月 2 日，甲公司从 M 公司手中购入 A 公司股票 500 万股，占其表决权资本的 5%，对 A 公司无控制、

共同控制和重大影响且在公允市场存在报价；支付款项 4 000 万元。(2) 20 ×4 年 6 月 20 日，甲公司从上海证券交易所购入 B 公司股票 8 000 万股，占其表决权资本的 40%，能够对乙公司的生产经营决策产生重大影响；支付款项 16 000 万元，准备长期持有，当日被投资方可辨认净资产公允价值为 42 000 万元。不考虑其他因素，则下列说法正确的有 (　　)。

A. 甲公司应将取得的 A 公司股票作为金融资产核算并按照公允价值进行后续计量

B. 甲公司取得的 A 公司股票的入账价值应为 4 000 万元

C. 甲公司应将取得的 B 公司股票作为长期股权投资并采用权益法核算

D. 甲公司取得的 B 公司股票的入账价值应为 16 000 万元

14. 采用权益法核算时，能引起长期股权投资账面价值发生增减变动的事项有 (　　)。

A. 被投资单位实现净利润

B. 收到现金股利

C. 被投资企业持有的可供出售金融资产公允价值发生变动

D. 被投资企业宣告分派现金股利

15. 下列各项中，投资方不应确认投资收益的事项有 (　　)。

A. 采用权益法核算长期股权投资，被投资方实现的净利润

B. 采用权益法核算长期股权投资，被投资方因可供出售金融资产公允价值上升而增加的其他综合收益

C. 采用权益法核算长期股权投资，被投资方宣告分派的现金股利

D. 采用成本法核算长期股权投资，被投资方宣告分派的现金股利

16. 下列关于长期股权投资的说法，不正确的有 (　　)。

A. 企业持有的能够对被投资单位实施控制的长期股权投资采用权益法核算

B. 成本法下，当被投资企业发生盈亏时，投资企业应确认投资收益

C. 成本法下，当被投资企业宣告分配现金股利时，投资企业应将分得的现金股利确认为投资收益

D. 权益法下，期末投资方确认的投资收益等于被投资方实现的账面净利润乘以持股比例

17. 下列经济业务或事项中应通过"投资收益"科目核算的内容有 (　　)。

A. 企业确认的交易性金融资产的公允价值变动

B. 企业的持有至到期投资在持有期间取得的投资收益和处置损益

C. 长期股权投资采用成本法核算的，被投资单位宣告发放的现金股利或利润

D. 长期股权投资采用权益法核算的，资产负债表日根据被投资单位实现的净利润或经调整的净利润计算应享有的份额

18. 下列有关长期股权投资初始计量的表述中，正确的有（　　）。

A. 除为发行债券、权益性证券作为合并对价发生的相关税费外，同一控制下企业合并发生的直接相关费用计入管理费用

B. 同一控制下，企业以发行权益性证券作为合并对价的，为发行权益性证券发生的费用，应从发行溢价中扣除，溢价不足扣减的，应当冲减盈余公积和未分配利润

C. 投资者投入的长期股权投资，一律按照投资合同或协议约定的价值作为初始投资成本

D. 非同一控制下的控股合并中，购买方应当按照确定的企业合并成本作为长期股权投资的初始投资成本

19. 企业按成本法核算时，下列事项中不会引起长期股权投资账面价值变动的有（　　）。

A. 被投资单位以盈余公积转增资本

B. 被投资单位宣告分派现金股利

C. 期末计提长期股权投资减值准备

D. 被投资方实际发放股票股利

20. 在同一控制下的企业合并中，合并方取得的净资产账面价值与支付的合并对价账面价值（或发行股份面值总额）的差额，可能调整（　　）。

A. 盈余公积　　　　　　　　B. 资本公积

C. 营业外收入　　　　　　　D. 未分配利润

21. 长期股权投资采用成本法核算时，下列各项会引起长期股权投资账面价值变动的有（　　）。

A. 追加投资　　　　　　　　B. 减少投资

C. 被投资企业实现净利润　　D. 被投资企业宣告发放现金股利

22. 2016年1月2日，甲公司以银行存款取得乙公司30%的股权，初始投资成本为2 000万元，当日乙公司可辨认净资产公允价值为7 000万元，与其账面

价值相同。甲公司取得投资后即派人参与乙公司的生产经营决策，但未能对乙公司实施控制，2016 年乙公司实现净利润 500 万元，不考虑其他因素，甲公司 2016 年下列与该项投资相关的会计处理正确的有（　　　）。

A. 确认商誉 100 万元

B. 确认营业外收入 100 万元

C. 确认投资收益 150 万元

D. 确认其他综合收益 100 万元

23. 下列各项中，在相关资产处置时应转入当期损益的有（　　　）。

A. 权益法核算的长期股权投资确认的资本公积（其他资本公积）

B. 权益法核算的长期股权投资因享有联营企业可转入损益的其他综合收益变动计入其他综合收益的部分

C. 同一控制下企业合并取得长期股权投资的初始投资成本与支付对价账面价值差额计入资本公积部分

D. 自用房地产转入为公允价值计量的投资性房地产时计入其他综合收益的部分

24. 下列各项涉及交易费用会计处理的表述中，正确的有（　　　）。

A. 同一控制下企业合并发生的直接相关费用计入当期损益

B. 定向增发普通股股票支付的券商手续费、佣金等计入当期损益

C. 非同一控制下企业合并发生的直接相关费用计入当期损益

D. 企业合并以外方式取得长期股权投资发生的直接相关费用计入当期损益

25. 甲公司 2016 年 1 月 2 日取得乙公司 30% 的股权，并与其他投资方共同控制乙公司，甲公司、乙公司 2016 年发生的下列交易或事项中，会对甲公司 2016 年个别财务报表中确认对乙公司的投资收益产生影响的有（　　　）。

A. 乙公司可供出售金融资产公允价值发生变动

B. 乙公司股东大会通过发放股票股利的议案

C. 乙公司盈利

D. 投资时甲公司投资成本小于应享有乙公司可辨认净资产公允价值份额

三、判断题（正确用"√"表示，错误用"×"表示）

1. 企业合并以外其他方式以支付现金取得的长期股权投资，发生的直接相关费用应计入长期股权投资成本。（　　　）

2. 购买方作为合并对价发行的权益性证券的发行费用，应计入管理费用。（　　　）

3. 企业以合并以外其他方式发行权益性证券取得的长期股权投资，应当按照被投资单位可辨认净资产公允价值的份额作为初始投资成本。（　　）

4. 非同一控制下的企业合并，合并成本包括购买付出的资产、发生或承担的负债、发行的权益性证券的公允价值及直接相关费用之和。（　　）

5. 投资企业确认应分担被投资单位发生的净亏损，应当以长期股权投资的账面价值及其他实质上构成对被投资单位投资的长期权益减记至零为限，投资企业负有承担额外损失义务的除外。（　　）

6. 采用权益法核算的长期股权投资，被投资单位其他综合收益发生变动的，投资方应当按照归属于本企业的部分，相应调整长期股权投资的账面价值，同时增加或减少其他综合收益。（　　）

7. 采用权益法核算的长期股权投资，被投资单位除净损益、其他综合收益以及利润分配以外的所有者权益的其他变动，投资方应当按照归属于本企业的部分，相应调整长期股权投资的账面价值，同时增加或减少其他权益工具。（　　）

8. 被投资单位分配股票股利的，投资方不作会计处理，但应于除权日备查登记所增加的股数，以反映股份的变化情况。（　　）

9. 长期股权投资采用权益法核算，其初始投资成本大于应享有被投资单位可辨认净资产公允价值份额的，差额应调整初始投资的成本。（　　）

10. 同一控制下的企业合并形成的长期股权投资，合并方以转让非现金资产作为合并对价的，应当以转让的非现金资产的公允价值作为长期股权投资的初始投资成本。（　　）

11. 企业合并所形成的长期股权投资中，投资方为进行企业合并发生的各项直接相关费用均不计入投资成本，而应计入发生当期损益。（　　）

12. A 公司购入 B 公 25% 的股份，买价 322 000 元，其中含有已宣告发放、但尚未领取的现金股利 8 000 元。那么 A 公司取得长期股权投资的成本为322 000元。（　　）

13. 对子公司的长期股权投资一定按成本法核算。（　　）

14. 子公司将未分配利润或盈余公积直接转增股本（实收资本），且未向投资方提供等值现金股利或利润的选择权时，母公司不应确认相关的投资收益。（　　）

15. 原持有的对被投资单位具有控制的长期股权投资，因部分处置等原因导致持股比例下降，不能再对被投资单位实施控制、共同控制或重大影响的，应改

按金融工具确认和计量准则进行会计处理,丧失控制权之日剩余股权的公允价值与账面价值之间的差额计入当期投资收益。(　　)

四、计算分析题

1. A公司20×4年发生如下交易:①20×4年2月20日,A公司取得甲公司30%的表决权资本,对甲公司具有重大影响;支付款项3 000万元,准备对其长期持有,当日被投资方可辨认净资产公允价值为11 000万元;②20×4年4月15日,A公司取得乙公司60%的表决权资本,对乙公司构成控制;支付款项9 000万元,另支付审计、评估费用80万元,准备对其长期持有;③20×4年6月1日,A公司购入丙公司1%的股票,实际支付价款700万元,另发生相关交易费用20万元。A公司取得股权后,对丙公司的财务和经营政策无控制、共同控制和重大影响。丙公司的股票处于限售期。A公司未将其划分为以公允价值计量且其变动计入当期损益的金融资产。年末公允价值为750万元。不考虑其他因素。

要求:

(1) 请分析①②③中哪些形成长期股权投资。

(2) 对形成长期股权投资的业务进行会计处理。

2. 甲公司20×4年1月1日以银行存款购买了乙公司10万股股票,占总股份的70%,每股买入价10.2元,其中包含已宣告但尚未发放的现金股利0.2元,另支付相关费用14 000元,20×4年3月1日收到乙公司宣告发放的股利。20×4年度乙公司盈利100万元。20×5年4月1日乙公司宣告发放20×4年的现金股利,每股1元,于20×5年6月30日实际发放。20×5年度实现净利润150万元。

要求:

(1) 计算甲公司购入长期股权投资的初始入账金额,并编制会计分录。

(2) 计算甲公司20×4年和20×5年应确认的投资收益金额,并编制相关会计分录。

3. 甲股份有限公司(以下简称甲公司)系一家上市公司,20×4年至20×5年对乙股份有限公司(以下简称乙公司)投资业务的有关资料如下。

(1) 甲公司于20×4年1月1日购入乙公司20%的股份,购买价款为1 300万元,支付手续费等相关费用200万元,并自取得投资之日起派一名董事参与乙公司的财务和生产经营决策。取得投资日,乙公司可辨认净资产公允价值为8 000万元(包含一项固定资产评估增值1 000万元,预计剩余使用年限为10年,采用直线法计提折旧，预计净残值为0）。

（2）乙公司于20×4年实现净利润2 000万元，可供出售金融资产公允价值上升200万元。甲公司与乙公司的会计年度及采用的会计政策相同。假定甲、乙公司间未发生任何内部交易。

（3）20×5年1月1日甲公司又以现金1 000万元为对价购入乙公司10%的股权，支付手续费等相关费用180万元，至此甲公司共计持有乙公司30%的股权，仍然能够对乙公司施加重大影响。取得投资当日乙公司可辨认净资产的公允价值为10 000万元。

假定不考虑所得税等其他因素。

要求：

（1）根据资料（1），编制20×4年1月1日取得乙公司20%股权的会计分录；

（2）根据资料（1）、资料（2），计算20×4年12月31日长期股权投资账面价值，并编制20×4年权益法后续计量的相关会计分录；

（3）根据资料（3），计算20×5年1月1日再次对乙公司投资后长期股权投资的账面价值，并编制相关的会计分录。

4. M股份有限公司（以下简称M公司）于20×6年至20×8年发生以下与股权投资有关的交易或事项。

（1）20×6年3月1日，M公司以一项固定资产和银行存款50万元为对价取得A公司10%的股份，对A公司不具有重大影响，M公司将其作为可供出售金融资产核算。付出该项固定资产的账面价值为100万元，公允价值为150万元，为取得可供出售金融资产另支付交易费用20万元，投资时应享有A公司已宣告但尚未发放的现金股利为10万元。20×6年5月1日，M公司收到上述现金股利。20×6年末，可供出售金融资产公允价值为300万元。

（2）20×7年4月1日，M公司继续以银行存款700万元为对价增持A公司20%的股权，至此共持有A公司30%的股权，能够对A公司施加重大影响，M公司将该项股权改按长期股权投资核算。增资当日A公司可辨认净资产公允价值（等于账面价值）为3 800万元。原股权投资在20×7年4月1日的公允价值为350万元。

（3）A公司20×7年4月1日至20×7年12月31日实现净利润500万元，实现其他综合收益200万元。

（4）20×8年1月1日，M公司出售A公司15%的股权，取得价款800万元，剩余股权不能够对 A 公司施加重大影响，M 公司将该项投资改按可供出售金融资产核算，处置股权当日剩余股权的公允价值为 800 万元，不考虑其他因素。

要求：

（1）根据资料（1）计算可供出售金融资产的初始入账金额，并计算 20×6 年末应确认的其他综合收益的金额；

（2）根据资料（1）和资料（2），计算增资后长期股权投资的初始投资成本，并编制增资日 M 公司的相关会计分录；

（3）根据资料（3），计算 20×7 年末长期股权投资的账面价值；

（4）根据资料（4），计算 20×8 年 1 月 1 日 M 公司应确认的损益的金额并编制相关会计分录。

5. 2015 年 1 月 1 日，A 公司以银行存款 500 万元取得 B 公司 80% 的股份。该项投资属于非同一控制下的企业合并。乙公司所有者权益的账面价值为 700 万元。2015 年 5 月 2 日，B 公司宣告分配 2014 年度现金股利 100 万元，2015 年度 B 公司实现利润 200 万元。2016 年 5 月 2 日，B 公司宣告分配现金股利 300 万元，2016 年度 B 公司实现利润 300 万元。2017 年 5 月 2 日，B 公司宣告分配现金股利 200 万元。

要求：做出 A 公司上述股权投资的会计处理。

6. 2015 年 1 月 1 日，甲上市公司以其库存商品对乙企业投资，投出商品的成本为 180 万元，公允价值和计税价格均为 200 万元，增值税率为 16%（不考虑其他税费）。甲上市公司对乙企业的投资占乙企业注册资本的 20%，甲上市公司采用权益法核算该项长期股权投资。2015 年 1 月 1 日，乙企业所有者权益总额为 1 000 万元（账面价值等于公允价值）。乙企业 2015 年实现净利润 600 万元。2016 年乙企业发生亏损 2 200 万元。假定甲企业账上有应收乙企业长期应收款 80 万元。2017 年乙企业实现净利润 1 000 万元。

要求：根据上述资料，编制甲上市公司对乙企业投资及确认投资收益的会计分录。

7. A 公司 2015 年 1 月 1 日以 950 万元（含支付的相关费用 10 万元）购入 B 公司股票 400 万股，每股面值 1 元，占 B 公司发行在外股份的 20%，A 公司采用权益法核算该项投资。

2015 年 12 月 31 日 B 公司股东权益的公允价值总额为 4 000 万元。

2015 年 B 公司实现净利润 600 万元，提取盈余公积 120 万元。

2016 年 B 公司实现净利润 800 万元,提取盈余公积 160 万元,宣告发放现金股利 100 万元,A 公司已经收到。

2016 年 B 公司由于可供出售金融资产公允价值变动增加其他综合收益 200 万元。

2016 年末该项股权投资的可收回金额为 1 200 万元。

2017 年 1 月 5 日 A 公司转让对 B 公司的全部投资,实得价款 1 300 万元。

要求:根据上述资料编制 A 公司上述有关投资业务的会计分录。

案例分析:

长期股权投资核算方法转换

(一)大富科技的基本情况

深圳市大富科技股份有限公司(以下简称大富科技)成立于 2001 年 6 月,并于 2010 年 10 月 26 日在深圳市证券交易所创业板挂牌上市(股票代码 300134)。公司是一家主要从事移动通信基站产品研发、生产和服务的高新技术企业,主要产品有移动通信基站射频器件、射频结构件等。大富科技是纵向一体化集成度较高的专业化射频器件供应商,与包括华为、爱立信等全球领先的通信主设备商拥有稳定的供应商合作关系。

(二)大富科技收购华阳微电子 52% 的股权

深圳市华阳微电子有限公司(以下简称华阳微电子)成立于 1996 年,是一家专业封装电子标签的高科技企业,公司的经营范围包括 IC 卡模块的生产、电子标签的生产、销售和设计,以及集成电路、智能卡的设计和销售等,其原股东为自然人滕玉杰(原持股比例为 90%)和滕玉东(原持股比例为 10%)。

2011 年,上市还未满一年的大富科技开始了并购华阳微电子的步伐。2011 年 8 月 25 日,大富科技发布收购公告,宣布以自有资金 1 000 万元收购华阳微电子 52% 的股权,收购完成后,公司向华阳微电子分阶段增资不超过 2 000 万元。具体而言,大华阳微电子 52% 的股份,滕玉杰持有 48% 的股份,而滕玉东不再持有华阳微电子的股份。通过此次收购,大富科技成为华阳微电子的控股股东,华阳微电子成为大富科技的子公司。收购公告显示,大富科技可以与华阳微电子实现资源整合,通过共同的核心业务领域、技术优势和产品市场,为大富科技迅速介入物联网行业奠定基础。同时，该项并购能迅速提高华阳微电子的市场份额和盈利能力，产生良好的经济效益。

2014年2月15日，大富科技发布股权转让公告宣布，为了华阳微电子未来更好地发展、最大化地实现公司价值，公司董事会审议通过《关于转让深圳市华阳微电子有限公司部分股权的议案》，大富科技决定出让控股权，将持有的华阳微电子2.5%的股权转让给股东滕玉杰，以华阳微电子2013年6月末为基准日的资产预估值54 100万元为基础计算的本次2.5%股份的转让价格为1 350万元。本次交易预计增加大富科技财务报表投资收益约2.27亿元。自此，华阳微电子由大富科技的控股子公司变为参股子公司。此次股份转让完成后，大富科技持有华阳微电子的股权比例由52%降至49.5%。大富科技披露，公司对于华阳微电子的投资，既帮助了华阳微电子的发展，也使公司获得丰厚的投资回报。本次股权转让的目的是为积极配合华阳微电子的股份制改造、增资扩股和资产证券化工作（包括但不限于IPO、新三板挂牌等），有利于华阳微电子抓住物联网发展的历史性机遇，提升市场竞争力，为全体股东创造最大价值。

（三）大富科技股份转让对财务报表的影响

大富科技转让华阳微电子2.5%股权后，华阳微电子由其控股子公司变为参股公司。大富科技转让华阳微电子部分股权的公告中披露，依据《企业会计准则解释第4号》及《公开发行证券的公司信息披露解释性公告第5号》的规定，本次交易预计增加大富科技财务报表投资收益约2.27亿元，计入2014年度非经常性损益。

大富科技2014年第一季度报告中显示，报告期内公司主营业务保持持续良好的发展态势，2014年第一季度主营业务净利润增速高于预期，公司实现归属于上市公司股东的净利润28 661.03万元，同比增长12 893.92%，其中，公司长期股权投资余额较期初增加约26 779.56万元，主要原因系出售华阳微电子部分股权，并对该公司剩余股权按照公允价值进行重新计量所致。2014年，大富科技的财务表现有巨幅增长。营业利润由2013年的3 622.86万元增长到2014年的56 313.11万元，增幅达1 454.38%；归属于上市公司普通股股东的净利润由2013年的5 531.40万元增长到2014年的53 550.26万元，增幅达868.11%。相较于2012年的公司净利润亏损而言，2014年的公司业绩堪称"大变脸"，根据公司财务报表附注披露的信息，利润的大幅增长与出售华阳微电子2.5%的股权投资所引起的财务报表投资收益的变化密切相关。

华阳微电子由大富科技的控股子公司变为参股公司为何使得大富科技的财务报表业绩出现如此巨幅的"变脸"？"卖子"真的能换来公司的生存吗？

　　资料来源：宋建波、文雯：《长期股权投资成本法转权益法的会计处理的探讨——基于大富科技的案例研究》，2015 – 03 – 26。

第十章 非货币性资产交换

知识目标和要求。掌握非货币性资产交换的认定、非货币性资产交换具有商业实质的条件、不涉及补价情况下的非货币性资产交换的核算以及涉及补价情况下的非货币性资产交换的核算。熟悉涉及多项资产的非货币性资产交换的核算。

本章重点。非货币性资产交换的认定、涉及补价情况下的非货币性资产交换的核算。

本章难点。涉及补价情况下的非货币性资产交换的核算。

一、单项选择题（单项选择题备选答案中，只有一个符合题意的正确答案。多选、错选、不选均不得分）

1. 确定一项资产是货币性资产还是非货币性资产的主要依据是（　　）。

A. 变现速度的快慢与否

B. 是否可以给企业带来经济利益

C. 是否具有流动性

D. 将为企业带来的经济利益是否是固定或可确定

2. 企业对具有商业实质，且换入资产或换出资产的公允价值能够可靠计量的非货币性资产交换，在换出材料的公允价值能够确定且不考虑增值税的情况下，下列会计处理中，正确的是（　　）。

A. 按材料的账面价值确认其他业务收入

B. 按材料的公允价值确认其他业务收入

C. 按材料的公允价值高于账面价值的差额确认营业外收入

D. 按材料的公允价值低于账面价值的差额确认资产减值损失

3. 下列非货币性资产交换中，不具有商业实质的是（　　）。

A. 甲公司以自身的存货换入乙公司一项固定资产，换入资产与换出资产未来现金流量的时间、风险均不同

B. 甲公司以一项投资性房地产换入乙公司一项长期股权投资，换入资产与

换出资产未来现金流量的时间、金额相同但风险不同

C. 甲公司以一项可供出售金融资产换入乙公司一批存货，换入资产与换出资产的预计未来现金流量现值不同，且其差额与换入换出资产的公允价值相比重大

D. 甲公司以一项无形资产换入乙公司一项无形资产，换入资产与换出资产的预计未来现金流量现值在时间、风险、金额均相同

4. 下列资产中，属于货币性资产的是（　　）。

A. 预付账款

B. 长期应收款

C. 可供出售金融资产

D. 交易性金融资产

5. 下列交易或事项中，属于非货币性资产交换的是（　　）。

A. 甲公司以公允价值为 100 万元的交易性金融资产换入一项公允价值为 75 万元的固定资产，并收取不含税补价 25 万元

B. 甲公司以公允价值为 4 000 万元的投资性房地产换入一项公允价值为 5 000 万元的土地使用权，同时支付补价 1 000 万元

C. 甲公司以公允价值为 1 000 万元的可供出售债券投资换入一项公允价值为 800 万元的持有至到期投资，同时收取补价 200 万元

D. 甲公司以公允价值为 300 万元的存货换入一批账面价值为 400 万元的原材料，同时支付不含税补价 100 万元

6. 下列交易中，属于非货币性资产交换的是（　　）。

A. 以 100 万元应收债权换取可供出售金融资产

B. 以持有至到期的公司债券换取一批存货

C. 以不含税公允价值为 100 万元，增值税销项税为 16 万元的一批存货换取一台设备并支付 20 万元补价

D. 以公允价值为 200 万元的房产换取一台运输设备并收取 50 万元补价

7. 甲公司以其持有的可供出售金融资产——A 股票，交换乙公司的原材料，换入后作为原材料核算。在交换日，甲公司的可供出售金融资产——A 股票（不考虑增值税）账面余额为 320 000 元（其中成本为 240 000 元，公允价值变动为 80 000 元），公允价值为 360 000 元。换入的原材料账面价值为 280 000 元，不含增值税的公允价值为 300 000 元，公允价值等于计税价格。增值税税额为 48 000

元，甲公司收到乙公司支付的银行存款 12 000 元。该交换具有商业实质。假定不考虑除增值税以外的其他相关税费。根据上述资料，甲公司换入原材料的入账价值为（　　）元。

  A. 360 000   B. 351 000   C. 300 000   D. 320 000

  8. A、B 公司均为增值税一般纳税人，适用的增值税税率 16%。A 公司本期以自产 M 产品交换 B 公司的固定资产设备 N，A 公司的 M 产品成本 200 万元，公允价值（不含增值税）为 250 万元，已计提存货跌价准备 30 万元。B 公司的固定资产设备 N 原价 230 万元，公允价值（不含增值税）为 230 万元，交换过程中 B 公司向 A 公司支付银行存款 19.8 万元。该交换具有商业实质，且假定不考虑其他税费。B 公司换入 M 产品的入账价值是（　　）万元。

  A. 230   B. 246.6   C. 233.4   D. 250

  9. 上例中，A 公司换出 M 产品的损益为（　　）万元。

  A. 50   B. 80   C. 0   D. 30

  10. 甲公司以一批原材料换入乙公司持有的一项可供出售金融资产。换出原材料的账面余额为 1 800 万元，已计提资产减值损失 800 万元，公允价值为 1 200 万元。交换日，可供出售金融资产公允价值为 1 500 万元，甲公司支付乙公司银行存款 102 万元，同时为换入可供出售金融资产支付相关税费 5 万元。该交换具有商业实质。原材料适用的增值税税率为 16%，可供出售金融资产不考虑增值税。甲公司换入可供出售金融资产的入账价值为（　　）万元。

  A. 1 505   B. 1 500   C. 1 138   D. 1 499

  11. 上例中，甲公司换出材料的损益为（　　）万元。

  A. −600   B. 400   C. 200   D. 310

  12. 甲公司与乙公司为两个互不关联的独立企业，经协商，甲公司用专利权与乙公司拥有的生产性设备进行交换。甲公司专利权的账面价值为 300 万元（未计提减值准备），公允价值和计税价格均为 420 万元，不考虑专利权的相关税费；乙公司生产用设备的账面原价为 600 万元，已计提折旧 170 万元，已提减值准备 30 万元，公允价值为 400 万元，乙公司在资产交换过程中发生设备搬运费 2 万元；乙公司另支付 20 万元给甲公司，甲公司收到换入的设备作为固定资产核算。假设该项交易具有商业实质，在此项交易中乙公司确认的损益金额是（　　）万元。

  A. −2   B. 0   C. −30   D. −32

  13. A 企业 20×6 年 10 月 10 日将一批库存商品换入一台设备，并收到对方支付的银行存款 15.85 万元。该批库存商品的账面价值为 120 万元，不含增值税的公允价值为 150 万元，适用的增值税率为 16%；换入设备的原账面价值为 160 万元，计税基础等于公允价值均为 135 万元。假定该交换具有商业实质，不考虑其他因素，A 企业因该项非货币性资产交换影响损益的金额为（　　）万元。

  A. 40   B. 50   C. 20   D. 30

14. 甲、乙公司均为增值税一般纳税人，适用增值税税率为 16%，20×6 年 5 月，甲公司用一项账面余额为 250 万元，累计摊销为 110 万元，公允价值为 200 万元的无形资产，与乙公司交换一台生产设备，该项生产设备账面原价为 200 万元，已使用 1 年，累计折旧为 60 万元，公允价值为 160 万元。甲公司发生设备运输费 5 万元（不考虑运输费抵扣增值税的问题），设备安装费 10 万元，收到乙公司支付的银行存款 12.8 万元。该项资产交换具有商业实质，则乙公司换出该设备的损益为（　　）万元。

  A. 20   B. 15   C. 5   D. 0

15. 下列关于非货币性资产交换的说法，不正确的是（　　）。

  A. 非货币性资产交换具有商业实质且公允价值能够可靠计量的，无论是否发生补价，只要换出资产的公允价值与其账面价值不相同，均应确认非货币性资产交换损益

  B. 非货币性资产交换中，不具有商业实质情况下，增值税会影响换入资产的入账价值

  C. 涉及多项非货币性资产交换的，若交换资产的公允价值不能可靠计量，应当按照换入各项资产的账面价值占换入资产账面价值总额的比例，对换入资产的成本总额进行分配，确定各项换入资产的成本

  D. 非货币性资产交换具有商业实质且公允价值能够可靠计量的，换出资产公允价值与其账面价值的差额计入营业外收支

16. 甲公司为增值税一般纳税人，于 20×6 年 12 月 5 日以一批商品换入乙公司的一项非专利技术，该交换具有商业实质。甲公司换出商品的账面价值为 80 万元，不含增值税的公允价值为 100 万元，增值税额为 16 万元；另收到乙公司补价 9 万元。甲公司换入非专利技术的原账面价值为 60 万元，公允价值无法可靠计量。假定不考虑其他因素，甲公司换入该非专利技术的入账价值为（　　）万元。

  A. 83.6   B. 100   C. 107   D. 80

17. 甲公司以一批库存商品交换乙公司一项设备，该商品的成本为 1 000 万元，已计提存货跌价准备 200 万元，增值税率为 16%，消费税率为 1%，该商品的计税价格为 1 500 万元；乙公司房产原价为 1 600 万元，累计折旧 600 万元，已提减值准备 30 万元，计税价格为 2 000 万元，经双方协议，甲公司向乙公司支付补价 45 万元，交易双方均维持换入资产的原使用状态，公允价值无法可靠取得。甲公司换入房产的入账价值为（　　）万元。

A. 1 500　　　　B. 2 000　　　　C. 1 000　　　　D. 1 085

18. 在确定涉及补价的交易是否为非货币性资产交换时，支付补价的企业，应当按照支付的补价占（　　）的比例低于 25% 确定。

A. 换出资产的公允价值

B. 换出资产公允价值加上支付的补价

C. 换入资产公允价值加补价

D. 换出资产公允价值减补价

19. 企业发生的具有商业实质且公允价值能够可靠计量的非货币性资产交换，在没有补价的情况下，如果同时换入多项资产，应当按照（　　）的比例，对换入资产的成本总额进行分配，以确定各项换入资产的入账价值。

A. 换入各项资产的公允价值占换入资产公允价值总额

B. 换出各项资产的公允价值占换出资产公允价值总额

C. 换入各项资产的账面价值占换入资产账面价值总额

D. 换出各项资产的账面价值占换出资产账面价值总额

20. 甲公司以一项专利权换入乙公司的一台设备。假设不具有商业实质。换出专利权的账面余额为 105 万元，已提减值准备为 5 万元，公允价值为 100 万元，换入设备的公允价值为 90 万元，甲公司收到补价 10 万元。不考虑增值税。则甲公司换入设备的入账价值为（　　）万元。

A. 100　　　　B. 90　　　　C. 110　　　　D. 95

21. 甲公司以公允价值为 250 万元的固定资产换入乙公司账面价值为 230 万元的长期股权投资，另从乙公司收取现金 30 万元。甲公司换出固定资产的账面原价为 300 万元，已计提折旧 20 万元，已计提减值准备 10 万元。假定不考虑相关税费，该交易不具有商业实质。则甲公司换入长期股权投资的成本为（　　）万元。

A. 220　　　　B. 240　　　　C. 250　　　　D. 245

22. 某企业将一批库存商品换入一台设备，并收到对方支付的补价 15 万元。该批库存商品的账面价值为 120 万元，公允价值为 150 万元，计税价格为 140 万元，适用的增值税率为 16%；换入设备的原账面价值为 160 万元，公允价值为 135 万元。该企业因该项非货币性资产交换影响损益的金额为（　　）万元。

　　A. 140　　　　　B. 150　　　　　C. 120　　　　　D. 30

23. 甲企业用一辆汽车换入两种原材料 A 和原材料 B，汽车的账面价值为 150 000 元，公允价值为 160 000 元，材料 A 的公允价值为 40 000 元，材料 B 的公允价值为 70 000 元，增值税税率为 16%，计税价格等于公允价值，甲企业收到补价51 100元。则原材料的入账价值总额为（　　）元。

　　A. 91 300　　　　B. 110 000　　　　C. 128 700　　　　D. 131 300

24. 下列资产中，不属于货币性资产的是（　　）。

　　A. 应收账款

　　B. 应收利息

　　C. 准备持有至到期的债券投资

　　D. 预付账款

25. 以下交易具有商业实质的是（　　）。

　　A. 以一批存货换入一项设备

　　B. 以一项固定资产换入一项固定资产

　　C. 以一项长期股权投资换入一项长期股权投资

　　D. 以一批商品换入一批商品

二、多项选择题（多项选择题备选答案中，有两个或两个以上符合题意的正确答案。多选、少选、错选、不选均不得分）

1. A 公司发生的下列交易或事项不属于非货币性资产交换的是（　　）。

　　A. 以一项公允价值为 300 万元作为交易性金融资产核算的股票投资换入 B 公司的一项公允价值为 400 万元的投资性房地产，A 公司另支付补价 100 万元

　　B. 以一项账面价值为 500 万元的长期股权投资换入 C 公司公允价值为 450 万元的无形资产，A 公司另支付补价 73 万元

　　C. 以一项账面余额为 246 万元的应收账款换入 D 公司一项公允价值为 200 万元的固定资产，并收到补价 10 万元

　　D. 以一项固定资产（不动产）换入 E 公司公允价值为 300 万元的长期股权投资，并收到补价 100 万元

2. 甲公司以库存商品交换乙公司的一项设备，库存商品的账面成本为 80 万元，不含税售价 100 万元，增值税税率 16%，已计提的存货跌价准备 10 万元。设备在乙公司的账面价值为 90 万元，公允价值为 100 万元，增值税税率 16%。假设此交易具有商业实质，不考虑其他因素，下列会计处理中正确的有（   ）。

A. 甲公司固定资产（设备）入账价值为 100 万元

B. 甲公司因该项交换影响损益的金额是 30 万元

C. 甲公司换出的库存商品公允价值与账面价值之差应计入营业外收入

D. 乙公司该项交换对损益的影响为 10 万元

3. 甲公司与乙公司均为增值税一般纳税人。甲公司将一项生产设备与乙公司的交易性金融资产进行交换，甲公司换出生产设备的账面原值为 500 万元，预计使用年限为 10 年，已使用 2 年，采用直线法计提折旧，净残值为零，未计提减值准备，计税价格为 400 万元，乙公司换入后仍按照固定资产核算。乙公司换出的交易性金融资产的账面价值为 400 万元，其中成本 350 万元，公允价值变动 50 万元，公允价值为 500 万元，甲公司另向乙公司支付银行存款 40 万元。甲公司为换入该项交易性金融资产发生直接费用 5 万元。假设该项交换不具有商业实质，不考虑交易性金融资产的增值税等其他因素。则下列说法中正确的有（   ）。

A. 甲公司应确认交易性金融资产的入账价值为 513 万元

B. 乙公司换入固定资产的入账价值为 292 万元

C. 乙公司确认的处置损益为 100 万元

D. 乙公司不确认处置损益

4. 在收到补价的具有商业实质并且公允价值能够可靠计量的非货币性资产交换业务中，如果换入单项固定资产，影响固定资产入账价值的因素可能有（   ）。

A. 收到的补价

B. 换入资产的公允价值

C. 换出资产的公允价值

D. 换入资产的增值税

5. 非货币性资产交换具有商业实质且公允价值能够可靠计量的，在发生补价的情况下，换出资产公允价值与其账面价值的差额，下列会计处理方法中正确的有（   ）。

A. 换出资产为存货的，应当视同销售处理，按其公允价值确认商品销售收入，同时结转商品销售成本

B. 换出资产为固定资产的，换出资产公允价值和账面价值的差额，计入资产处置损益

C. 换出资产为长期股权投资的，换出资产公允价值和账面价值的差额计入投资收益

D. 换出资产为投资性房地产的，换出资产公允价值与账面价值的差额，计入营业外收支

6. 下列交易或事项中，属于非货币性资产交换的有（　　）。

A. 以可供出售金融资产换取土地使用权

B. 以预付账款换取交易性金融资产

C. 以持有至到期投资换取具有控制权的长期股权投资

D. 以投资性房地产换取存货

7. 下列各项交易中，属于非货币性资产交换的有（　　）。

A. 以固定资产换入无形资产

B. 以持有至到期投资换入投资性房地产

C. 以银行汇票购买一批商品

D. 以无形资产换入原材料

8. 下列具有商业实质的交易中，属于非货币性资产交换的有（　　）。

A. 以账面价值为 560 万元，公允价值为 600 万元的厂房换取一套电子设备，另收取补价 140 万元

B. 以账面价值为 560 万元，公允价值为 600 万元的专利技术换取一套电子设备，另支付补价 160 万元

C. 以账面价值为 560 万元，公允价值为 600 万元的厂房换取一套电子设备，另收取补价 200 万元

D. 以账面价值为 560 万元，公允价值为 600 万元的厂房换取一套电子设备，另支付补价 120 万元

9. 具有商业实质且公允价值能够可靠计量情况下，计算补价占整个交易金额 25% 比例时，下列公式中正确的有（　　）。

A. 收到的补价÷换出资产公允价值 <25%

B. 收到的补价÷（收到的补价＋换出资产公允价值）<25%

C. 支付的补价÷（支付的补价 + 换出资产的公允价值）< 25%

D. 支付的补价÷换出资产公允价值 < 25%

10. 下列各项中，能够据以判断非货币性资产交换具有商业实质的有（　　）。

A. 换入资产与换出资产未来现金流量的风险、金额相同，时间显著不同

B. 换入资产与换出资产未来现金流量的时间、金额相同，风险显著不同

C. 换入资产与换出资产未来现金流量的风险、时间相同，金额显著不同

D. 换入资产与换出资产的预计未来现金流量的现值不同，且其差额与换入资产和换出资产的公允价值相比是重大的

11. 依据《企业会计准则第7号——非货币性资产交换》，下列项目中属于货币性资产的有（　　）。

A. 准备持有至到期的债券投资

B. 有公允价值的原材料

C. 短期股权投资

D. 带息应收票据

12. 下列项目中属于非货币性资产的有（　　）。

A. 存货

B. 长期股权投资

C. 固定资产

D. 持有至到期投资

13. 甲公司以其拥有的一辆作为固定资产核算的轿车换入乙公司一项非专利技术，并支付补价5万元，当日，甲公司该轿车原价为80万元，累计折旧为16万，公允价值为60万元，乙公司该项非专利技术的公允价值为65万元，该项交换具有商业实质，不考虑相关税费及其他因素，甲公司进行的下列会计处理中，正确的有（　　）。

A. 按5万元确定营业外支出

B. 按65万元确定换入非专利技术的成本

C. 按4万元确定处置非流动资产损失

D. 按1万元确定处置非流动资产利得

14. 非货币性资产交换以公允价值计量且涉及补价的，补价支付方在确定计入当期损益的金额时，应当考虑的因素有（　　）。

A. 支付的补价

B. 换入资产的成本

C. 换出资产的账面价值

D. 换入资产发生的相关税费

15. 不具有商业实质、不涉及补价的非货币性资产交换中，影响换入资产账面价值的因素有（　　　）。

A. 换出资产的账面余额

B. 换出资产的公允价值

C. 换入资产的公允价值

D. 换出资产已计提的减值准备

16. 甲公司以库存原材料交换乙公司的一项设备，原材料的账面成本为 90 万元，不含税售价 100 万元，增值税税率 16%，已计提的存货跌价准备 5 万元。设备在乙公司的账面价值为 75 万元，公允价值为 100 万元。假设此交易具有商业实质，不考虑其他因素，下列会计处理中正确的有（　　　）。

A. 甲公司固定资产（设备）入账价值为 100 万元

B. 甲公司因该项交换影响损益的金额是 10 万元

C. 乙公司换出的设备公允价值与账面价值之差应计入资产出资损益

D. 乙公司该项交换对乙公司当期损益的影响为 42 万元

17. 甲公司与乙公司均为增值税一般纳税人，适用的增值税税率均为 16%。甲公司将一项生产设备与乙公司的一批存货进行交换，甲公司换出生产设备的账面原值为 500 万元，预计使用年限为 10 年，已使用 2 年，采用直线法计提折旧，未计提减值准备，计税价格为 400 万元，乙公司换入后仍按照固定资产核算。乙公司换出的存货的账面成本为 400 万元，已计提减值准备 50 万元，计税价格为 400 万元，甲公司另向乙公司支付银行存款 40 万元。甲公司为换入该批存货发生的运杂费 5 万元，换入存货后作为原材料核算。假设该项交换不具有商业实质，不考虑其他因素。则下列说法中正确的有（　　　）。

A. 甲公司应确认存货的入账价值为 445 万元

B. 乙公司换入固定资产的入账价值为 310 万元

C. 乙公司确认的处置损益为 50 万元

D. 甲公司确认换出资产的处置损益为 40 万元

18. 甲公司将自产的一批存货换入乙公司的一项固定资产和一项无形资产。甲公司换出的存货的账面价值为 1 000 万元，公允价值为 1 200 万元。乙公司换出固定资产的账面原值为 800 万元，已计提折旧 200 万元，未计提减值准备，换出的无形资产的账面原值为 1 000 万元，已计提减值准备 100 万元，由于使用寿命不确定，未计提过摊销。乙公司换出的两项资产的公允价值均不能可靠计量，假设该项交换具有商业实质，增值税已通过银行存款支付，甲公司另向乙公司支付补价 200 万元，甲公司为换入固定资产支付运杂费 10 万元。则下列说法正确的有（　　）。

A. 甲公司换入固定资产的入账价值为 564 万元

B. 甲公司换入无形资产的入账价值为 840 万元

C. 甲公司换入固定资产的入账价值为 570 万元

D. 甲公司换入无形资产的入账价值为 846 万元

19. 企业进行具有商业实质且公允价值能够可靠计量的非货币性资产交换，同一事项同时影响双方换入资产入账价值的因素有（　　）。

A. 企业支付的补价或收到的补价

B. 企业为换出存货而交纳的增值税

C. 企业换出资产的账面价值

D. 企业换出资产计提的资产减值准备

20. 甲乙公司均系增值税一般纳税人，适用的增值税税率均为 16%，甲公司以一批产品换取乙公司闲置未用的设备。产品的成本为 350 万元，公允价值为 400 万元，设备的原价为 420 万元，已计提折旧 70 万元（不考虑与固定资产相关的增值税），无法取得其公允价值。乙公司需支付补价给甲公司 60 万元，另承担换入产品的运费 5 万元。假设该交换不具有商业实质，则下列表述中正确的有（　　）。

A. 乙公司应确认固定资产的处置损失 15 万元

B. 乙公司换入产品的入账价值为 351 万元

C. 甲公司应确认非货币性资产交换收益 10 万元

D. 甲公司换入设备的入账价值为 354 万元

三、判断题（正确用"√"表示，错误用"×"表示）

1. 持有至到期投资、应收账款和预付账款都属于货币性资产。（　　）

2. 非货币性资产交换是指交易双方以非货币性资产进行的交换，不涉及货币性资产。（　　）

3. 在非货币性资产交换中，如果换出资产的公允价值小于其账面价值，按

照谨慎性要求采用公允价值作为换入资产入账价值的基础。（ ）

4. 不具有商业实质或公允价值均不能够可靠计量的非货币性资产交换应当用账面价值进行确认。（ ）

5. 当换入资产和换出资产预计未来现金流量或其现值两者之间的差额较大时，表明非货币性资产交换具有商业实质。（ ）

6. 具有商业实质且其换入或换出资产的公允价值能够可靠地计量的非货币性资产交换，应当以公允价值和应支付的相关税费计算换入资产的成本，换出资产公允价值与账面价值的差额计入当期损益。（ ）

7. 非货币性资产交换一般不涉及或只涉及少量货币性资产，即涉及少量的补价。在涉及少量补价的情况下，以补价占整个资产交换金额的比例小于等于25%作为参考。（ ）

8. 在确定非货币性资产交换交易是否具有商业实质时，如果存在关联方关系，一般不影响商业实质的判断。（ ）

9. 支付的货币性资产占换入资产公允价值（或者占换出资产的公允价值与支付的货币性资产之和）的比例高于25%（含25%）的，视为以货币性资产取得非货币性资产。（ ）

10. 企业购入的股票投资作为交易性金融资产核算，该股票投资属于货币性资产。（ ）

11. 某企业以其不准备持有至到期的国库券换入一幢房屋以备出租，该项交易具有商业实质。（ ）

12. 在具有商业实质且公允价值能够可靠计量的非货币性资产交换中，收到补价的企业，按换出资产的账面价值减去可抵扣的增值税进项税额，加上应确认的收益，加上应支付的相关税费，减去补价后的余额，作为实际成本。（ ）

13. 在发生非货币性资产交换时，若涉及多项资产，在没有补价的情况下，应按换入各项资产的公允价值占换入资产公允价值总额的比例，对换入资产的成本总额进行分配，以确定各项换入资产的入账价值。（ ）

14. 企业购入的股票投资作为交易性金融资产核算，该股票投资属于货币型资产。（ ）

15. 关联方关系的存在可能导致发生的非货币性资产交换不具有商业实质。
（ ）

四、计算分析题

1. 甲、乙公司均为增值税一般纳税人，经协商甲公司用一项投资性房地产交换乙公司的库存商品。该项投资性房地产的账面余额 2 300 万元，计提投资性房地产减值准备 300 万元，公允价值为 2 440 万元；投资性房地产适用的增值税税率为 11%，库存商品的账面余额为 1 550 万元，已提存货跌价准备 50 万元，公允价值为 2 320 万元（含增值税），增值税税率 16%。乙公司向甲公司支付银行存款 388.4 万元。假定不考虑其他税费，该项交易具有商业实质。

要求：

（1）计算甲乙公司换入资产的入账价值。

（2）计算甲乙公司换出资产的损益。

（3）做出甲乙公司会计处理。

2. 甲、乙公司均为一般纳税人，增值税税率 16%。甲公司本期以自产 A 产品交换乙公司的 B 产品，甲公司的 A 产品成本 300 万元，公允价值和计税价格均为 270 万元，已计提存货跌价准备 30 万元。乙公司的 B 产品成本 230 万元，公允价值和计税价格均为 280 万元，消费税税率 5%，交换过程中甲公司向乙公司支付补价 9.9 万元。该交换不具有商业实质，且假定不考虑其他税费。

要求：

（1）计算甲乙公司换入资产的入账价值。

（2）做出甲乙公司会计处理。

3. 甲公司经协商以其拥有的一项生产设备与乙公司持有的交易性金融资产进行交换，假定该项交换具有商业实质且其换入或换出资产的公允价值能够可靠地计量。

交换资料如下：

（1）甲换出：固定资产成本 600 万元；已提折旧 120 万元；公允价值 650 万元。

（2）乙换出：交易性金融资产账面价值 500 万元（其中成本 300 万元，公允价值变动 200 万元）；公允价值 600 万元。

（3）甲公司收到银行存款 154 万元。甲公司适用的增值税税率为 16%，不考虑交易性金融资产的增值税。

要求：

（1）做出甲公司相关会计处理；

（2）做出乙公司相关会计处理。

4. 红旗股份有限公司（以下简称红旗公司），20×4年度发生如下经济业务：

（1）红旗公司以其持有的可供出售金融资产——A股票，交换大明公司的原材料，在交换日，红旗公司的可供出售金融资产——A股票的账面余额为320 000元（其中成本为240 000元，公允价值变动为80 000元），公允价值为360 000元。换入的原材料账面价值为280 000元，不含增值税的公允价值为300 000元，公允价值等于计税价格，增值税为48 000元。红旗公司收到大明公司支付的银行存款12 000元。该交换具有商业实质。

（2）红旗公司拥有一个离生产基地较远的仓库与乙公司拥有的专用设备进行交换，资料如下：红旗公司换出：仓库原值350万元，已提折旧235万元，账面价值115万元，无公允价值。乙公司换出：专用设备原值205万元，已提折旧100万元，账面价值105万元，无公允价值，支付清理费用0.5万元。交换前后的用途一致。双方商定以账面价值为基础，红旗公司应收到补价10万元（不考虑增值税）。

（3）红旗公司以一幢办公楼换入向南公司的专利权，办公楼的原价为600 000元，已提折旧220 000元，已提减值准备40 000元，公允价值为400 000元。专利权的账面原价为500 000元，累计摊销为150 000万元，公允价值为380 000元。红旗公司收到向南公司支付的现金20 000元作为补价。该交换具有商业实质。假定不考虑增值税等其他因素。

要求：根据上述各经济业务编制红旗公司有关会计分录。每项经济业务独立。

5. 甲公司为增值税一般纳税人，经协商用一项长期股权投资交换乙公司的库存商品。该项长期股权投资的账面余额2 300万元，计提长期股权投资减值准备300万元，公允价值为2 100万元；库存商品的账面余额为1 550万元，已提存货跌价准备50万元，公允价值和计税价格均为2 000万元，增值税率16%。乙公司向甲公司支付补价120万元。假定不考虑其他税费，该项交易具有商业实质。

要求：分别甲、乙公司计算换入资产的入账价值并进行账务处理。（金额单位用万元表示）

6. 甲公司以其生产经营用的设备与乙公司作为固定资产的货运汽车交换。资料如下：

（1）甲公司换出：固定资产——设备：原价为 1 800 万元，已提折旧为 300 万元，公允价值为 1 650 万元，以银行存款支付了设备清理费用 15 万元。

（2）乙公司换出：固定资产——货运汽车：原价为 2 100 万元，已提折旧为 550 万元，公允价值为 1 680 万元。乙公司收到甲公司支付的补价 30 万元。

假设甲公司换入的货运汽车作为固定资产管理，该项交易不具有商业实质。甲公司未对换出设备计提减值准备。不考虑增值税。

要求：分别编制甲公司、乙公司的账务处理。

7. 大华公司决定以库存商品和交易性金融资产——B 股票与 A 公司交换其持有的长期股权投资和生产经营用固定资产——设备一台。大华公司库存商品账面余额为 150 万元，公允价值（计税价格）为 200 万元；B 股票的账面余额为 260 万元（其中：成本为 210 万元，公允价值变动为 50 万元），公允价值为 300 万元。A 公司的长期股权投资的账面余额为 300 万元，公允价值为 336 万元；固定资产——设备的账面原值为 240 万元，已计提折旧 100 万元，公允价值 144 万元，另外 A 公司向大华公司支付银行存款 28.96 万元。大华公司和 A 公司换入的资产均不改变其用途。

假设两公司都没有为资产计提减值准备，整个交易过程中没有发生除增值税以外的其他相关税费，大华公司和 A 公司的增值税税率均为 16%。非货币性资产交换具有商业实质且公允价值能够可靠计量。

要求：

（1）计算大华公司换入各项资产的成本；

（2）编制大华公司有关会计分录；

（3）计算 A 公司换入各项资产的成本；

（4）编制 A 公司有关会计分录。

案例分析：

厦门厦工：通过非货币性资产交换实现
战略合作与投资转型的目标

根据厦门厦工机械股份有限公司子公司厦工（三明）重型机器有限公司（以下简称厦工三重公司）与泉州市泉永机械发展有限公司（以下简称泉永机械

公司)签订的《合资经营合同书》,厦工三重公司与泉永机械公司共同出资于2014 年 7 月设立厦工(三明)传动技术有限公司,注册资本为人民币 4 460 万元。其中,厦工三重公司以土地作价出资 1 676.44 万元,货币出资人民币107.56 万元,占 40% 股权;泉永机械公司以货币出资人民币 2 676 万元,占60% 股权。厦工三重公司土地账面价值与评估价值的差额 1 227.57 万元,计入营业外收入中非货币性资产交换利得,共计 1 227.58 万元。那么何为非货币性资产交换?交换取得的资产如何确认和计量?交换中产生的损益如何确认?

资料来源:厦门厦工机械股份有限公司 2014 年年度报告。

第十一章　资产减值

知识目标和要求。学习本章，要求学生掌握认定资产可能发生减值的迹象、资产可收回金额的计量、资产减值损失的确定原则以及资产组的认定方法及其减值的处理。了解商誉减值的会计处理。

本章重点。资产可收回金额的计量以及资产组的认定方法及其减值的处理。

本章难点。资产可收回金额的计量以及资产组的认定方法及其减值的处理。

一、单项选择题（单项选择题备选答案中，只有一个符合题意的正确答案。多选、错选、不选均不得分）

1. 资产减值是指资产的（　　）低于其账面价值的情况。

A. 可变现净值　　　　　　　　　B. 可收回金额

C. 预计未来现金流量现值　　　　D. 公允价值

2. 下列项目中，不属于确定资产公允价值减去处置费用后的净额的处置费用的是（　　）。

A. 与资产处置有关的法律费用

B. 与资产处置有关的相关税费

C. 与资产处置有关的搬运费

D. 与资产处置有关的财务费用

3. 对资产进行减值测试时，下列关于折现率的说法中不正确的是（　　）。

A. 用来估计折现率的基础应该为税前利率

B. 用来估计折现率的基础应该为税后利率

C. 折现率为企业在购置或者投资资产时所要求的必要报酬率

D. 企业通常应当采用单一的折现率对资产未来现金流量折现

4. 下列关于资产组减值的说法中正确的是（　　）。

A. 资产组的账面价值确定基础应该与其可收回金额的确定方式相一致

B. 资产组可收回金额应该以预计未来现金流量现值确定

C. 资产组的账面价值应该包含已确认的负债的账面价值

D. 资产组的账面价值不需要考虑分摊至该资产组的总部资产价值

5. 甲制造企业有 A 车间、B 车间、C 车间和 D 销售门市部，A 车间专门生产零件，B 车间专门生产部件，该零部件不存在活跃市场，A 车间、B 车间生产完成后由 C 车间负责组装产品，再由独立核算的 D 门市部负责销售。D 门市部除销售该产品外，还负责销售其他产品。则甲企业正确的资产组划分为（   ）。

A. A 车间、B 车间、C 车间和 D 门市部认定为一个资产组

B. A 车间、B 车间认定为一个资产组，C 车间和 D 门市部认定为一个资产组

C. A 车间、B 车间认定为一个资产组，C 车间认定为一个资产组，D 门市部认定为一个资产组

D. A 车间、B 车间、C 车间认定为一个资产组，D 门市部认定为一个资产组

6. 下列关于资产减值的顺序说法中正确的是（   ）。

A. 资产组或资产组组合发生减值的，应首先抵减分摊至该资产组或资产组组合商誉的价值

B. 资产组或资产组组合发生减值的，应当首先计算分摊至该资产组中总部资产的减值

C. 资产组或资产组组合发生减值的，扣除商誉减值后，应当计算各单项资产的减值

D. 资产组或资产组组合发生减值的，各单项资产计提减值后账面价值不得低于零

7. 企业资产发生下列现象中不属于资产减值迹象的是（   ）。

A. 企业内部报告的证据表明资产的经济绩效已经低于或将低于预期

B. 资产的经营或维护中所需的现金支出远远高于最初的预算

C. 市场利率在当期提高，导致资产可收回金额大幅度降低

D. 企业因需要某项原材料，用某固定资产与对方进行资产置换

8. 下列各项资产中，无论是否存在减值迹象，每年年末均应进行资产减值测试的是（   ）。

A. 长期股权投资

B. 固定资产

C. 采用成本模式计量的投资性房地产

D. 企业合并形成的商誉

9. 下列选项中，资产减值可以转回的资产是（　　）。

　A. 商誉　　　　　　　　　　　　B. 固定资产

　C. 长期股权投资　　　　　　　　D. 持有至到期投资

10. 企业在计量资产可收回金额时，下列各项中，不属于资产预计未来现金流量的是（　　）。

　A. 为维持资产正常运转发生的现金流出

　B. 资产持续使用过程中产生的现金流入

　C. 未来年度为改良资产发生的现金流出

　D. 未来年度因实施已承诺重组减少的现金流出

11. 某固定资产 20×6 年末公允价值为 1 000 万元，预计处置费用为 100 万元，预计未来现金流量现值为 850 万元，当日，该固定资产的可收回金额为（　　）万元。

　A. 850　　　　　B. 900　　　　　C. 950　　　　　D. 1 000

12. 20×6 年末甲公司一项固定资产账面价值为 3 200 万元，已经计提累计折旧 100 万元，减值准备 40 万元。经测算：预计未来现金流量的现值为 3 000 万元；该资产的公允价值减去处置费用后的净额有以下三种情况：①与其他方签订销售协议的话，可收到 3 500 万元的价款；②在活跃市场中的报价是 3 100 万元；③在资产负债表日处置该资产，可与熟悉情况的交易方达成的协议价为 3 050 万元。不考虑其他情况，下列说法不正确的是（　　）。

　A. 公允价值减去处置费用后的净额应首选第一种情况下的金额

　B. 公允价值减去处置费用后的净额如果不存在第一种情况，应该优先选择第二种情况下的金额

　C. 公允价值减去处置费用后的净额如果三种情况都不存在，则应该以其预计未来现金流量的现值作为其可收回金额

　D. 公允价值减去处置费用后的净额如果采用第二种情况，则甲公司当年对此资产应计提减值准备 10 万元

13. 某公司采用期望现金流量法估计未来现金流量，2×16 年 A 设备在不同的经营情况下产生的现金流量分别为：该公司经营好的可能性是 40%，产生的现金流量为 100 万元；经营一般的可能性是 40%，产生的现金流量是 80 万元，经营差的可能性是 10%，产生的现金流量是 50 万元，则该公司 A 设备 2×16 年预计的现金流量是（　　）万元。

A. 100　　　　B. 80　　　　C. 77　　　　D. 50

14. 20×6 年末，甲公司某项固定资产计提减值准备前的账面价值为 1 000 万元，公允价值为 980 万元，预计处置费用为 80 万元，预计未来现金流量现值为 1 050 万元，20×6 年末，甲公司应该对该项固定资产计提的减值准备为（　　）万元。

A. 0　　　　B. 20　　　　C. 50　　　　D. 100

15. 计提资产减值准备时，借记的科目是（　　）。

A. 营业外支出　　　　　　　　B. 管理费用

C. 投资收益　　　　　　　　　D. 资产减值损失

16. 当有迹象表明企业已经计提了减值准备的固定资产减值因素消失时，其计提的减值准备应该（　　）。

A. 按照账面价值超过可收回金额的差额全部予以转回

B. 按照账面价值超过可收回金额的差额补提资产减值准备

C. 不进行账务处理

D. 按照账面价值超过可收回金额的差额在原来计提的减值准备范围内予以转回

17. 甲公司于 20×7 年 3 月用银行存款 6 000 万元购入不需安装的生产用固定资产。该固定资产预计使用寿命为 20 年，预计净残值为零，按直线法计提折旧。20×7 年 12 月 31 日，该固定资产公允价值为 5 544 万元，20×8 年 12 月 31 日该固定资产公允价值为 5 475 万元，假设该公司其他固定资产无减值迹象，则 20×9 年 1 月 1 日甲公司固定资产减值准备账面余额为（　　）万元。

A. 0　　　　B. 219　　　　C. 231　　　　D. 156

18. 认定为资产组最关键的因素是（　　）。

A. 该企业的各项资产是否可以独立产生现金流入

B. 该资产组是否可以独立产生现金流入和现金流出

C. 该资产组的各个组成资产是否都可以独立产生现金流入

D. 该资产组能否独立产生现金流入

19. 甲公司拥有 B 公司 30% 的股份，以权益法核算，20×7 年期初该长期股权投资账面余额为 100 万元，20×7 年 B 公司盈利 60 万元，其他相关资料如下：根据测算，该长期股权投资市场公允价值为 120 万元，处置费用为 20 万元，预计未来现金流量现值为 110 万元，则 20×7 年末该公司应提减值准备（　　）万元。

A. 0 B. 2 C. 8 D. 18

20. 20×6年1月1日，A公司以银行存款666万元购入一项无形资产，其预计使用年限为6年，采用直线法按月摊销，20×6年和20×7年末，A公司预计该无形资产的可收回金额分别为500万元和420万元，假定该公司于每年年末对无形资产计提减值准备，计提减值准备后，原预计的使用年限保持不变，不考虑其他因素，20×8年6月30日该无形资产的账面余额和账面价值分别为（　　）万元。

A. 666 405 B. 666 350 C. 405 350 D. 405 388.5

21. 在判断下列资产是否存在可能发生减值的迹象时，不能单独进行减值测试的是（　　）。

A. 长期股权投资　　　　　　B. 专利技术

C. 商誉　　　　　　　　　　D. 金融资产

22. 20×7年12月31日甲企业对其拥有的一台机器设备进行减值测试时发现，该资产如果立即出售了，则可以获得920万元的价款，发生的处置费用预计为20万元；如果继续使用，那么在该资产使用寿命终结时的现金流量现值为888万元。该资产目前的账面价值是910万元，甲企业在20×7年12月31日应该计提的固定资产减值准备为（　　）万元。

A. 10 B. 20 C. 12 D. 2

23. 甲公司2017年末减值测试前各项资产的账面价值如下：存货500万元（已计提减值50万元）；固定资产300万元（已计提减值80万元）；无形资产380万元（已计提减值50万元），可供出售债务投资130万元（已计提减值20万元）。上述资产的期末资料如下：存货可变现净值为600万元，固定资产、无形资产的可收回金额分别为250万元、300万元，可供出售债务投资公允价值为180万元。不考虑其他因素，则甲公司本年因期末确认或转回减值对损益的影响为（　　）万元。

A. -60 B. 20 C. 100 D. 40

二、多项选择题（多项选择题备选答案中，有两个或两个以上符合题意的正确答案。多选、少选、错选均不得分）

1. 可收回金额是按照下列（　　）两者较高者确定的。

A. 资产的账面价值减去处置费用后的净额

B. 资产的公允价值减去处置费用后的净额

C. 未来现金流量

D. 未来现金流量现值

2. 以下可以作为资产的公允价值减去处置费用后的净额的是（　　　）。

A. 根据公平交易中资产的销售协议价格减去可直接归属于该资产处置费用后的净额

B. 资产的市场价格减去处置费用后的净额

C. 如果不存在资产销售协议和资产活跃市场的，根据在资产负债表日处置资产，熟悉情况的交易双方自愿进行公平交易愿意提供的交易价格减去处置费用后的净额

D. 该资产的预计未来现金流量现值减去资产负债表日处置资产的处置费用后的净额

3. 企业在确定资产预计未来现金流量的现值应当考虑的因素包括（　　　）。

A. 以资产的当前状况为基础

B. 预计资产未来现金流量不应当包括筹资活动和所得税收付产生的现金流量

C. 对通货膨胀因素的考虑应当和折现率相一致

D. 内部转移价格应当予以调整

4. 企业对于资产组的减值损失，应先抵减摊至资产中商誉的账面价值，再根据资产组中除商誉之外的其他各项资产的账面价值所占比重，按比例抵减其他各项资产的账面价值，但抵减后的各资产的账面价值不得低于以下（　　　）中的最高者。

A. 该资产的公允价值

B. 该资产的公允价值减去处置费用后的净额

C. 该资产预计未来现金流量的现值

D. 零

5. 预计资产未来现金流量应当包括的内容有（　　　）。

A. 资产持续使用过程中预计产生的现金流入

B. 为使资产达到预计可使用状态所发生的现金流出

C. 资产使用寿命结束时，处置资产所收到或者支付的净现金流量

D. 为实现资产持续使用过程中产生的现金流入所必需的预计现金流出

6. 下列关于资产减值的说法中，不正确的有（　　　）。

A. 固定资产在减值迹象消失时应当转回相应的减值准备

B. 资产的可收回金额以公允价值减去处置费用后的净额与预计未来现金流量现值两者之间的较高者确定

C. 成本模式计量的投资性房地产的可收回金额高于其账面价值的，应当确认相应的减值损失

D. 在估计资产可收回金额时，只能以单项资产为基础加以确定

7. 下列各项中，应适用资产减值准则，根据账面价值和可收回金额确定减值的有（　　）。

A. 交易性金融资产

B. 可供出售金融资产

C. 成本模式计量的投资性房地产

D. 商誉

8. 依据企业会计准则的规定，下列情况中，可据以判断固定资产可能发生减值迹象的有（　　）。

A. 固定资产在经营中所需的现金支出远远高于最初的预算

B. 固定资产已经或者将被闲置、终止使用或者计划提前处置

C. 固定资产的市价在当期大幅度下跌，其跌幅明显高于因时间的推移或者正常使用而预计的下跌

D. 市场利率或者其他市场投资报酬率在当期已经下降，从而导致固定资产可收回金额大幅度降低

9. 依据《企业会计准则第 8 号——资产减值》的规定，下列说法中正确的有（　　）。

A. 可收回金额的计量结果表明，资产的可收回金额低于其账面价值的，应当将资产的账面价值减记至可收回金额，减记的金额确认为资产减值损失，计入当期损益，同时计提相应的资产减值准备

B. 资产减值损失确认后，减值资产的折旧或者摊销费用应当在未来期间作相应调整，以使该资产在剩余使用寿命内，系统地分摊调整后的资产账面价值（扣除预计净残值）

C. 资产减值损失一经确认，在以后会计期间不得转回

D. 确认的资产减值损失，在以后会计期间可以转回

10. 企业确认的下列各项资产减值损失中，以后期间不得转回的有（　　）。

A. 存货跌价损失　　　　　　　　B. 无形资产减值损失

C. 商誉减值损失　　　　　　　　　D. 持有至到期投资减值损失

11. 下列项目中，与计提资产减值有关的有（　　）。

A. 资产的公允价值　　　　　　　　B. 资产的账面价值

C. 资产处置费用　　　　　　　　　D. 资产未来现金流量

12. 下列关于资产减值测试时认定资产组的表述中，正确的有（　　）。

A. 资产组是企业可以认定的最小资产组合

B. 认定资产组应当考虑对资产的持续使用或处置的决策方式

C. 认定资产组应当考虑管理层管理生产经营活动的方式

D. 资产组产生的主要现金流入应当独立于其他资产或资产组产生的现金流入

13. 下列关于外币未来现金流量及其现值的确定说法中正确的有（　　）。

A. 应当以该资产所产生的未来现金流量的结算货币为基础预计其未来现金流量

B. 应当以该资产所产生的未来现金流量的结算货币折算为记账本位币为基础预计其未来现金流量

C. 折算时的即期汇率应当用计算资产预计未来现金流量现值当日的即期汇率

D. 折算时的即期汇率可以采用与预计的未来现金流量相对应的未来期间资产负债表日的汇率

14. 在认定资产组产生的现金流入是否基本上独立于其他资产组时，下列正确的处理方法有（　　）。

A. 如果管理层按照生产线来监控企业，可将生产线作为资产组

B. 如果管理层按照业务种类来监控企业，可将各业务种类中所使用的资产作为资产组

C. 如果管理层按照地区来监控企业，可将地区中所使用的资产作为资产组

D. 如果管理层按照区域来监控企业，可将区域中所使用的资产作为资产组

15. 下列关于资产组认定的说法正确的有（　　）。

A. 资产组的认定应当以资产组产生的主要现金流出是否独立于其他资产或者资产组的现金流出为依据

B. 企业几项资产的组合生产的产品（或者其他产出）存在活跃市场的，无论这些产品或者其他产出是用于对外销售还是仅供企业内部使用均表明其相关资

产的组合能产生现金流入

C. 企业的某项资产只要可以独立产生现金流入就可以认定为资产组

D. 资产组应当是企业可以认定的最小的资产组合

16. 下列说法中正确的有（　　　）。

A. 资产组的账面价值通常不应当包括已确认负债的账面价值，但如不考虑该负债金额就无法确定资产组可收回金额的除外

B. 资产产生的现金流量是外币的，应当以该资产所产生的未来现金流量的结算货币为基础预计其未来现金流量，并按照该货币适用的折现率计算资产的现值

C. 资产组组合，是指由若干个资产组组成的任何资产组组合

D. 企业难以对单项资产的可收回金额进行估计的，应当以该资产所属的资产组为基础确定资产组的可收回金额

17. 下列资产的减值准备可以转回的有（　　　）。

A. 存货　　　　　　　　　　B. 固定资产

C. 可供出售股权投资　　　　D. 商誉

18. 企业在计提了固定资产减值准备后，下列会计处理正确的有（　　　）。

A. 固定资产预计使用寿命变更的，应当改变固定资产折旧年限

B. 固定资产所含经济利益预期实现方式变更的，应改变固定资产折旧方法

C. 固定资产预计净残值变更的，应当改变固定资产的折旧方法

D. 以后期间如果该固定资产的减值因素消失，那么可以按照不超过原来计提减值准备的金额予以转回

19. 下列各项中，至少应于每年年末进行减值测试的有（　　　）。

A. 固定资产

B. 尚未达到预定用途的无形资产

C. 使用寿命不确定的无形资产

D. 商誉

20. 下列各项中，属于减值测试时预计其未来现金流量应考虑的因素有（　　　）。

A. 尚未作出承诺的重组事项有关的预计未来现金流量

B. 筹资活动产生的现金流入或者流出

C. 用该资产生产产品产生的现金流入

D. 已做出承诺的重组事项有关的预计未来现金流量

三、判断题（正确用"√"表示，错误用"×"表示）

1. 固定资产在计提了减值准备后，未来计提固定资产折旧时，仍然按照原来的固定资产原值为基础计提每期的折旧，不用考虑所计提的固定资产减值准备金额。（　）

2. 如果某些机器设备是相互关联、相互依存的，其使用和处置是一体化决策的，那么这些机器设备很可能应当认定为一个资产组。（　）

3. 资产组一经确定后，在各个会计期间应当保持一致，不得随意变更。（　）

4. 因企业合并所形成的商誉和使用寿命不确定的无形资产，无论是否存在减值迹象，每年都应当进行减值测试。（　）

5. 根据谨慎性原则，可收回金额应当根据资产的公允价值减去处置费用后的净额与资产预计未来现金流量的现值两者之间较低者确定。（　）

6. 预计资产的未来现金流量，应当以资产的当前状况为基础，还应当包括与将来可能会发生的、尚未作出承诺的重组事项或者与资产改良有关的预计未来现金流量。（　）

7. 资产的公允价值减去处置费用后的净额与资产预计未来现金流量的现值，只要有一项超过了资产的账面价值，就表明资产没有发生减值，不需再估计另一项金额。（　）

8. 有迹象表明一项资产可能发生减值的，企业应当以单项资产为基础估计其可收回金额，企业难以对单项资产的可收回金额进行估计的，应当以该资产所属的资产组为基础确定资产组的可收回金额。（　）

9. 企业当期确认的减值损失应当反映于利润表中，而计提的资产减值准备应在资产负债表中反映，作为相关资产的备抵项目。（　）

10. 处置费用包括直接归属于资产处置的增量成本，如与处置有关的法律费用、运输费用、销售费用和财务费用。（　）

11. 采用公允价值计量的投资性房地产，其减值准备一经计提，在持有期间不得转回。（　）

12. 预计资产的未来现金流量，应当以经企业管理层批准的最近财务预算或者预测数据，以及该预算或者预测期之后年份稳定的或者递减的增长率为基础。（　）

13. 无论折现率是否考虑因一般通货膨胀而导致物价上涨因素的影响，资产

预计未来现金流量一定考虑物价上涨因素的影响。（　　）

14. 资产减值准则中所涉及的资产是指企业所有的资产。（　　）

15. 如果用于估计折现率的基础是税后的，不用将其再调整为税前的。（　　）

16. 在预计资产未来现金流量时，涉及内部转移价格的应当予以调整。（　　）

17. 《企业会计准则第 8 号——资产减值》准则中的资产，除了特别规定外，只包括单项资产，不包括资产组。（　　）

四、计算分析题

1. 甲公司有由 A 设备、B 设备、C 设备组成的一条生产线，专门用于生产产品 S。20×6 年末市场上出现了产品 S 的替代产品，产品 S 市价下跌，销量下降，出现减值迹象。20×6 年 12 月 31 日，甲公司将 A、B、C 设备组成资产组进行减值测试。有关资产组资料如下：

（1）该资产组的账面价值为 1 000 万元，其中 A 设备、B 设备、C 设备的账面价值分别为 500 万元、300 万元、200 万元。

（2）资产组的未来现金流量现值为 800 万元，资产组的公允价值为 708 万元，如将其处置，预计将发生相关费用 8 万元。

（3）设备 A 的公允价值为 418 万元，如将其处置，预计将发生相关费用 8 万元，无法独立确定其未来现金流量现值；设备 B 和设备 C 的公允价值减去处置费用后的净额以及预计未来现金流量的现值均无法确定。

要求：计算资产组的减值损失金额及 A、B、C 三项设备分别分摊的减值损失金额。

2. 甲股份有限公司 2010～2016 年与无形资产业务有关的资料如下：

（1）2010 年 12 月 1 日，以银行存款 600 万元购入一项无形资产（不考虑相关税费），该无形资产的预计使用年限为 10 年。

（2）2014 年 12 月 31 日，预计该无形资产的预计未来现金流量现值为 248.5 万元，公允价值减去处置费用后的净额为 240 万元。该无形资产发生减值后，原预计使用年限不变。

（3）2015 年 12 月 31 日，预计该无形资产的预计未来现金流量现值为 220 万元，公允价值减去处置费用后的净额为 210 万元。调整该无形资产减值准备后，原预计使用年限不变。

（4）2016 年 5 月 1 日。将该无形资产对外出售，取得价款 200 万元并收存银行。

要求：

（1）编制购入该无形资产的会计分录。

（2）计算 2014 年 12 月 31 日该无形资产的账面价值。

（3）编制 2014 年 12 月 31 日该无形资产计提减值准备的会计分录。

（4）计算 2015 年 12 月 31 日该无形资产的账面价值。

（5）计算 2016 年 4 月 30 日该无形资产的账面价值。

（6）计算该无形资产出售形成的净损益。

（7）编制该无形资产出售的会计分录。（金额单位用万元表示）

3. 某企业于 2014 年 9 月 5 日对一生产线进行改扩建，改扩建前该固定资产的原价为 2 000 万元，已提折旧 400 万元，已提减值准备 200 万元。在改扩建过程中领用工程物资 300 万元，领用生产用原材料 100 万元，原材料的进项税额为 16 万元。发生改扩建人员工资 150 万元，用银行存款支付其他费用 33 万元。该固定资产于 2014 年 12 月 20 日达到预定可使用状态。该企业对改扩建后的固定资产采用年限平均法计提折旧，预计尚可使用年限为 10 年，预计净残值为 100 万元。2015 年 12 月 31 日该固定资产的公允价值减去处置费用后的净额为 1 602 万元，预计未来现金流量现值为 1 693 万元。2016 年 12 月 31 日该固定资产的公允价值减去处置费用后的净额为 1 580 万元，预计未来现金流量现值为 1 600 万元。

假定固定资产计提减值准备不影响固定资产的预计使用年限和预计净残值。

要求（金额单位用万元表示）：

（1）计算改扩建后固定资产的入账价值，并编制上述与固定资产改扩建有关业务的会计分录。

（2）计算改扩建后的固定资产 2015 年计提的折旧额并编制固定资产计提折旧的会计分录。

（3）计算该固定资产 2015 年 12 月 31 日应计提的减值准备并编制相关会计分录。

（4）计算该固定资产 2016 年计提的折旧额并编制固定资产计提折旧的会计分录。

（5）计算该固定资产 2016 年 12 月 31 日应计提的减值准备。

4. A公司于2014年末对一项作为固定资产的生产设备进行减值测试。该设备账面价值为1 000万元，预计尚可使用年限为4年。该资产的公允价值减去处置费用后的净额700万元，假定公司的增量借款利率为5%，公司认为5%是该资产的最低必要报酬率，已考虑了与该资产有关的货币时间价值和特定风险。因此在计算其未来现金流量现值时，使用5%作为其折现率（税前）。其他资料如下：

	1 年	2 年	3 年	4 年
预计未来4年产生的现金流量（万元）	300	200	250	300
5%的复利现值系数	0.9524	0.907	0.8638	0.8227

计提减值准备后折旧方法为直线法，不考虑残值。

要求：计算该资产2014年末应计提的减值准备。

5. 某物流公司2017年末对一架运输飞机进行减值测试。该运输飞机原值为50 000万元，累计折旧30 000万元，2017年末账面价值为20 000万元，预计尚可使用5年。假定该运输飞机存在活跃市场，其公允价值14 000万元，直接归属于该运输飞机的处置费用为1 500万元。该公司考虑了与该运输飞机资产有关的货币时间价值和特定风险因素后，确定6%为折现率。公司根据有关部门提供的该运输飞机历史营运记录、运输机性能状况和未来每年运量发展趋势，预计未来每年净现金流量为：

单位：万元

项目	2018 年	2019 年	2020 年	2021 年	2022 年
营业收入	5 000	4 500	4 200	4 000	3 000
上年应收账款将于本年收回	0	100	50	60	40
本年应收账款将于下年收回	100	50	60	40	0
以现金支付燃料费用	650	550	460	420	300
以现金支付职工薪酬	200	160	170	180	120
以现金支付机场安全费用、日常维护费用等	300	150	310	360	200
估计处置时的收入	0	0	0	0	265

复利现值系数：（P/S，6%，1）=0.9434；（P/S，6%，2）=0.8900；（P/S，6%，3）=0.8396；（P/S，6%，4）=0.7921；（P/S，6%，5）=0.7473。

要求：做出 2017 年末运输飞机资产减值的相关会计处理。（计算结果保留两位小数）

6. A 公司拥有的甲设备原值为 3 000 万元，已计提的折旧为 800 万元，已计提的减值准备为 200 万元，该公司在 2016 年 12 月 31 日对甲设备进行减值测试时发现，该类设备存在明显的减值迹象，即如果该公司出售甲设备，买方愿意以 1 800 万元的销售净价收购；如果继续使用，尚可使用年限为 5 年，未来 4 年现金流量净值以及第 5 年使用和期满处置的现金流量净值分别为 600 万元、550 万元、400 万元、320 万元、180 万元。采用折现率 5%。

要求：确定该资产是否发生减值？如果发生减值了，计算其减值准备并做出相关的账务处理。（计算结果保留两位小数）

7. 甲公司某一生产线由 A、B、C 三台机器构成，这三台机器均无法产生独立的现金流，但组成生产线后可以产生现金流，即 A、B、C 构成资产组。A、B、C 三台机器的成本分别为 40 万元、60 万元和 100 万元，预计使用年限均为 10 年，预计残值为 0，采用直线法计提折旧。2016 年由于其所生产产品在市场上出现了替代产品上市，影响了企业的竞争力，导致企业销售锐减 40%，因此，对该生产线于年末进行减值测试。2016 年年末确定的 A 机器的公允价值减去处置费用后的净额为 15 万元，B、C 机器的公允价值减去处置费用后的净额无法合理估计，2016 年底整条生产线预计尚可使用年限为 5 年，假定估计该资产组未来 5 年预计现金流量现值之和为 60 万元。

要求：确定该资产组的减值损失并将资产减值损失分摊至各个资产，做出相关的账务处理。

案例分析：

商誉减值测试中存在的问题探讨

2017 年，A 股共有 478 家上市公司计提了商誉减值准备，减值的总额高达 359 亿元，而在 2016 年，计提商誉减值的上市公司是 346 家、合计减值金额仅为 101 亿元，2017 年减值额是 2016 年的 3 倍多。传媒、计算机、通信等行业是商誉减值的重灾区，从金额上来说，传媒、电子、采掘三个行业的减值总额最高，分别为 69 亿元、68 亿元及 41 亿元，合计占到了总减值金额的 49.4%。2017 年年报统计数据显示，2017 年及以前并购形成的商誉总额是 1.3 万亿元，这么庞大金额的"鸭梨"有待在以后年度化解。

那商誉怎么出现的呢？举个简单的例子，B 上市公司收购 A 企业，A 企业可辨认净资产公允价值为 1 亿元，但 B 公司花了 10 亿元收购 A 企业，那么在 B 公司合并报表资产科目就需要确认 9 亿元（10 - 1）的商誉。同时会计准则规定，商誉不能按照期间计提摊销，但必须在每个会计期末对其是否减值进行测试。在这种情形下，B 上市公司收购标的 A 企业由于溢价形成的 9 亿元商誉，简单而言，除非 A 企业经营持续向好，只要净利润出现下滑迹象，都要计提商誉减值，并计入利润表，直接影响 A 上市公司的利润指标。也就是说，大概率事件 B 上市公司确认的 9 亿元商誉迟早是要做减值处理的，无非就是什么计提减值？是一次计提减值还是分次计提？

商誉是指能在未来期间为企业经营带来超额收益的潜在经济资源。按照会计准则的相关规定，商誉是企业整体价值的组成部分，是在企业业务合并时，购买企业投资成本超过被合并企业可辨认净资产公允价值的差额。现行会计准则规定，商誉不进行摊销，但需要在每个会计年度报告日对商誉进行减值测试，因此按照会计准则的要求，规范进行商誉减值测试，对于会计信息披露质量提高具有十分重大的影响。

资料来源：慧沣管理咨询，《商誉的减值测试》，2017 - 05 - 09。

案例思考：请结合案例分析商誉减值测试中存在的问题。

第十二章　负债

知识目标和要求。掌握一般纳税企业应交增值税的核算、职工薪酬、长期借款应付债券以及长期应付款的核算。熟悉应付股利的核算。了解应交消费税和应交营业税的核算以及解小规模纳税企业增值税的核算。

本章重点。在本章的学习中对流转税的基本理论和会计核算，职工薪酬，长期借款，应付债券和长期应付款的会计处理应重点掌握。

本章难点。应交税费、应付债券、长期借款的会计处理。

一、单项选择题（单项选择题备选答案中，只有一个符合题意的正确答案。多选、错选、不选均不得分）

1. 企业每期期末计提的长期借款利息（一次还本付息），对其中应当予以资本化的部分，下列会计处理正确的是（　　）。

A. 借记"财务费用"科目，贷记"长期借款"科目

B. 借记"财务费用"科目，贷记"应付利息"科目

C. 借记"在建工程"科目，贷记"长期借款"科目

D. 借记"在建工程"科目，贷记"应付利息"科目

2. 小规模纳税人购入原材料取得的增值税专用发票上注明：货款 40 000 元。增值税 6 400 元，在购入材料的过程中另支付运杂费 1 200 元。则该企业原材料的入账价值为（　　）元。

A. 47 600　　　　B. 41 200　　　　C. 41 08　　　　D. 46 400

3. A 企业 2×16 年 1 月 1 日发行的 2 年期公司债券，实际收到款项 193 069 元，债券面值 200 000 元，每年付息一次，到期还本，票面利率 10%，实际利率 12%。采用实际利率法摊销溢折价，计算 2×17 年 12 月 31 日应付债券的摊余成本是（　　）元。（计算结果保留到整数）

A. 193 069　　　　B. 196 237　　　　C. 196 332　　　　D. 200 000

4. 甲公司于 2×16 年 1 月 1 日发行四年期一次还本付息的公司债券，债券面

值 1 000 000 元，票面年利率 5%，发行价格 965 250 元。甲公司对利息调整采用实际利率法，经计算该债券的实际利率为 6%。该债券 2×16 年 12 月 31 日应确认的利息费用为（　　）元。

 A. 57 915   B. 61 389.9   C. 50 000   D. 1 389.9

5. 下列各项中，通过应付股利科目核算的是（　　）。

 A. 宣告分配现金股利   B. 确认享有的现金股利份额

 C. 宣告分配股票股利   D. 确认享有的股票股利份额

6. 对于企业确实无法支付的应付账款，应转入（　　）科目。

 A. 其他业务收入   B. 资本公积

 C. 盈余公积   D. 营业外收入

7. 下列关于企业发行分离交易可转换公司债券（认股权符合有关权益工具定义）会计处理的表述中，不正确的是（　　）。

 A. 将负债成分确认为应付债券

 B. 将权益成分确认为其他权益工具

 C. 按债券面值计量负债成分初始确认金额

 D. 按公允价值计量负债成分初始确认金额

8. 企业为鼓励生产车间职工自愿接受裁减而给予的补偿，应该计入的科目是（　　）。

 A. 生产成本 B. 管理费用 C. 制造费用 D. 财务费用

9. 下列关于应付职工薪酬的表述中，不正确的是（　　）。

 A. 企业以其生产的产品作为非货币性福利提供给职工的，应当按照该产品的公允价值和相关税费，确认应计入成本费用的职工薪酬金额

 B. 实质性辞退工作在一年内完成，但部分付款推迟到一年后支付的，对辞退福利不需要折现

 C. 将企业拥有的房屋等资产无偿提供给职工使用的，应当根据受益对象，将该住房每期应计提的折旧计入相关资产成本或费用，同时确认应付职工薪酬

 D. 租赁住房等资产供职工无偿使用的，应当根据受益对象，将每期应付的租金计入相关资产成本或当期损益，并确认应付职工薪酬

10. 下列职工薪酬中，不应当根据职工提供服务的受益对象计入成本费用的是（　　）。

 A. 因解除与职工的劳动关系给予的补偿

B. 构成工资总额的各组成部分

C. 工会经费和职工教育经费

D. 医疗保险费、养老保险费、失业保险费、工伤保险费和生育保险费等社会保险费

11. 甲公司 20×6 年末决定将自产的一批产品作为职工福利发放给职工，该批产品的成本为 80 万元，市场售价为 100 万元，甲公司适用的增值税税率为 16%。至 20×6 年 12 月 31 日，该批职工福利已决定发放但尚未实际发放。假定不考虑其他因素，则甲公司上述业务对应付职工薪酬的影响金额为（　　）万元。

A. 0　　　　　　B. 80　　　　　C. 100　　　　D. 116

12. 下列关于短期薪酬的账务处理，说法正确的是（　　）。

A. 企业发生的职工工资、津贴和补贴应该根据受益对象计入当期损益或相关资产成本

B. 企业为职工发生的医疗保险费、工伤保险费、生育保险费等社会保险费和住房公积金等应该在实际发生时直接计入当期损益

C. 企业以自产产品向职工提供非货币性福利的，应当按照该产品的账面价值计量

D. 企业以外购的商品向职工提供非货币性福利的，应当按照其购买价款确认职工薪酬的金额

13. A 公司为激励管理人员和销售人员，于 20×6 年初制订并实施了一项利润分享计划。该计划规定，如果公司全年的净利润达到 5 000 万元以上，公司管理人员将可以分享超过 5 000 万元净利润部分的 15% 作为额外报酬，公司销售人员将可以分享超过 5 000 万元净利润部分的 5% 作为额外报酬。至 20×6 年末，A 公司实现净利润 8 000 万元。不考虑其他因素，则关于 A 公司的会计处理，下列说法中正确的是（　　）。

A. A 公司应借记"管理费用" 450 万元，借记"销售费用" 150 万元，贷记"应付职工薪酬" 600 万元

B. A 公司应借记"管理费用" 600 万元，贷记"应付职工薪酬" 600 万元

C. A 公司应借记"销售费用" 600 万元，贷记"应付职工薪酬" 600 万元

D. A 公司应借记"管理费用" 1 200 万元，借记"销售费用" 400 万元，贷记"应付职工薪酬" 1 600 万元

14. 下列属于离职后福利的是（　　）。

A. 累积带薪缺勤   B. 退休后养老保险

C. 医疗保险费   D. 辞退福利

15. 下列属于其他长期职工福利的是（   ）。

A. 企业根据经营业绩或职工贡献等情况提取的奖金

B. 设定提存计划

C. 长期带薪缺勤

D. 设定受益计划

16. 企业按照规定向住房公积金管理机构缴存的住房公积金应该贷记的科目是（   ）。

A. 其他应付款   B. 管理费用

C. 应付职工薪酬   D. 其他应交款

17. 某股份有限公司于 20×6 年 1 月 1 日发行 3 年期，于次年起每年 1 月 1 日付息、到期一次还本的公司债券，债券面值为 200 万元，票面年利率为 5%，实际年利率为 6%，发行价格为 194.65 万元，公司 20×6 年度确认的利息费用为（   ）万元。

A. 10   B. 11.7   C. 12   D. 9.7

18. 甲公司 20×6 年 1 月 1 日发行三年期可转换公司债券，实际发行价格为 200 000 万元，其中负债成本的公允价值为 180 000 万元，发行时另支付发行费用 600 万元。甲公司发行债券时应确认的"其他权益工具"科目的金额为（   ）万元。

A. 19 940   B. 20 000   C. 179 940   D. 179 460

19. 企业对应付的商业承兑汇票，如果到期不能足额付款，在会计处理上应将其转作（   ）。

A. 应付账款   B. 其他应付款   C. 预付账款   D. 短期借款

20. 企业对应付的银行承兑汇票，如果到期不能足额付款，在会计处理上应将其转作（   ）。

A. 应付账款   B. 其他应付款   C. 预付账款   D. 短期借款

21. 委托加工的应税消费品收回后用于连续生产应税消费品的，由受托方代扣代缴的消费税，委托方应借记的会计科目是（   ）。

A. 在途物资   B. 委托加工物资

C. 应交税费——应交消费税   D. 营业税金及附加

22. 委托加工的应税消费品收回后准备直接出售的，由受托方代扣代缴的消费税，委托方应借记的会计科目是（　　）。

A. 在途物资

B. 委托加工物资

C. 应交税费——应交消费税

D. 营业税金及附加

23. 企业交纳的下列税款，不需要通过"应交税费"科目核算的是（　　）。

A. 增值税　　　　　　　　B. 印花税

C. 土地增值税　　　　　　D. 资源税

24. 下列各项中不应计入"营业税金及附加"的是（　　）。

A. 消费税　　　　　　　　B. 资源税

C. 城市维护建设税　　　　D. 增值税的销项税额

25. 下列各项税金中，不影响企业损益的有（　　）。

A. 消费税

B. 资源税

C. 一般纳税企业的增值税销项税额

D. 所得税

26. 企业发行债券实际收到的款项与面值的差额，应计入的会计科目的是（　　）。

A. 应付债券——利息调整

B. 财务费用

C. 在建工程

D. 制造费用

27. 企业以溢价方式发行债券时，每期实际负担的利息费用是（　　）。

A. 按实际利率计算的利息费用

B. 按票面利率计算的应计利息减去应摊销的溢价

C. 按实际利率计算的应计利息加上应摊销的溢价

D. 按票面利率计算的应计利息加上应摊销的溢价

28. 就发行债券的企业而言，所获债券溢价收入实质是（　　）。

A. 为以后少付利息而付出的代价

B. 为以后多付利息而得到的补偿

C. 本期利息收入

D. 以后期间的利息收入

29. 下列税金中，与企业计算损益无关的是（　　）。

A. 消费税　　　　　　　　　　B. 一般纳税企业的增值税

C. 所得税　　　　　　　　　　D. 城市建设维护税

30. 甲企业为一般纳税企业，采用托收承付结算方式从其他企业购入原材料一批，货款为 100 000 元，增值税为 16 000 元，对方代垫的运杂费 2 000 元，该原材料已经验收入库。该购买业务所发生的应付账款入账价值为（　　）元。

A. 117 000　　　B. 100 000　　　C. 118 000　　　D. 102 000

二、多项选择题（多项选择题备选答案中，有两个或两个以上符合题意的正确答案。多选、少选、错选、不选均不得分）

1. 下列税金中，应计入存货成本的有（　　）。

A. 由受托方代收代缴的委托加工直接用于对外销售的商品负担的消费税

B. 由受托方代收代缴的委托加工继续用于生产应纳消费税的商品负担的消费税

C. 进口原材料缴纳的进口关税

D. 小规模纳税人购买原材料缴纳的增值税

2. 企业缴纳的下列税款中，应记入"管理费用"的有（　　）。

A. 房产税　　　B. 耕地占用税　　　C. 印花税　　　D. 车船税

3. 企业缴纳的下列各项税金中，可能计入有关资产成本项目的是（　　）。

A. 用于职工福利的产成品应缴纳的增值税

B. 委托加工应税消费品收回后用于连续生产应税消费品应支付的消费税

C. 外购用于生产固体盐的液体盐应缴纳的资源税

D. 购建厂房交纳的耕地占用税

4. 下列项目中，应通过"应交税费"科目核算的有（　　）。

A. 应缴的土地使用税　　　　　　B. 应缴的教育费附加

C. 应缴的矿产资源补偿费　　　　D. 耕地占用税

5. 下列有关可转换公司债券在资产负债表日的核算说法中，正确的有（　　）。

A. 负债成分的初始确认金额为负债成分的未来现金流量现值

B. 发行可转换公司债券发生的交易费用，应当在负债成分和权益成分之间

进行分摊

C. 对于分期付息的应付债券，应按摊余成本和实际利率计算利息费用，按票面利率计算应付利息，按其差额，借记或贷记"应付债券——利息调整"科目

D. 应按摊余成本和实际利率计算确定应付债券的利息费用

6. 下列有关应付票据的表述，说法正确的有（   ）。

A. 应付票据科目核算企业购买材料、商品和接受劳务供应等开出、承兑的商业汇票，包括银行承兑汇票和商业承兑汇票

B. 应付票据按照是否带息分为带息应付票据和不带息应付票据两种

C. 对于不能如期支付的商业承兑汇票，应在票据到期时，将"应付票据"账面价值转入"短期借款"

D. 对于企业不能如期支付的银行承兑汇票，承兑银行需向持票人付款，并将出票人尚未支付的汇票金额转作逾期贷款处理

7. 长期借款所发生的利息支出，可能计入的科目的有（   ）。

A. 营业外支出   B. 管理费用   C. 财务费用   D. 在建工程

8. 下列各项交易或事项，应通过"其他应付款"科目核算的有（   ）。

A. 客户存入的保证金   B. 应付股东的股利

C. 应付租入包装物的租金   D. 预收购货单位的货款

9. 应付债券进行明细核算应当设置的明细科目有（   ）。

A. 应付债券——面值   B. 应付债券——利息调整

C. 应付债券——应计利息   D. 应付债券——成本

10. 对分期付息、一次还本的债券发行者来说，采用实际利率法摊销债券溢折价时（不考虑相关交易费用），正确的说法是（   ）。

A. 随着各期债券溢价的摊销，债券的溢价摊销额应逐期减少

B. 随着各期债券溢价的摊销，债券的摊余成本和利息费用应逐期地减少

C. 随着各期债券折价的摊销，债券的摊余成本和利息费用应逐期地增加

D. 随着各期债券折价的摊销，债券的折价摊销额应逐期增加

11. 下列职工薪酬中，可以计入产品成本的有（   ）。

A. 住房公积金   B. 非货币性福利

C. 工会经费   D. 辞退福利

12. M公司管理层20×6年11月1日决定停止某车间的生产任务，制订了一项职工没有选择权的辞退计划，规定拟辞退生产工人150人、总部管理人员15

人，并于 20×7 年 1 月 1 日执行，辞退补偿为生产工人每人 2.5 万元、总部管理人员每人 45 万元。该计划已获董事会批准，并已通知相关职工本人。不考虑其他因素，20×6 年正确的会计处理方法有（　　）。

A. 借记"管理费用"科目 675 万元

B. 借记"生产成本"科目 375 万元

C. 借记"管理费用"科目 1 050 万元

D. 贷记"应付职工薪酬"科目 1 050 万元

13. 下列符合《企业会计准则第 9 号——职工薪酬》规范的职工的定义的有（　　）。

A. 与企业订立劳动合同的兼职人员

B. 与企业订立实习协议的实习生

C. 与企业订立劳动合同的临时职工

D. 企业正式任命的外部监事

14. 下列职工薪酬中，属于短期薪酬的有（　　）。

A. 辞退福利　　　　　　　　B. 短期利润分享计划

C. 短期带薪缺勤　　　　　　D. 设定受益计划

15. 下列关于一般公司债券发行的表述中，正确的有（　　）。

A. 债券面值与实际收到的款项之间的差额，应记入"应付债券——应计利息"科目

B. 溢价或折价是债券发行企业在债券存续期间内对利息费用的一种调整

C. 溢价是企业以后各期多付利息而事先得到的补偿

D. 折价是企业以后各期少付利息而预先给予投资者的补偿

16. 在核算应付利息时，涉及的科目有（　　）。

A. 在建工程　　　B. 制造费用　　　C. 管理费用　　　D. 财务费用

17. 长期借款所发生的利息支出、汇兑损失等借款费用，可能记入以下科目的有（　　）。

A. 开办费　　　　B. 在建工程　　　C. 财务费用　　　D. 管理费用

18. 下列业务中，企业通常视同销售处理的有（　　）。

A. 企业将委托加工的货物用于投资

B. 在建工程领用企业外购的库存商品

C. 企业将自产的产品用于集体福利

D. 在建工程领用企业外购的原材料

19. 下列税金中，不考虑特殊情况时，会涉及抵扣情形的有（　　）。

A. 一般纳税人购入货物用于生产所负担的增值税

B. 委托加工收回后用于连续生产应税消费品

C. 取得运费发票的相关运费所负担的增值税

D. 从小规模纳税人购入货物取得普通发票的增值税

20. 企业发行公司债券的方式有（　　）。

A. 折价发行　　　　　　　　　　B. 溢价发行

C. 面值发行　　　　　　　　　　D. 在我国不能折价发行

21. 下列各项中，应计入相关金融资产或金融负债初始入账价值的是（　　）。

A. 发行长期债券发生的手续费、佣金

B. 取得债券投资划分为交易性金融资产发生的交易费用

C. 取得债券投资划分为持有至到期投资发生的交易费用

D. 取得债券投资划分为可供出售金融资产发生的交易费用

三、判断题（正确用"√"表示，错误用"×"表示）

1. 企业委托加工应税消费品在收回后，应将由受托方代扣代缴的消费税款计入存货成本。（　　）

2. 短期借款利息在预计或实际支付时均应通过"短期借款"账户核算。（　　）

3. 在会计实务中，一般均按开出、承兑的应付票据的面值入账。（　　）

4. 企业以其自产产品作为非货币性福利发放给职工的，应当根据受益对象，按照该产品的账面价值，计入相关资产成本或当期损益，同时确认应付职工薪酬。（　　）

5. 债券的应付利息，是指发债公司按债券面值和票面利率计算的、按规定期限应向债权人支付的利息。（　　）

6. 由于各期应付债券的账面价值各不相同，据此计算出的利息费用不同，但溢、折价摊销额相同。（　　）

7. 采用实际利率法摊销应付债券溢价，利息费用随摊余成本的逐期减少而减少，而溢价摊销额则逐期增多。（　　）

8. 发行可转换公司债券发生的交易费用，应当在负债成分和权益成分之间

按照各自的相对公允价值进行分摊。（　　）

9. 实施职工内部退休计划的，企业拟支付的内退职工工资和缴纳的社会保险费等，应在职工内退后各期分期确认因支付内退职工工资和为其缴纳社会保险费等产生的义务。（　　）

10. 当可转换公司债券持有人行使转换权利，应冲减以前期间确认的"资本公积——其他资本公积"。（　　）

11. 企业发行的一般公司债券，应区别是面值发行，还是溢价或折价发行，分别记入"应付债券——一般公司债券（面值）、（溢价）或（折价）"科目。（　　）

12. 企业发行的可转换公司债券，应当在初始确认时将其包含的负债成分和权益成分进行分拆，将所包含的负债成分面值贷记资本公积——其他资本公积，按权益成分的公允价值，贷记应付债券——可转换公司债券（面值）。（　　）

13. 辞退福利，指企业在职工劳动合同到期之前解除与职工的劳动关系，或者为鼓励职工自愿接受裁减而给予职工的补偿。（　　）

14. 企业如果发生无法支付的应付账款时，应计入管理费用。（　　）

15. 企业在无形资产研究阶段发生的职工薪酬应当计入当期损益。（　　）

四、计算分析题

1. 20×6年7月，甲公司当月应发工资2 000万元，其中：生产部门生产工人工资1 000万元；生产部门管理人员工资200万元；管理部门管理人员工资400万元；销售部门人员工资400万元。根据甲公司所在地政府规定，甲公司应当按照职工工资总额的10%和8%计提并缴存医疗保险费和住房公积金。分别按照工资总额的2%和1.5%计提工会经费和职工教育经费。假定不考虑其他因素以及所得税影响。

要求：编制相关会计分录。

2. A企业2×11年1月1日发行的5年期公司债券，实际收到款项185 580元，债券面值200 000元，每半年付息一次，到期还本，票面利率10%，实际利率12%。采用实际利率法进行利息调整。每年1月1日和7月1日付息。

要求：

（1）做出A企业利息费用和利息调整摊销的表格；

（2）做出A企业发行债券，确认利息费用及到期偿还的会计处理。

3. 甲公司于2×10年1月1日发行四年期一次还本付息的公司债券，债券面值 1 000 000 元, 票面年利率 5%, 发行价格 965 250 元。甲公司对利息调整采用实际利率法, 经计算该债券的实际利率为 6%。

要求:

(1) 做出甲企业利息费用和利息调整摊销的表格;

(2) 做出甲企业发行债券、确认利息费用及到期偿还的会计处理。

4. 20×6 年 12 月, 甲公司决定将自产的一套实木沙发及其配套的大理石桌子用于奖励优秀职工, 每名优秀职工奖励一套家具。每套家具的成本为 3 000 元、不含税售价为 4 500 元, 至年底, 甲公司共评比出 50 名优秀员工, 其中, 销售人员 15 名, 生产人员 30 名, 管理人员 5 名。至年末已实际支付奖励。

要求: 说明甲公司的会计处理原则, 并编制相关的会计分录。

5. 20×4 年 1 月 1 日, 甲公司发行 2 年期的可转换公司债券, 每年 1 月 1 日付息、到期一次还本, 面值总额为 1 000 万元, 实际收款 1 100 万元, 票面利率为 4%, 假定实际利率为 5%。可转换公司债券中包含的负债成分的公允价值为 985 万元, 该债券在发行 1 年后可以转换为甲公司普通股股票。20×5 年 1 月 1 日, 持有人将甲公司发行的 50% 债券转换为 100 万股普通股 (每股面值 1 元), 并以现金支付不足转 1 股的部分。

要求: 做出甲公司可转换公司债券的发行、后续持有及转换的会计处理。

6. 中山股份有限公司为一般纳税企业, 适用的增值税税率为 16%。该企业发行债券及购建设备的有关资料如下:

(1) 2015 年 1 月 1 日, 经批准发行 3 年期面值为 5 000 000 元的公司债券。该债券每年末计提利息后予以支付、到期一次还本, 票面年利率为 3%, 发行价格为 4 861 265 万元, 发行债券筹集的资金已收到。利息调整采用实际利率法摊销, 经计算的实际利率为 4%。假定该债券于每年年末计提利息。

(2) 2015 年 1 月 10 日, 利用发行上述公司债券筹集的资金购置一台需要安装的设备, 增值税专用发票上注明的设备价款为 3 500 000 元, 增值税额为 560 000 元, 价款及增值税已由银行存款支付。购买该设备支付的运杂费为 105 000 元。

(3) 该设备安装期间领用生产用材料一批, 成本为 300 000 元, 该原材料的增值税额为 48 000 元; 应付安装人员工资 150 000 元; 用银行存款支付的其他直接费用 201 774.7 元。2015 年 6 月 30 日, 该设备安装完成并交付使用。该设备预计使用年限为 5 年, 预计净残值为 50 000 元, 采用双倍余额递减法计提折旧。

(4) 2017 年 4 月 30 日, 因调整经营方向, 将该设备出售, 收到价款

2 200 000元，并存入银行。另外，用银行存款支付清理费用 40 000 元。假定不考虑与该设备出售有关的税费。

（5）假定设备安装完成并交付使用前的债券利息符合资本化条件全额资本化且不考虑发行债券筹集资金存入银行产生的利息收入。

要求：

（1）编制发行债券时的会计分录；

（2）编制 2015 年 12 月 31 日、2016 年 12 月 31 日有关应付债券的会计分录；

（3）编制该固定资产安装以及交付使用的有关会计分录；

（4）计算固定资产计提折旧的总额；

（5）编制处置该固定资产的有关分录；

（6）编制债券到期的有关会计分录。

案例分析：

短期带薪缺勤的会计处理

天元有限公司对婚假实行非累积带薪缺勤制度。公司规定，每个职工在结婚登记之后有 7 天的带薪婚假，但是带薪婚假应该在结婚登记之后 6 个月内享受，超过 6 个月没有使用的，婚假的权利予以取消，并且职工也不能获得货币补偿。为了简化说明，只以该公司的人力资源主管刘某为例，刘某的月工资为 6 600 元，每月工作 22 天，每日工资 300 元。刘某于 2015 年 6 月 18 日登记结婚，本应享受 7 天的婚假，但由于工作繁忙，截至 2015 年 12 月 18 日，刘某都未能享受 7 天的婚假。为了简化账务处理，按照全年的薪酬来计算处理。

天元有限公司对年假实行累积带薪缺勤制度。公司规定，每个职工每年可以享受 10 天的带薪年假，对于职工当年未使用完的年休假可以延后至下一年，但超过一年仍未使用的年休假则作废，并且对于作废的年休假公司不给予货币补偿。职工每年休年假时，应当先从当年的年休假天数中扣除，不足部分再从上年未使用完的年休假中扣除。为了简化说明，只以该公司的人力资源主管刘某为例，刘某的月工资为 6 600 元，每月工作 22 天，每日工资 300 元。刘某 2014 年享受了 7 天的年休假，按照公司的规定，刘某 2014 年没有使用的 3 天年休假可以递延至 2015 年享受，如果 2015 年末仍未使用，则休假权利作废。为了简化账务处理，按全年工资计算处理，2014 年、2015 年的会计税前利润总额均为 20 万元，适用 25% 的企业所得税税率。

资料来源：卓越：《短期带薪缺勤会计处理案例详解》，2016 – 07 – 01。

案例思考：请思考上述两个案例的会计处理。

第十三章 债务重组

知识目标和要求。通过本章的学习，要求学生掌握债务人对债务重组的会计处理以及债权人对债务重组的会计处理。熟悉债务重组方式。

本章重点。债务人对债务重组以及债权人对债务重组的会计处理。

本章难点。债务人对债务重组以及债权人对债务重组的会计处理。

一、单项选择题（单项选择题备选答案中，只有一个符合题意的正确答案。多选、错选、不选均不得分）

1. 甲企业欠乙企业货款 500 万元，到期日为 20×7 年 3 月 8 日，因甲企业发生财务困难，4 月 20 日起双方开始商议债务重组事宜，5 月 8 日双方签订重组协议，乙企业同意甲企业以价值 450 万元的产成品抵债，甲企业分批将该批产品运往乙企业，第一批产品运抵日为 5 月 10 日，最后一批运抵日为 5 月 20 日，并于当日办妥有关债务解除手续。则甲企业应确定的债务重组日为（　　）。

A. 4 月 20 日　　　B. 5 月 8 日　　　C. 5 月 10 日　　　D. 5 月 20 日

2. 债务重组的方式不包括（　　）。

A. 债务人以低于债务账面价值的现金清偿债务

B. 修改其他债务条件

C. 借新债还旧债

D. 债务转为资本

3. 以现金清偿债务的，债务人应当将重组债务的账面价值与实际支付现金之间的差额计入（　　）。

A. 资本公积　　　　　　　　B. 营业外收入

C. 营业外支出　　　　　　　D. 管理费用

4. 甲公司应收乙公司货款 800 万元，经磋商，双方同意按 600 万元结清该笔货款。甲公司已经为该笔应收账款计提了 100 万元的坏账准备，在债务重组日，该事项对甲公司和乙公司的影响分别为（　　）。

A. 甲公司资本公积减少 200 万元，乙公司资本公积增加 200 万元

B. 甲公司营业外支出增加 100 万元，乙公司资本公积增加 200 万元

C. 甲公司营业外支出增加 200 万元，乙公司营业外收入增加 200 万元

D. 甲公司营业外支出增加 100 万元，乙公司营业外收入增加 200 万元

5. 债务人以一批自产产品偿还到期无法支付的债务时，应按照该产品的（　　）确认主营业务收入的金额。

A. 账面价值　　B. 历史成本　　C. 公允价值　　D. 账面余额

6. 以修改其他债务条件进行债务重组的，如果债务重组协议中附有或有应付金额的，该或有应付金额最终没有发生的，应（　　）。

A. 冲减营业外支出

B. 冲减已确认的预计负债，同时确认营业外收入

C. 冲减财务费用

D. 不作账务处理

7. 20×6 年 12 月 31 日，甲公司应付乙公司 200 万元的货款到期，因其发生财务困难无法支付货款。甲公司与乙公司签订债务重组协议，甲公司以其拥有的一项固定资产抵偿债务，该固定资产的账面原值为 300 万元，已计提折旧 180 万元，公允价值为 160 万元。乙公司为该项应收账款已计提 10 万元坏账准备。适用的增值税税率为 16%，甲公司债务重组利得为（　　）万元。

A. 40　　　　　B. 14.4　　　　　C. 2.8　　　　　D. 0

8. 甲公司有一笔应收乙公司的账款 150 000 元，由于乙公司发生财务困难，无法按时收回，双方协商进行债务重组。重组协议规定，乙公司以其持有的丙上市公司 10 000 股普通股抵偿该账款。甲公司对该应收账款已计提坏账准备 9 000 元。债务重组日，丙公司股票市价为每股 11.5 元，相关债务重组手续办理完毕。假定不考虑相关税费。债务重组日，甲公司应确认的债务重组损失和乙公司应确认的债务重组利得分别为（　　）。

A. 26 000 元和 26 000 元　　　　　B. 26 000 元和 35 000 元

C. 35 000 元和 26 000 元　　　　　D. 35 000 元和 35 000 元

9. 将债务转为资本的，债务人应当将债权人放弃债权而享有股份的面值总额确认为股本（或者实收资本），股份的公允价值总额与股份面值总额之间的差额，计入（　　）。

A. 营业外收入　　　　　　　　B. 营业外支出

C. 资本公积   D. 资产减值损失

10. 20×6 年 7 月 1 日，甲公司应收乙公司账款的账面余额为 5 000 万元，由于乙公司发生财务困难，无法偿付该应付账款。经双方协商同意，乙公司以其普通股偿还债务。假定普通股的面值为每股 1 元，乙公司以 1 000 万股抵偿该项债务，股票每股市价为 4 元。甲公司对该项应收账款计提了坏账准备 300 万元。股票登记手续已于 20×6 年 8 月 10 日办理完毕，甲公司将其作为可供出售金融资产。甲公司和乙公司均发生与股票相关的手续费 20 万元。甲公司应确认的债务重组损失和乙公司应确认的债务重组利得分别为（　　）。

A. 680 万元和 980 万元   B. 800 万元和 1 000 万元

C. 700 万元和 1 000 万元   D. 720 万元和 1 020 万元

11. 甲公司因赊销商品应收乙公司 2 000 万元货款，由于乙公司资金困难，此款项一直未付，甲公司已经提取了 500 万元的坏账准备。经双方协商进行债务重组，乙公司支付银行存款 1 800 万元来抵偿债务，款项于 20×7 年 4 月 1 日到账，双方解除债务手续。甲公司因此贷记"资产减值损失"科目的金额为（　　）万元。

A. 300   B. 200   C. 1 500   D. 1 800

12. 20×7 年 1 月 10 日，甲公司销售一批商品给乙公司，货款为 5 000 万元（含增值税额）。合同约定，乙公司应于 20×7 年 4 月 10 日前支付上述货款。由于资金周转困难，乙公司到期不能偿付货款。经协商，甲公司与乙公司达成如下债务重组协议：乙公司以一批产品和一台生产设备偿还全部债务。乙公司用于偿债的产品成本为 1 200 万元，公允价值和计税价格均为 1 500 万元，未计提存货跌价准备；用于偿债的设备原价为 5 000 万元，已计提折旧 2 000 万元，已计提减值准备 800 万元，公允价值为 2 500 万元。已知甲公司对应收账款计提了 80 万元的坏账准备。甲乙公司均为增值税一般纳税人，适用的增值税税率均为 16%。乙公司因该项债务重组影响营业外收入的金额为（　　）万元。

A. 320   B. 1 600   C. 920   D. 660

13. 20×7 年 6 月 11 日，M 公司就应收 B 公司货款 2 340 000 元（已计提坏账准备 80 000 元）与其进行债务重组。经协商，M 公司同意豁免 B 公司债务 340 000 元，延长债务偿还期限 6 个月，每月按 2% 收取利息，如果从 7 月起公司盈利则每月再加收 1% 的利息，12 月 11 日 B 公司应将本金和利息一起偿还。B 公司预计从 7 月起公司很可能盈利，债务重组日 M 公司应确认的重组损失和 B

公司应确认的重组利得分别为（　　）。

A. 340 000 元和 340 000 元　　　　　B. 260 000 元和 340 000 元

C. 340 000 元和 220 000 元　　　　　D. 260 000 元和 220 000 元

14. 正保公司应收大华公司账款的账面余额为 585 万元，由于大华公司财务困难无法偿付应付账款，经双方协商同意进行债务重组。已知正保公司已对该应收账款提取坏账准备 50 万元，债务重组内容为：大华公司以 90 万元现金和其 200 万股普通股偿还债务，大华公司普通股每股面值 1 元，市价 2.2 元，正保公司取得投资后作为可供出售金融资产核算。正保公司因该项债务重组确认的债务重组损失为（　　）万元。

A. 5　　　　　　B. 55　　　　　　C. 100　　　　　　D. 145

15. 对于以非现金资产清偿债务的债务重组，下列各项中，债权人应确认债务重组损失的是（　　）。

A. 收到的非现金资产公允价值小于该资产原账面价值的差额

B. 收到的非现金资产公允价值大于重组债权账面价值的差额

C. 收到的非现金资产公允价值小于重组债权账面价值的差额

D. 收到的非现金资产原账面价值小于重组债权账面价值的差额

16. 下列关于债务重组会计处理的表述中，正确的是（　　）。

A. 债务人以债转股方式抵偿债务的，债务人将重组债务的账面价值大于相关股份公允价值的差额计入资本公积

B. 债务人以债转股方式抵偿债务的，债权人将重组债权的账面价值大于相关股权公允价值的差额计入营业外支出

C. 债务人以非现金资产抵偿债务的，债权人将重组债权的账面价值大于受让非现金资产公允价值的差额计入资产减值损失

D. 债务人以非现金资产抵偿债务的，债权人将重组债务的账面价值大于转让非现金资产公允价值的差额计入其他业务收入

17. 以修改其他债务条件进行债务重组的，如债务重组协议中附有或有应收金额的，债权人的下列会计处理中正确的是（　　）。

A. 债务重组日计入其他综合收益

B. 债务重组日不计入重组后债权的入账价值，实际收到时计入当期损益

C. 债务重组日计入重组后债权的入账价值

D. 债务重组日计入应收账款

18. 甲企业应收乙企业账款 160 万元，由于乙企业发生财务困难，无法偿付欠款。经协商，乙企业以价值 100 万元的材料抵债（增值税率为 16%），该批材料公允价值为 120 万元。甲企业不再向乙企业另行支付增值税。甲企业按应收账款的 5‰计提坏账准备。则乙企业应计入营业外收入的数额为（　　）万元。

  A. 40   B. 20.8   C. 20.4   D. 20

19. 甲公司应付乙公司账款 90 万元，甲公司由于发生严重财务困难，与乙公司达成债务重组协议：甲公司以一台设备抵偿债务。该设备的账面原价为 120 万元，已提折旧 30 万元，已提减值准备 10 万元，公允价值为 65 万元，甲公司该项债务重组的净损益为（　　）万元，不考虑增值税。

  A. 0   B. 10   C. 20   D. 30

20. 以非现金资产清偿债务的方式下，债权人收到非现金资产时一般应以（　　）入账。

  A. 非现金资产的原账面价值

  B. 应收债权的账面价值加上应支付的相关税费

  C. 非现金资产的公允价值

  D. 双方协商确定的价值

21. 甲公司持有乙公司的应收票据面值为 30 000 元，票据到期时，累计利息为 1 000 元，乙公司支付了利息，同时由于乙公司财务陷入困境，甲公司同意将乙公司的票据期限延长两年，并减少本金 8 000 元，则乙公司计入到营业外收入的金额是（　　）元。

  A. 1 000   B. 8 000   C. 12 000   D. 0

22. M 公司销售给 N 公司一批商品，价款 100 万元，增值税额 16 万元，款未收到，因 N 公司资金困难，已无力偿还 M 公司的全部货款，经协商，M 公司同意免除 16 万元的应收账款，20 万元延期收回，80 万元 N 公司分别用一批材料和长期股权投资予以抵偿。已知，原材料的账面余额 25 万元，已提跌价准备 1 万元，公允价值 30 万元，增值税率 16%，长期股权投资账面余额 42.5 万元，已提减值准备 2.5 万元，公允价值 45 万元。N 公司应该计入营业外收入的金额为（　　）万元。

  A. 16   B. 16.2   C. 26.9   D. 0

23. 甲公司与乙公司均为增值税一般纳税人，购买及销售商品适用的增值税税率均为 16%。因甲公司无法偿还到期债务，经协商，乙公司同意甲公司以库存商品偿还到期债务，债务重组日，重组债务的账面价值为1 000万元，用于偿债商品的账面价值为600万元，公允价值为700万元，增值税税额为112万元，不考虑其他因素，该项债务重组对甲公司营业利润的影响金额为（ ）万元。

    A. 100   B. 281   C. 181   D. 300

二、多项选择题（多项选择题备选答案中，有两个或两个以上符合题意的正确答案。多选、少选、错选、不选均不得分）

1. A公司因购买商品而应付B公司货款200万元，后因A公司发生财务困难，无法偿付货款，双方协商进行债务重组，A公司以银行存款150万元抵偿债务。B公司对该项债权已计提坏账准备20万元。则下列说法中正确的有（ ）。

    A. A公司应将该项重组债务的账面价值与支付的银行存款之间的差额确认为营业外收入

    B. B公司应将重组债权的账面价值与收到的银行存款之间的差额确认债务重组损失

    C. B公司应确认资产减值损失的金额为30万元

    D. A公司应确认营业外收入的金额为50万元

2. 下列关于混合重组方式的说法中正确的有（ ）。

    A. 对于债务人而言，应当依次以转让的非现金资产公允价值、支付的现金、债权人享有股份的公允价值冲减重组债务的账面价值

    B. 对于债权人应当依次以收到的现金、接受的非现金资产公允价值、债权人享有股份的公允价值冲减重组债权的账面余额，再按照修改其他债务条件的债务重组会计处理规定进行处理

    C. 同时以现金和非现金资产方式进行债务重组属于混合债务重组的方式之一

    D. 仅以修改其他债务条件的方式进行的债务重组不属于混合债务重组

3. 20×6年7月31日，甲公司应付乙公司的款项420万元到期，因经营陷入困境，预计短期内无法偿还，当日，甲公司就该债务与乙公司达成的下列偿债协议中，属于债务重组的有（ ）。

    A. 甲公司以公允价值为420万元的长期股权投资清偿

    B. 甲公司以公允价值为420万元的一栋房产清偿

    C. 减免甲公司220万元债务，剩余部分甲公司延期两年偿还

    D. 减免甲公司220万元债务，剩余部分甲公司立即以现金偿还

4. 20×6年A公司应收B公司货款125万元，由于B公司发生财务困难，遂于20×6年12月31日进行债务重组，A公司同意延长2年，免除债务25万元，利息按年支付，利率为5%。但附有一条件：债务重组后，如B公司自第二年起有盈利，则利率上升至7%，若无盈利，利率仍维持5%。A公司未计提坏账准备，B公司预计很可能盈利。下列关于该项债务重组处理的说法中，正确的有（　　）。

A. A公司重组债权的入账价值为100万元

B. A公司确认的债务重组损失为25万元

C. B公司确认的债务重组利得为25万元

D. 因符合预计负债确认条件，所以B公司应确认预计负债

5. 20×6年7月1日，甲公司应收乙公司账款的账面余额为5 000万元，由于乙公司发生财务困难，无法偿付该应付账款。经双方协商同意，乙公司以其普通股偿还债务。假定普通股的面值为每股1元，乙公司以1 000万股抵偿该项债务，股票每股市价为4元。甲公司对该项应收账款计提了坏账准备200万元。股票登记手续已于20×6年8月10日办理完毕，甲公司将其作为交易性金融资产。甲公司和乙公司均发生与股票相关的手续费10万元。下列有关债务重组事项的处理中，正确的有（　　）。

A. 乙公司确认的资本公积为2 990万元

B. 乙公司确认的债务重组利得为1 000万元

C. 甲公司交易性金融资产的入账价值为4 010万元

D. 甲公司确认债务重组损失800万计入资产减值损失

6. 债务重组的主要方式包括（　　）。

A. 以现金资产清偿债务　　　　　B. 以非现金资产偿还债务

C. 将债务转为资本　　　　　　　D. 以上方式的组合

7. 债务人在现金清偿债务的情况下，债权人进行账务处理可能涉及的科目有（　　）。

A. 银行存款　　　　　　　　　　B. 营业外支出

C. 营业外收入　　　　　　　　　D. 资产减值损失

8. 债务人以非现金资产清偿债务时，影响债权人债务重组损失的项目有（　　）。

A. 债权人计提的坏账准备

B. 债务人计提的该资产的减值准备

C. 可抵扣的增值税进项税额

D. 债权人为取得受让资产而支付的税费

9. 以下关于修改其他债务条件时的会计处理，正确的有（　　　）。

A. 修改其他债务条件后债务的公允价值作为重组后债务的入账价值

B. 修改后的债务条款中涉及或有应收金额的，债权人不应当确认或有应收金额，不得将其计入重组后债权的账面价值

C. 或有应付金额在随后会计期间没有发生的，企业应当冲销已确认的预计负债，同时确认营业外收入

D. 重组债务的账面价值与重组后债务的入账价值和预计负债金额之和的差额，作为债务重组利得，计入营业外收入

10. 债务人以非现金资产抵偿债务的，非现金资产公允价值与账面价值之间的差额，可能计入（　　　）。

A. 投资收益　　　　　　　　　B. 资产处置损益

C. 营业外支出　　　　　　　　D. 主营业务成本

11. 下列有关债务重组时债务人会计处理的表述中，正确的有（　　　）。

A. 以现金清偿债务时，债务人实际支付的现金低于债务账面价值的差额计入当期损益

B. 以非现金资产清偿债务时，转让的非现金资产公允价值低于重组债务账面价值的差额计入资本公积

C. 以非现金资产清偿债务时，转让的非现金资产公允价值低于重组债务账面价值的差额计入当期损益

D. 以非现金资产清偿债务时，转让的非现金资产公允价值与其账面价值之间的差额计入当期损益

12. 下列各项中，属于债务重组修改其他债务条件的方式一般有（　　　）。

A. 债务转为资本

B. 减少本金

C. 延长债务偿还期限并加收利息

D. 免除积欠利息

13. 下列各项中，属于债务重组日债务人应计入重组后负债账面价值的有（　　　）。

A. 债权人同意减免的债务

B. 债务人在未来期间应付的债务本金

C. 债务人在未来期间应付的债务利息

D. 债务人符合预计负债确认条件的或有应付金额

14. 以债务转为资本的方式进行债务重组时，以下处理方法正确的是（　　）。

A. 债务人应将债权人因放弃债权而享有的股份的面值总额确认为股本或实收资本

B. 债务人应将股份公允价值总额与股本或实收资本之间的差额确认为资本公积

C. 债权人应当将享有股份的公允价值确认为对债务人的投资

D. 债权人已对债权计提减值准备的，应当先将该差额冲减减值准备，冲减后尚有余额的，计入营业外支出（债务重组损失）；冲减后减值准备仍有余额的，应予转回并抵减当期资产减值损失

15. 在债务重组的会计处理中，以下说法正确的是（　　）。

A. 无论债权人或债务人，均不确认债务重组收益

B. 重组债务的账面价值与重组后债务的公允价值之间的差额，确认为债务重组利得，计入当期损益

C. 以债务转为资本，债务人应将股份账面价值总额与股本之间的差额，作为资本公积

D. 新准则中规定，债务重组必须是在债务人处于财务困难条件下的有关重组事项

16. 债务重组是指在债务人发生财务困难的情况下，债权人按照其与债务人达成的协议或者法院的裁定作出让步的事项。其中，债权人作出的让步包括(　　)。

A. 债权人减免债务人部分债务本金

B. 允许债务人延期支付债务，但不减少债务的账面价值

C. 降低债务人应付债务的利率

D. 债权人减免债务人部分债务利息

17. 下列各项中，不能按照《企业会计准则第 12 号——债务重组》的规定进行会计处理的有（　　）。

A. 债务人发行的可转换债券按正常条件转换为股权

B. 债务人破产清算时以低于债务账面价值的现金清偿债务

C. 债务人发生财务困难情况下以一项固定资产抵偿债务

D. 债务人借入新债以偿还旧债

18. 下列关于债务重组会计处理的表述中，正确的有（   ）。

A. 债权人将基本确定发生的或有应收金额确认为应收债权

B. 债权人收到的原未确认的或有应收金额进入当期损益

C. 债务人债务重组日不应确认或有应付金额

D. 债务人确认的或有应付金额在随后不需支付时转入当期损益

19. 债务人应当披露与债务重组有关的信息包括（   ）。

A. 债务重组方式

B. 确认的债务重组利得总额

C. 将债务转为资本所导致的股本（实收资本）增加额

D. 或有应收金额

三、判断题（正确用"√"表示，错误用"×"表示）

1. 只要债权人对债务人的债务作出了让步，不管债务人是否发生财务困难，都属于准则所定义的债务重组。（   ）

2. 债务人发生财务困难是指因债务人出现资金周转困难、经营陷入困境或者其他方面的原因等，导致其无法或者没有能力按原定条件偿还债务。（   ）

3. 以非现金资产清偿债务的，债务人应当将重组债务的账面价值与转让的非现金资产公允价值之间的差额，计入当期损益。转让的非现金资产公允价值与其账面价值之间的差额，计入当期损益。（   ）

4. 应付可转换公司债券转为资本属于债务转资本方式的债务重组。（   ）

5. 将债务转为资本的，债务人应当将债权人放弃债权而享有股份的面值总额确认为股本（或者实收资本），股份的公允价值总额与股本（或者实收资本）之间的差额计入当期损益。（   ）

6. 修改后的债务条款中涉及或有应收金额的，债权人不应当确认或有应收金额，不得将其计入重组后债权的账面价值。（   ）

7. 修改其他债务条件的，若涉及该或有应付金额，债务人应当将修改其他债务条件后债务的公允价值作为重组后债务的入账价值。重组债务的账面价值与重组后债务的入账价值之间的差额，确认为债务重组利得。（   ）

8. 或有应付金额，是指需要根据未来某种事项出现而发生的应付金额，而

且该未来事项的出现具有不确定性。（　　　）

9. 债权人同意债务人延期偿还债务，但延期后债务人仍然按照原债务账面价值偿还债务，则不属于债务重组。（　　　）

10. 以非现金资产偿还债务，非现金资产为长期股权投资的，其公允价值和账面价值的差额，计入营业外收入。（　　　）

11. 债务重组以现金清偿债务、非现金资产清偿债务、债务转为资本、修改其他债务条件等方式的组合进行的，债务人应当依次以支付的现金、转让的非现金资产公允价值、债权人享有股份的公允价值冲减重组债务的账面价值，再按照债务人修改其他债务条件的规定进行会计处理。（　　　）

12. 债务重组中，债务人不会涉及资本公积科目。（　　　）

13. 以非现金资产偿还债务，非现金资产为存货的，应当视同销售处理，按非现金资产的公允价值确认销售商品收入，同时按照非现金资产的账面价值结转相应的成本。（　　　）

14. 债务重组方式包括以资产清偿债务、将债务转为资本、修改其他债务条件等，但以上三种方式的组合不属于准则规范的债务重组方式。（　　　）

15. 修改其他债务条件进行债务重组的，债务人不能确认债务重组收益。（　　　）

四、计算分析题

1. 20×6年2月28日，甲企业因购买原材料而欠乙企业购货款及税款合计200 000元。乙企业对该项应收账款计提了20 000元的坏账准备。由于甲企业现金流量不足，不能按照合同规定支付货款，于20×7年3月16日经协商。

（1）乙企业同意甲企业支付120 000元货款，余款不再偿还。甲企业随即支付了120 000元货款。

（2）乙企业同意甲企业支付190 000元货款，余款不再偿还。甲企业随即支付了190 000元货款。

要求：在两种情况下分别做出甲、乙企业在债务重组日的账务处理。

2. 甲公司于20×6年7月1日销售给乙公司一批产品，含增值税价值为900 000元，乙公司于20×6年7月1日开出六个月承兑的不带息商业汇票。乙公司到20×6年12月31日尚未支付货款。由于乙公司财务发生困难，短期内不能支付货款。经与甲公司协商，甲公司同意乙公司以其所拥有的某公司股票和一批产品偿还债务，乙公司该股票的成本为400 000元，公允价值为360 000元，乙公司作为可供出售金融资产管理，甲公司取得后划分为交易性金融资产管理。用以抵债的产品的成本为 400 000 元，公允价值和计税价格均为 450 000 元，增值税税率为 16%，甲公司取得后作为原材料管理。假定甲公司为该项应收债权提取了 80 000 元坏账准备。已于 20×7 年 1 月 30 日办理了相关转让手续，并于当日办理了债务解除手续。

要求：

（1）判断债务重组日的日期；

（2）做出上述事项甲公司和乙公司的会计处理。

3. 2015 年 6 月 30 日，ABC 公司从某银行取得年利率 10%、三年期的贷款 125 000 元，现因 ABC 公司财务困难，于 2017 年 12 月 31 日进行债务重组，银行同意延长到期日至 2020 年 12 月 31 日，利率降至 7%，免除所有积欠利息，本金减至 100 000 元，但附有一条件：债务重组后，如果 ABC 公司自第二年起有盈利，则利率恢复至 10%，如果无盈利，仍维持 7%。假设银行没有对该贷款计提坏账准备，债务重组后每年年底支付利息。

要求：

（1）计算 ABC 公司将来应付金额以及银行将来应收金额；

（2）编制债务人有关债务重组日的分录；

（3）假设 ABC 公司第二年后有盈利，编制债务人 2018~2020 年度的分录；

（4）假设 ABC 公司第二年后无盈利，编制债务人 2018~2020 年度的分录。

4. A 股份有限公司（以下简称 A 公司）为增值税一般纳税人，适用的增值税率为 16%。A 公司于 20×6 年 6 月 30 日销售一批商品给甲公司，价款为 800 万元（含增值税）。20×6 年 9 月 1 日，由于甲公司发生财务困难，A 公司与甲公司协议进行债务重组，相关债务重组资料如下：

（1）甲公司以其拥有的一项固定资产抵偿债务的 50%，该固定资产的账面原值为 400 万元，已计提折旧 100 万元，债务重组日该固定资产的公允价值为 350 万元。

（2）甲公司以 100 万股普通股偿还剩余 50% 的债务，普通股每股面值为 1 元，债务重组日的股票市价为每股 3.5 元。A 公司取得该项投资后将其作为可供出售金融资产核算，为取得该项投资，A 公司另支付手续费 2 万元。

（3）其他资料：甲公司 20×6 年 10 月 15 日办理完毕固定资产转移手续以及股权增资手续。A 公司在债务重组前已确认坏账准备 50 万元。不考虑固定资产的增值税。

要求：

（1）确定债务重组日，并简要说明理由；

（2）计算 A 公司取得可供出售金融资产的初始入账金额并说明其后续计量原则；

（3）计算 A 公司应确认的债务重组损失的金额并编制债务重组日 A 公司的会计分录；

（4）计算甲公司应确认的债务重组利得的金额并编制债务重组日甲公司的会计分录。

5. 甲公司从乙公司购入原材料 500 万元（含增值税额），由于财务困难无法归还，20×6 年 12 月 31 日进行债务重组。经协商，甲公司在两年后支付本金 400 万元，利息按 5% 计算；同时规定，如果 20×7 年甲公司有盈利，从 20×8 年起则按 8% 计息。根据 20×6 年末债务重组时甲企业的生产经营情况判断，20×7 年甲公司很可能实现盈利；20×7 年末甲公司编制的利润表表明已经实现盈利。假设利息按年支付。乙公司已计提坏账准备 50 万元。

要求：根据上述资料，作出甲、乙企业相关账务处理。

6. 甲企业 20×6 年 12 月 31 日应收乙企业账款的账面余额为 327 000 元，其中，27 000 元为累计未付的利息，票面利率 9%。乙企业由于连年亏损，现金流量不足，不能偿付应于 20×6 年 12 月 31 日前支付的应付账款。经协商，于 20×6 年末进行债务重组。甲企业同意将债务本金减至 250 000 元；免去债务人所欠的全部利息；将利率从 9% 降低至 5%，并将债务到期日延至 20×8 年 12 月 31 日，利息按年支付。甲企业已对该项应收账款计提了 40 000 元的坏账准备。

要求：根据上述资料，作出甲、乙企业相关账务处理。

7. 甲公司和乙公司均为增值税一般纳税人，销售商品适用的增值税税率为 16%，转让专利权适用的增值税税率为 6%。20×5 年 12 月 31 日甲公司销售给乙公司一批产品，价税合计为 2 340 万元，双方约定 3 个月后付款。乙公司因财务困难无法按期支付货款，至 20×5 年 12 月 31 日甲公司仍未收到货款，甲公司已对该应收账款计提坏账准备 234 万元。20×5 年 12 月 31 日乙公司与甲公司协商，达成债务重组协议如下：

（1）乙公司以 83.2 万元现金偿还部分债务，甲公司已于当日收到乙公司开具的银行转账支票，款项已收存银行。

（2）乙公司以一项专利权和一批产品抵偿部分债务，专利权账面原价为350万元，已累计摊销100万元，计提的减值准备为10万元，公允价值为280万元。产品的账面成本为180万元，未计提存货跌价准备，公允价值为200万元，产品已于20×5年12月31日运抵甲公司，甲公司将取得的专利权作为无形资产核算，取得的产品作为库存商品核算，当日办理完相关手续。

（3）乙公司将部分债务转为其100万股普通股，每股面值1元，每股市价为5元，不考虑其他因素，甲公司将取得的股权作为长期股权投资核算，乙公司已于20×5年12月31日办妥相关手续。

（4）甲公司同意免除乙公司剩余债务的40%，将剩余债务延期至20×7年12月31日，并从20×6年1月1日起按年利率4%计算利息。但如果乙公司从20×6年起，年实现利润总额超过100万元，则当年利率上升为6%。如果乙公司年利润总额低于100万元，则当年仍按4%计算利息。乙公司20×5年末预计未来每年利润总额均很可能超过100万元。

（5）乙公司20×6年度实现利润总额120万元，20×7年实现利润总额80万元。乙公司于每年年末付息。

要求：

（1）编制甲公司20×5年12月31日债务重组业务相关的会计分录；

（2）编制乙公司20×5年12月31日债务重组业务相关的会计分录；

（3）编制甲公司20×6年12月31日和20×7年12月31日债务重组相关的会计分录；

（4）编制乙公司20×6年12月31日和20×7年12月31日债务重组相关的会计分录。

案例分析：

ST 西北轴承 2012 年 6 月的债务重组

西北轴承股份有限公司与第二大股东中国长城资产管理公司就借款本金2.37亿元，截至2011年12月31日的利息7 277.10万元进行债务重组，西北轴承支付上述利息的10%后，免除剩余的90%利息。公司认为，本次债务重组属于市场化交易行为，并非股东的出资行为，故将此项债务重组利得82 147 071.88元计入了营业外收入。

此案例也属于关联方之间（与控股股东间）的债务重组，但 ST 西北轴承判断此次债务重组具有商业实质，故将债务重组利得确认为当期损益而非计入资本公积，并由信永中和会计师事务所做了回复。通过查阅 ST 西北轴承 2012 年的年度报告，公司当年的营业利润为 – 77 163 455.43 元，已连续两年亏损，通过重组公司第三年实现了盈利，避免了退市预警。我们对此应持职业怀疑态度，该公司很可能具有盈余管理的动机。

关联方之间债务重组的处理，无论是与控股股东还是与非控股股东之间，都要判断该项交易的实质。

资料来源：西北轴承公司年报。

第十四章　收入

知识目标和要求。通过本章的学习，要求学生掌握收入确认的5步法模型，如何将交易价格分摊至各单项履约义务，特殊交易的会计处理，管理费用、销售费用和财务费用核算的内容，营业利润的计算，与收益相关的政府补助和与资产相关的政府补助会计处理的相关规定。

本章重点。本章的重点集中在收入确认的5步法模型，如何将交易价格分摊至各单项履约义务，特殊交易的会计处理。

本章难点。如何将交易价格分摊至各单项履约义务，特殊交易的会计处理。

一、单项选择题（单项选择题备选答案中，只有一个符合题意的正确答案。多选、错选、不选均不得分）

1. 下列各项中，不属于企业向客户授予的知识产权的是（　　）。

A. 转让土地使用权　　　　　　B. 转让特许经营权

C. 转让软件和技术的版权　　　　D. 转让商标权

2. 企业应当在履行了合同中的履约义务，即在（　　）时确认收入。

A. 客户取得相关商品控制权

B. 商品的风险和报酬转移

C. 开具增值税发票

D. 合同成立

3. 下列关于附有质量保证条款的销售履约义务识别说法错误的是（　　）。

A. 企业提供额外服务的，应当作为单项履约义务

B. 企业应当考虑该质量保证是否为法定要求、质量保证期限以及企业承诺履行任务的性质等因素

C. 客户能够选择单独购买质量保证的，该质量保证构成单项履约义务

D. 客户没有选择权的质量保证的条款，该质量保证构成单项履约义务

4. 下列关于可变对价的叙述错误的是（　　）。

A. 合同中存在可变对价的，企业应当按照期望值或最可能发生金额确定可变对价的最佳估计数

B. 包含可变对价的交易价格，应当不超过在相关不确定性消除时累计已确认收入极可能不会发生重大转回的金额

C. 企业在评估累计已确认收入是否极可能不会发生重大转回时，应当仅考虑收入转回的可能性

D. 每一资产负债表日企业应当重新估计应计入交易价格的可变对价金额

5. 下列关于合同中存在重大融资成分处理的叙述不正确的是（   ）。

A. 企业应当按照假定客户在取得商品控制权时以现金支付的应付金额确定交易价格

B. 企业应当按照假定客户在取得商品控制权时以应付金额的现值确定交易价格

C. 该交易价格与合同对价之间的差额，应当在合同期间内采用实际利率法摊销

D. 合同开始日，企业预计客户取得商品控制权与客户支付价款间隔不超过一年的，可以不考虑合同中存在的重大融资成分

6. 企业应当在下列支出发生时，不将其计入当期损益的是（   ）。

A. 企业为取得合同发生的且预期能够收回的增量成本

B. 非正常消耗的直接材料、直接人工和制造费用（或类似费用），这些支出为履行合同发生但未反映在合同价格中

C. 与履约义务中已履行部分相关的支出

D. 无法在尚未履行的与已履行的履约义务之间区分的相关支出

7. 下列关于对于附有销售退回条款的销售会计处理的叙述不符合企业会计准则规定的是（   ）。

A. 企业应当在客户取得相关商品控制权时，按照因向客户转让商品而预期有权收取的对价金额确认收入

B. 企业按照预期因销售退回将退还的金额确认负债

C. 企业按照预期将退回商品转让时的账面价值（扣除收回该商品预计发生的成本）确认为一项存货资产

D. 企业应当每一资产负债表日重新估计未来销售退回情况

8. 企业向客户授予知识产权许可，应当作为在某一时段内履行的履约义务

确认相关收入，企业不需要考虑的因素是（　　）。

A. 合同要求或客户能够合理预期企业将从事对该项知识产权有重大影响的活动

B. 该活动对客户将产生有利或不利影响

C. 该活动不会导致向客户转让某项商品

D. 该活动会导致向客户转让某项商品

9. 企业应当综合考虑其能够合理取得的全部相关信息合理估计单独售价，下列方法不属于企业会计准则规定的是（　　）。

A. 市场调整法　　　　　　B. 成本加成法

C. 余值法　　　　　　　　D. 现值法

10. 下列关于合同折扣的会计处理不符合企业会计准则规定的是（　　）。

A. 合同折扣，是指合同中各单项履约义务所承诺商品的单独售价之和高于合同交易价格的金额

B. 企业应当在各单项履约义务之间按比例分摊

C. 有确凿证据表明合同折扣仅与合同中一项或多项履约义务相关的，企业应当将该合同折扣分摊至相关一项或多项履约义务

D. 合同折扣仅与合同中一项或多项履约义务相关，且企业采用余值法估计单独售价的，应当首先采用余值法估计单独售价，然后在该一项或多项履约义务之间分摊合同折扣

11. 下列关于售后回购交易的会计处理不符合企业会计准则规定的是（　　）。

A. 企业因存在与客户的远期安排而负有回购义务或企业享有回购权利的，应当作为融资交易进行相应的会计处理

B. 企业到期未行使回购权利的，应当在该回购权利到期时终止确认金融负债，同时确认收入

C. 企业负有应客户要求回购商品义务的，客户具有行使该要求权重大经济动因的，企业应当将售后回购作为租赁交易或融资交易

D. 企业负有应客户要求回购商品义务的，客户不具有行使该要求权重大经济动因的，应当将其作为附有销售退回条款的销售交易

12. 销售商品收入确认的过程中，对于购货方实际享受的现金折扣，销售方应做的会计处理是（　　）。

A. 冲减当期主营业务收入

B. 增加当期的财务费用

C. 增加当期主营业务成本

D. 增加当期的管理费用

13. 甲公司为增值税一般纳税人，适用的税率为16%。2019年1月1日，甲公司向乙公司销售一批商品，按价目表上标明的价格计算，其不含增值税额的售价总额为10 000元，由于乙公司是甲公司的长期客户，甲公司同意给予其5%的商业折扣（假定计算折扣时不考虑增值税），1月8日，商品已经发出，相关款项也已收到，不考虑其他因素，则甲公司应该确认的销售收入为（   ）元。

A. 10 000   B. 9 500   C. 11 100   D. 11 115

14. 在评估质量保证是否在向客户保证所销售商品符合既定标准之外提供了一项单独的服务时，下列表述不正确的是（   ）。

A. 企业应当考虑该质量保证是否为法定要求、质量保证期限以及企业承诺履行任务的性质等因素

B. 客户能够选择单独购买质量保证的，该质量保证构成单项履约义务

C. 质量保证期限越长，越有可能是单项履约义务

D. 如果企业必须履行某些特定的任务以保证所转让的商品符合既定标准，则这些特定的任务不可能构成单项履约义务

15. 甲公司2×18年1月1日销售一批商品，共销售5万件；每件售价100元，每件成本80元，同时，甲公司与客户签订销售退回条款，约定2×18年3月31日前该商品如出现质量问题可以将其退回。甲公司销售当日预计该商品退回率为12%；2×18年1月31日甲公司根据最新情况重新预计商品退回率，认为退货率应调整为10%。假定不考虑增值税，甲公司因销售该批商品2×18年1月应确认收入的金额为（   ）万元。

A. 500   B. 440   C. 450   D. 10

16. 下列关于增量成本的表述中，不正确的是（   ）。

A. 增量成本是增加了企业未来用于履行（或持续履行）履约义务的资源的成本

B. 增量成本是指企业不取得合同就不会发生的成本

C. 企业为取得合同发生的增量成本预期能够收回的，应当作为合同取得成本确认为一项资产

D. 企业为取得合同发生的、除预期能够收回的增量成本之外的其他支出，一般应于发生时计入当期损益

17. 2×18年2月1日，甲公司与客户签订合同，为该客户拥有的一栋办公楼更换10部电梯，合计总价格为200万元（不含增值税）。截至2×18年12月31日，甲公司共更换了6部电梯，剩余部分预计在2×19年5月1日前完成。该合同仅包含一项履约义务，且该履约义务满足在某一时段内履行的条件。甲公司按照已完成的工作量确定履约进度。假定不考虑其他事项，甲公司2×18年年末应确认的收入金额为（　　）万元。

A. 200   B. 120   C. 80   D. 0

18. 甲公司与乙公司签订一项合同，合同约定：甲公司将其拥有所有权的两项商标权（A和B）授权给乙公司使用，假定两项授权均构成单项履约义务，且都属于在某一时点履行的履约义务。合同约定，授权使用A商标权的价格为120万元，授权使用B商标权的价格为乙公司使用该商标权所生产的产品销售额的4%。A商标权和B商标权的单独售价分别为120万元和180万元。甲公司估计其授权使用B商标权而有权收取的特许权使用费为180万元。假定上述价格均不包含增值税。根据上述资料，甲公司进行的相关会计处理表述中，不正确的是（　　）。

A. 授权乙公司使用A商标权的价格属于固定对价

B. 授权乙公司使用A商标权的价格属于可变价格

C. 授权乙公司使用B商标权的价格属于可变对价

D. 因为甲公司估计基于实际销售情况收取的特许权使用费的金额等于B商标权的单独售价，所以甲公司将获得的可变对价部分的特许权使用费金额全部由B商标权承租

19. 甲公司和乙公司签订合同，在乙公司的一宗土地使用权上按乙公司的设计要求建造一栋办公楼。双方合同约定，在建造过程中乙公司有权修改办公楼的设计，并与甲公司重新协商设计变更后的合同价款；乙公司每月末按当月工程进度向甲公司支付工程款。如果乙公司终止该合同，已完成建造部分的办公楼归乙公司所有。根据上述资料，甲公司确认收入的时间点为（　　）。

A. 办公楼建造完成时   B. 签订合同时

C. 提供服务的期间内   D. 终止合同时

20. 关于合同合并，下列表述中错误的是（　　）。

A. 两份或多份合同基于同一商业目的而订立并构成"一揽子"交易，应当合并为一份合同

B. 两份或多份合同中的一份合同的对价金额取决于其他合同的定价或履行情况，应当合并为一份合同

C. 两份或多份合同中所承诺的商品是单项履约义务，应当合并为一份合同

D. 两份独立合同，所承诺的商品不是单项履约义务，应当合并为一份合同

21. 甲公司同意为乙公司设计一种实验性的新产品并生产该产品的 10 件样品。产品规格包含尚未得到证实的功能。下列表述中正确的是（　　）。

A. 设计服务构成单项履约义务

B. 生产 10 件样品构成单项履约义务

C. 设计与生产两项服务构成单项履约义务

D. 设计服务与生产服务可明确区分

22. 下列项目中，属于在某一时点确认收入的是（　　）。

A. 酒店管理服务

B. 为客户建造办公大楼

C. 企业履约过程中所产出的商品具有不可替代用途，且该企业在整个合同期间内有权就累计至今已完成的履约部分收取款项

D. 为客户定制的具有可替代用途的产品

23. 甲公司为一家咨询服务提供商，中了一个向新客户提供咨询服务的标。甲公司未取得合同而发生的成本如下：①尽职调查的外部律师费 2 万元（客户不承担）；②提交标书的差旅费 3 万元；③销售人员佣金 4 万元。假定不考虑其他因素，甲公司应确认的合同资产为（　　）万元。

A. 4　　　　　　　B. 7　　　　　　　C. 6　　　　　　　D. 9

24. 下列各项中不属于政府补助的是（　　）。

A. 政府对企业的无偿拨款

B. 行政无偿划拨的土地使用权

C. 增值税出口退税

D. 税收返还

25. 依据《企业会计准则——政府补助》，政府补助的会计处理方法是（　　）。

A. 资本法

B. 资本法或收益法

C. 收益法中的总额法

D. 收益法中的总额法或净额法

26. 关于政府补助的叙述不正确的是（　　）。

A. 政府补助是企业从政府无偿取得货币性资产或非货币性资产，但政府作为企业所有者进行的资本性投入不应作为政府补助

B. 政府补助为非货币性资产的，公允价值不能可靠取得的，不需进行账务处理

C. 政府补助为非货币性资产的，应当按照公允价值计量

D. 政府补助为非货币性资产的，公允价值不能可靠取得的，按照名义金额计量

27. 小微企业在取得销售收入时，应当按照税法的规定计算应交增值税，如其销售额满足税法规定的免征增值税条件时，应当将免征的税额转入（　　）科目。

A. 营业外收入　　　　　　　　　　B. 其他收益

C. 其他业务收入　　　　　　　　　D. 主营业务收入

28. 已确认的政府补助需要退回的，下列表述不正确的是（　　）。

A. 初始确认时冲减相关资产账面价值的，调整资产账面价值

B. 存在相关递延收益的，冲减相关递延收益账面余额，超出部分计入当期损益

C. 属于其他情况的直接计入当期损益

D. 属于其他情况的直接计入营业外收入

29. 政府补助为非货币性资产的，应当按照（　　）计量。

A. 公允价值　　　　　　　　　　　B. 名义金额

C. 账面价值　　　　　　　　　　　D. 重置成本

30. 企业取得与企业日常活动相关的政府补助，采用总额法核算，应当计入（　　）科目。

A. 营业外收入　　　　　　　　　　B. 其他业务收入

C. 其他收益　　　　　　　　　　　D. 主营业务收入

二、多项选择题（多项选择题备选答案中，有两个或两个以上符合题意的正确答案。多选、少选、错选、不选均不得分）

1. 依据收入准则，合同是指双方或多方之间订立有法律约束力的权利义务

的协议，包括（　　）。

A. 书面形式合同　　　　　　　B. 口头形式合同

C. 其他形式合同　　　　　　　D. 只能是书面形式合同

2. 企业与客户之间的合同同时满足（　　）条件时，判断为合同成立。

A. 合同各方已批准该合同并承诺将履行各自义务

B. 该合同明确了合同各方与所转让商品或提供劳务相关的权利和义务

C. 该合同有明确的与所转让商品相关的支付条款，且该合同具有商业实质

D. 企业因向客户转让商品而有权取得的对价很可能收回

3. 对于不符合收入准则规定的合同成立的条件，企业将已收取客户的对价确认为收入的条件包括（　　）。

A. 不再负有向客户转让商品的剩余义务

B. 已向客户收取的对价无须退回

C. 具有商业实质

D. 开具增值税发票

4. 企业与同一客户同时订立的两份或多份合同，应当合并为一份合同进行会计处理有（　　）。

A. 该两份或多份合同基于同一商业目的而订立并构成"一揽子"交易

B. 该两份或多份合同中的一份合同的对价金额取决于其他合同的定价或履行情况

C. 该两份或多份合同中所承诺的商品构成一项单项履约义务

D. 该两份或多份合同在一个月内订立

5. 下列关于企业合同变更会计处理的叙述正确的有（　　）。

A. 合同变更是指经合同各方批准对原合同范围或价格作出的变更

B. 合同变更增加了可明确区分的商品及合同价款，且新增合同价款反映了新增商品单独售价的，应当将该合同变更部分作为一份单独的合同进行会计处理

C. 新增合同价款不能反映新增商品单独售价，在合同变更日已转让的商品与未转让的商品之间可明确区分的，应当视为原合同终止，同时，将原合同未履约部分与合同变更部分合并为新合同进行会计处理

D. 合同变更日已转让的商品与未转让的商品之间不可明确区分的，应当将该合同变更部分作为原合同的组成部分进行会计处理，由此产生的对已确认收入的影响，应当在合同变更日调整当期收入

6. 企业向客户承诺的商品同时满足（　　　）条件，应当作为可明确区分商品。

A. 客户能够从该商品本身受益

B. 客户能够从该商品与其他易于获得资源一起使用中受益

C. 企业向客户转让该商品的承诺与合同中其他承诺可单独区分

D. 企业向客户转让该商品的承诺与合同中其他承诺不可以单独区分

7. 下列情形表明企业向客户转让该商品的承诺与合同中其他承诺不可单独区分的有（　　　）。

A. 企业需提供重大的服务以将该商品与合同中承诺的其他商品整合成合同约定的组合产出转让给客户

B. 该商品将对合同中承诺的其他商品予以重大修改或定制

C. 该商品与合同中承诺的其他商品具有高度关联性

D. 该商品与合同中承诺的其他商品需要开在一张增值税发票中

8. 依据收入准则规定，下列属于在某一时段内履行履约义务的有（　　　）。

A. 客户在企业履约的同时即取得并消耗企业履约所带来的经济利益

B. 客户能够控制企业履约过程中在建的商品

C. 企业履约过程中所产出的商品具有不可替代用途，且该企业在整个合同期间内有权就累计至今已完成的履约部分收取款项

D. 企业履约过程中履约进度能够可靠计量

9. 在判断客户是否已取得商品控制权时，企业应当考虑的迹象有（　　　）。

A. 客户就该商品负有现时付款义务

B. 客户已拥有该商品的法定所有权

C. 客户已实物占有该商品

D. 客户已取得该商品所有权上的主要风险和报酬

10. 依据收入准则的规定，在确定交易价格时，企业应当考虑的因素有（　　　）。

A. 可变对价　　　　　　　　　　B. 合同中存在的重大融资成分

C. 非现金对价　　　　　　　　　D. 应付客户对价

11. 依据收入准则，企业可以采用余值法估计其单独售价的有（　　　）。

A. 企业在商品近期售价波动幅度巨大

B. 未定价且未曾单独销售而使售价无法可靠确定

C. 公允价值不能可靠计量时

D. 单独售价无法直接观察的

12. 企业为履行合同发生的成本，不属于其他企业会计准则规范范围且同时满足（　　）条件的，应当作为合同履约成本确认为一项资产。

A. 该成本与一份当前或预期取得的合同直接相关

B. 该成本增加了企业未来用于履行履约义务的资源

C. 该成本预期能够收回

D. 该成本能够可靠计量

13. 下列表明企业与客户之间的合同未包含重大融资成分的情况有（　　）。

A. 超市向顾客出售其发行的购物卡，顾客可随时在超市持卡购物

B. 企业向客户转让专利技术使用权，按照实际销售量或产出收取特许权使用费

C. 企业以赊销方式向客户销售商品，且客户对欠款不提供任何担保，因此合同承诺的对价金额高于现销价格

D. 商场向客户授予奖励积分，客户可随时以积分兑换等价商品

14. 下列各项中，计入财务费用的有（　　）。

A. 销售商品发生的现金折扣

B. 销售商品发生的销售折让

C. 销售商品具有融资性质的情况下所确认的融资收益摊销额

D. 委托代销商品支付的手续费

15. 如果企业为代理人，则其确认收入时的金额可能会出现的情况有（　　）。

A. 按照已收或应收对价总额确认

B. 按照预期有权收取的佣金或手续费的金额确认

C. 按照已收或应收对价总额扣除应支付给其他相关方的价款后的净额确认

D. 按照既定的佣金金额或比例确认

16. 产出法主要是根据已转移给客户的商品对于客户价值确定履约进度，下列属于确定履约进度的方法有（　　）。

A. 实际测量的完工进度 　　　　B. 评估已实现的结果

C. 时间进度 　　　　D. 已完工或交付的产品

17. 下列关于政府补助会计处理说法正确的有（　　）。

A. 与企业日常活动相关的政府补助计入其他收益或冲减相关成本费用

B. 与企业日常活动无关的政府补助直接计入营业外收入

C. 补偿的成本费用是营业利润之中项目的属于日常活动相关政府补助

D. 与日常销售行为密切相关的属于与日常活动相关的政府补助

18. 下列关于资产相关的政府补助的说法中正确的有（　　）。

A. 与资产相关的政府补助，只能采用总额法核算

B. 与资产相关的政府补助，应当冲减相关资产的账面价值或确认为递延收益

C. 与资产相关的政府补助确认为递延收益的，应当在相关资产使用寿命内按直线法分期计入损益

D. 按照名义金额计量的政府补助，直接计入当期损益

19. 政府补助准则中，下列关于政府补助特征的说法正确的有（　　）。

A. 政府补助是无偿的

B. 政府补助通常附有一定的条件

C. 政府补助是企业从政府直接取得的经济资源

D. 直接减征、免征、增加计税抵扣额、抵免部分税额不属于政府补助

20. 关于企业取得针对综合性项目的政府补助，下列说法中正确的有（　　）。

A. 需将其分解为与资产相关的部分和与收益相关的部分，分别进行处理

B. 无须分解而将其全部作为与收益相关的政府补助处理

C. 无须分解而将其全部作为与资产相关的政府补助处理

D. 难以区分为与资产相关的部分和与收益相关的部分，将政府补助整体归类为与收益相关的政府补助进行会计处理

三、判断题（正确用"√"表示，错误用"×"表示）

1. 企业为履行合同而应开展的初始活动，通常构成单项履约义务。（　　）

2. 企业向客户转让一系列实质相同且转让模式相同的、可明确区分商品的承诺，也应当作为单项履约义务。（　　）

3. 依据收入准则，当履约进度不能合理确定时，企业已经发生的成本即使预计能够得到补偿的，企业不应当确认收入。（　　）

4. 交易价格是指企业因向客户转让商品、合同约定预期收取对价金额。（　　）

5. 客户支付非现金对价的，企业应当按照转让商品或服务的公允价值确定

交易价格。（　　　）

6. 非现金对价的公允价值不能合理估计的，企业应当参照其承诺向客户转让商品的账面价值间接确定交易价格。（　　　）

7. 非现金对价的公允价值因对价形式的原因而发生变动的，应当作为可变对价处理。（　　　）

8. 依据收入准则，单独售价就是指企业向客户销售商品的公允价值。（　　　）

9. 企业应付客户对价的，应当将该应付对价冲减交易价格，并在确认相关收入与支付客户对价二者孰晚的时点冲减当期收入。（　　　）

10. 企业不得因合同开始日之后单独售价的变动而重新分摊交易价格。（　　　）

11. 对于已履行的履约义务，其分摊的可变对价后续变动额应当追溯调整以前期间的收入。（　　　）

12. 企业为取得合同发生的增量成本预期能够收回的，应当作为合同取得成本确认为一项资产。（　　　）

13. 企业为取得合同发生的、除预期能够收回的增量成本之外的其他支出，应当在发生时计入当期损益。（　　　）

14. 与合同成本有关的资产，应当采用直线法进行摊销，计入当期损益。（　　　）

15. 企业在向客户转让商品前能够控制该商品的，该企业为主要责任人，应当按照已收或应收对价总额确认收入。（　　　）

16. 客户虽然有额外购买商品选择权，但客户行使该选择权购买商品时的价格反映了这些商品单独售价的，应当作为单项履约义务。（　　　）

17. 依据收入准则，没有商业实质的非货币性资产交换，按照账面价值确认收入。（　　　）

18. 合同资产是企业拥有的、无条件（即仅取决于时间流逝）向客户收取对价的权利。（　　　）

19. 应收款项是指企业已向客户转让商品而有权收取对价的权利，且该权利取决于时间流逝之外的其他因素。（　　　）

20. 企业收取了无须退回的初始费且为履行合同应开展初始活动，应当在收到款项时确认为收入。（　　　）

四、计算分析题

1. 甲公司、乙公司均为增值税一般纳税人，适用的增值税税率均为 16%。2×17 年发生下列业务：

（1）2×17 年 3 月 1 日，甲公司向乙公司销售一批商品 100 件，单位销售价格为 10 万元，单位成本为 8 万元，开出的增值税专用发票上注明的销售价格为 1 000 万元，增值税税额为 160 万元。协议约定，乙公司在 2×17 年 6 月 30 前有权退回商品。商品已经发出，款项已经收到。甲公司根据过去的经验，估计该批商品退货率约为 8%。

（2）2×17 年 3 月 31 日，甲公司对退货率进行了重新估计，将该批商品的退货率调整为 10%。

（3）2×17 年 4 月 30 日前，发生销售退回 5 件，商品已经入库，并已开出红字增值税专用发票。

（4）2×17 年 6 月 30 日前，再发生销售退回 6 件，商品已经入库，并已开出红字增值税专用发票。

要求：根据上述资料，做出甲公司账务处理。（金额单位用万元表示）

2. 甲有限公司（以下简称甲公司）2×17 年、2×18 年发生的有关交易或事项如下：

（1）2×17 年 3 月 1 日，甲公司与乙公司签订一项销售合同。合同约定，甲公司应分别于 2×18 年 11 月 30 日和 2×19 年 10 月 31 日向乙公司销售 A 产品和 B 产品。合同约定的对价包括 2 000 万元的固定对价和估计金额为 100 万元的可变对价。假定该可变对价计入交易价格，满足将有关交易金额计入交易价格的限制条件。

（2）2×18 年 11 月 30 日，甲公司按期向乙公司交付 A 产品。

（3）2×18 年 12 月 1 日，甲公司和乙司经协商一致，对合同范围、合同价款等进行了变更，协议约定甲公司需于 2×19 年 6 月 30 日额外向乙公司销售 C 产品，合同价款增加 200 万元，该增加的价款不反映 C 产品的单独售价。

（4）2×18 年 12 月 31 日，甲公司预计有权收取的可变对价金额由 100 万元变更为 150 万元。

（5）2×19 年 10 月 31 日，甲公司按期向乙公司交付 B 产品。

其他资料：假定 A 产品、B 产品、C 产品均为可明确区分商品，其单独售价分别为 800 万元、600 万元、600 万元，且均属于在某一时点履行的履约义务。

上述三种产品的控制权均随产品交付而转移给乙公司，不考虑增值税等其他因素。

要求：

（1）计算合同开始日 A 产品、B 产品分摊的交易价格。

（2）判断甲公司 2×18 年 12 月 1 日合同变更的情形，并说明其会计处理。

（3）说明甲公司 2×18 年 12 月 31 日可变对价变更的处理，并计算此时 B 产品、C 产品的交易价格。（金额单位用万元表示）

3. 甲公司为一家集智能硬件和电子产品研发、生产、销售于一体的科技企业，其产品在线下卖场、网络平台均有销售，且为客户提供售后网点的专业维修服务。2×18 年其发生相关业务如下：

（1）甲公司 2×18 年 1 月发布一款新型手机，每台售价 2 200 元，当月共销售 5 万台。甲公司为促进新品销售，在销售该手机的同时，向客户提供 2 年期的产品质量保证服务，即承诺自产品出售 3 年内，如因产品本身质量问题，甲公司提供免费维修；同时，提供一年的限时免费维修服务，即承诺自产品出售后一年内，如果因客户自身原因（如使用不当、意外破损、自然灾害等）导致产品出现问题的，也提供免费的维修服务。甲公司预计因产品质量问题提供维修服务的费用为销售额的 2%。甲公司因客户原因提供维修服务的市场价格为每台每年 70 元。至 2×18 年末，甲公司因产品质量保证服务发生维修费用 140 万元；当年为 1×500 台该型号手机提供非质量原因免费维修服务。

（2）甲公司官方的网络销售平台自 2×18 年 2 月 1 日起开始执行一项积分计划，约定客户每消费 100 元可积 1 分，积分可在确认收货的下月开始用于抵现，每一积分抵现 1 元。当月共确认销售额 1 200 万元，确认奖励积分 120 000 分。甲公司预计该积分当年将有 90% 被使用。2×18 年 3 月，该奖励积分共有 50 000 分被使用。

要求：

（1）简述甲公司提供产品质量保证服务和提供免费维修服务的会计处理原则，计算甲公司 1 月因手机销售业务应确认收入的金额，并编制 2×18 年与该手机销售相关的会计分录。

（2）分别计算甲公司 2 月、3 月因该积分计划确认的收入，并编制相关分录。（金额单位用万元表示，计算结果保留两位小数）

4. 甲公司以每件 200 元的价格向其客户销售 50 件产品，收到 10 000 元的货款。按照销售合同，客户有权在 30 天内退回任何没有损坏的产品，并得到全额现金退款。每件产品的成本为 150 元。甲公司预计会有 3 件（6%）产品被退回，而且即使估算发生后续变化，也不会导致大量收入的转回。甲公司预计收回产品的成本不会太大，并认为再次出售产品时还能获得利润。甲公司销售 50 件产品应确认的收入为多少？

5. 甲公司以及与甲公司发生交易的各公司均为增值税一般纳税人，销售或进口货物适用的增值税税率均为 16%，以下事项中销售价格均不含增值税。甲公司 2×17 年发生如下经济业务：

（1）1 月 1 日，甲公司与乙公司签订协议，向乙公司销售商品，成本为 90 万元，增值税专用发票上注明销售价格为 110 万元、增值税税额为 17.6 万元。协议规定，甲公司应在当年 5 月 31 日将所售商品购回，回购价为 120 万元，另需支付增值税税额 19.2 万元。假定商品已发出且货款已实际收付。

（2）1 月 2 日，甲公司与丙公司签订分期收款销售合同，向丙公司销售产品 50 件，单位成本 0.072 万元，单位售价 0.1 万元。根据合同规定：丙公司可享受 20% 的商业折扣；丙公司应在甲公司向其交付产品时，首期支付价款和增值税税额之和的 20%，其余款项分 2 个月（包括购货当月）于每月月末等额支付。甲公司发出产品并按规定开具增值税专用发票一张，丙公司如约支付首期货款和以后各期货款。假设不考虑甲公司发生的其他经济业务以及除增值税以外的其他因素，所售商品均未发生减值。

要求：

（1）判断甲公司向乙公司销售商品是否应确认收入并说明理由，编制甲公司 1 月向乙公司销售商品有关的会计分录。

（2）编制甲公司 1 月与向丙公司销售商品有关的会计分录。

6. 2×15 年 12 月 10 日，甲公司董事会批准了管理层提出的客户忠诚度计划。该客户忠诚度计划：从 2×16 年 1 月 1 日起，每 10 元兑换 1 个积分，每个积分可在未来 3 年内购买产品时按 1 元的折扣兑现。2×16 年 1 月 1 日，客户购买了 100 000 元的产品，获得可在未来购买时兑现的 10 000 个积分。对价是固定的，并且已购买的产品的单独售价为 100 000 元。甲公司预计将有 9 500 个积分被兑现。基于兑换的可能性估计每个积分的单独售价为 1 元。

2×16 年，有 4 500 个积分被兑换，并且甲公司继续预计将有 9 500 个积分被兑换。2×17 年，累计有 8 500 个积分被兑换。预计将有 9 700 个积分被兑换。

2×18 年 12 月 31 日，授予的奖励积分剩余部分失效。

假定不考虑相关税费等因素的影响。

要求：

（1）计算甲公司 2×16 年 1 月 1 日授予奖励积分的公允价值、因销售商品应当确认的销售收入，并编制相关会计分录。

（2）计算甲公司 2×16 年因客户使用奖励积分应当确认的收入，并编制相关会计分录。

（3）计算甲公司 2×17 年因客户使用奖励积分应当确认的收入，并编制相关会计分录。

（4）计算甲公司 2×18 年因客户使用奖励积分应当确认的收入，并编制相关会计分录。

7. 甲公司为通信服务运营企业。2×17 年 12 月发生的有关交易或事项如下：

（1）2×17 年 12 月 1 日，甲公司推出预缴话费送手机活动，客户只需预缴话费 5 000 元，即可免费获得市价为 2 400 元、成本为 1 700 元的手机一部，并从参加活动的当月起未来 24 个月内每月享受价值 150 元、成本为 90 元的通话服务。当月共有 10 万名客户参与了此项活动。

（2）2×17 年 11 月 30 日，甲公司董事会批准了管理层提出的客户忠诚度计划。具体如下：客户在甲公司消费价值满 100 元的通话服务时，甲公司将在下月向其免费提供价值 10 元的通话服务。2×17 年 12 月，客户消费了价值 10 000 万元的通话服务（假定均符合下月享受免费通话服务的条件），甲公司已收到相关款项。

（3）2×17 年 12 月 25 日，甲公司与丙公司签订合同，甲公司以 2 000 万元的价格向丙公司销售市场价格为 2 200 万元、成本为 1 600 万元的通信设备一套。作为与该设备销售合同相关的"一揽子"合同的一部分，甲公司同时还与丙公司签订通信设备维护合同，约定甲公司将在未来 10 年内为丙公司的该套通信设备提供维护服务，每年收取固定维护费用 200 万元。类似维护服务的市场价格为每年 180 万元。销售的通信设备已发出，价款至年末尚未收到。

本题不考虑货币时间价值以及税费等其他因素。

要求：

根据资料（1）~资料（3），分别说明所包含的履约义务并计算甲公司于 2×17 年 12 月应确认的收入金额，说明理由，并编制与收入确认相关的会计分录

（无须编制与成本结转相关的会计分录）。

8. 甲公司是一家健身器材销售公司，为增值税一般纳税人，适用的税率为16%。2×17年6月1日，甲公司向乙公司销售5000件健身器材，单位销售价格为500元，单位成本为400元，开出的增值税专用发票上注明的销售价款为2 500 000元，增值税税额为400 000元，收到款项存入银行。协议约定，乙公司在7月31日之前有权退还健身器材。假定甲公司根据过去的经验，估计该批健身器材退货率约为20%，在不确定性消除时，80%已确认的累计收入金额（2 000 000元)极可能不会发生重大转回；健身器材发出时纳税义务已经发生；实际发生销售退回时取得税务机关开具的红字增值税专用发票。6月30日估计该批健身器材退货率约为15%，7月31日发生销售退回，实际退货量为400件，同时支付款项。

要求：

（1）编制2×17年6月1日销售商品的会计分录。

（2）编制2×17年6月30日调整退货比率的会计分录。

（3）编制2×17年7月31日发生退货的会计分录。

案例分析：

收入准则应用案例——合同负债
（涉及不同增值税率的储值卡）

甲公司经营一家连锁超市，以主要责任人的身份销售商品给客户。甲公司销售的商品适用不同的增值税税率，如零食等适用税率为16%，粮食等适用税率为10%等。2×18年，甲公司向客户销售了5 000张不可退的储值卡，每张卡的面值为200元，总额为1 000 000元。客户可在甲公司经营的任意一家门店使用该等储值卡进行消费，根据历史经验，甲公司预期客户购买的储值卡金额将全部被消费，甲公司为增值税一般纳税人，在客户使用该等储值卡消费时发生增值税纳税义务。

本例中，甲公司经营一家连锁超市，销售适用不同税率的各种商品，并收取商品价款及相应的增值税，因此甲公司销售储值卡收取的款项1 000 000元中，仅商品价款部分代表甲公储值卡收取的款项100 000元中，仅商品价款部分代表甲公司已收客户对价而应向客户转让商品的义务，应当确认合同负债，其中增值税部分，因不符合合同负债的定义，不应确认为合同负债。

甲公司应根据历史经验（例如公司以往年度类似业务的综合税率等）估计客户使用该类储值卡购买不同税率商品的情况，将估计的储值卡款项中的增值税部分确认为应交税费待转销项税额，将剩余的商品价款部分确认为合同负债。实际消费情况与预计不同时，根据实际情况进行调整；后续每个资产负债表日根据最新信息对合同负债和应交税费的金额进行重新估计。

分析依据：《企业会计准则第 14 号收入》第四十一条、《企业会计准则第 28 号——会计政策、会计估计变更和差错更正》第八条等相关规定、《企业会计准则第 14 号——收入应用指南 2018》第 112 页等相关内容。

资料来源：财政部：关于发布收入准则应用案例的通知，2018 - 03 - 01。

案例思考：请结合案例思考新收入准则的应用。

第十五章 借款费用

知识目标和要求。掌握借款费用的确认、借款费用资本化金额的确定、借款费用开始资本化的条件、暂停资本化的条件以及停止资本化的条件。

本章重点。借款费用资本化金额的确定。

本章难点。借款费用资本化金额的确定。

一、单项选择题（单项选择题备选答案中，只有一个符合题意的正确答案。多选、错选、不选均不得分）

1. 借款费用准则中的专门借款是指（   ）。

A. 为购建或者生产符合资本化条件的资产而专门借入的款项

B. 发行债券收款

C. 长期借款

D. 技术改造借款

2. 甲上市公司股东大会于 20×7 年 1 月 4 日作出决议，决定建造厂房。为此，甲公司于 3 月 5 日向银行专门借款 5 000 万元，年利率为 6%，款项于当日划入甲公司银行存款账户。3 月 15 日，厂房正式动工兴建。3 月 16 日，甲公司购入建造厂房用水泥和钢材一批，价款 500 万元，当日用银行存款支付。3 月 31 日，计提当月专门借款利息。甲公司在 3 月没有发生其他与厂房购建有关的支出，则甲公司专门借款利息应开始资本化的时间为（   ）。

A. 3 月 5 日   B. 3 月 15 日   C. 3 月 16 日   D. 3 月 31 日

3. A 公司为建造厂房于 20×6 年 4 月 1 日从银行借入 2 000 万元专门借款，借款期限为 2 年，年利率为 6%。20×6 年 7 月 1 日，A 公司采取出包方式委托 B 公司为其建造该厂房，并预付了 1 000 万元工程款，厂房实体建造工作于当日开始。该工程因发生施工安全事故在 20×6 年 8 月 1 日至 11 月 30 日中断施工，12 月 1 日恢复正常施工，至年末工程尚未完工。20×6 年将未动用借款资金进行暂时性投资获得投资收益 10 万元（其中，资本化期间内获得收益 7 万元），该项厂房建造工程在 20×6 年度应予资本化的利息金额为 （　　　） 万元。

A. 80 　　　　　　　 B. 13 　　　　　　　 C. 53 　　　　　　　 D. 10

4. 下列哪种情况不应暂停借款费用资本化 （　　　）。

A. 由于劳务纠纷而造成连续超过 3 个月的固定资产的建造中断

B. 由于资金周转困难而造成连续超过 3 个月的固定资产的建造中断

C. 由于发生安全事故而造成连续超过 3 个月的固定资产的建造中断

D. 由于可预测的气候影响而造成连续超过 3 个月的固定资产的建造中断

5. 关于一般借款资本化金额，下列说法正确的是 （　　　）。

A. 只要有一般借款就应该计算加权平均资本化率

B. 一般借款为债券的，其资本化金额应该用票面利率来计算

C. 一般借款资本化率可以是年度利率也可以是季度利率

D. 一般借款资本化金额也是需要计算闲置资金的短期投资收益的

6. A 公司为建造一项设备于 2×12 年发生资产支出情况如下：2 月 1 日 1 500 万元，6 月 1 日 1 500 万元，8 月 1 日 700 万元，占用的一般借款有如下两笔：2×11 年 3 月 1 日取得，金额 1 800 万元，借款期限 3 年，年利率 6%，利息按年支付；2×12 年 6 月 1 日取得一般借款 2 000 万元，借款期限为 5 年，年利率为 9%，利息按年支付。2×12 年 3 月 1 日至 6 月 30 日因劳动纠纷停工，7 月 1 日恢复施工，当期该货船未达到设计要求。则 A 公司 2×12 年一般借款费用资本化期间为 （　　　）。

A. 1 月 1 日 ~ 2 月 28 日和 7 月 1 日 ~ 12 月 31 日

B. 1 月 1 日 ~ 12 月 31 日

C. 2 月 1 日 ~ 2 月 28 日和 7 月 1 日 ~ 12 月 31 日

D. 2 月 1 日 ~ 12 月 31 日

7. 下列甲公司的业务中可以开始资本化的是 （　　　）。

A. 用借入的专门借款购入一批工程物资并于当日开始动工兴建厂房

B. 用不带息商业承兑汇票购入工程用原材料，准备在下个月开始安装一台设备

C. 用自有资金预付乙公司建造的生产线工程款，工程尚未动工

D. 用一般借款购入生产用原材料，当天开始生产，预计当月可以完工

8. 下列关于借款费用停止资本化时点的判断不正确的是 （　　　）。

A. 符合资本化条件的资产的实体建造或者生产工作已经全部完成或者实质

上已经完成

B. 所购建或者生产的符合资本化条件的资产与设计要求、合同规定或者生产要求相符或者基本相符，即使有个别与设计、合同或者生产要求不符，也不影响正常使用或销售

C. 所购建或者生产的符合资本化条件的资产的各部分分别完工，应当暂停与该部分资产相关的借款费用的资本化

D. 继续发生在所购建或生产的符合资本化条件的资产上的支出金额很少或者几乎不再发生

9. 下列各项中不属于规定的资产支出的是（　　）。

A. 工程领用企业自产产品

B. 计提建设工人的职工福利费

C. 用银行存款购买工程物资

D. 开出带息商业承兑汇票用于购买工程物资

10. 在确定借款费用资本化金额时，与专门借款有关的利息收入应（　　）。

A. 计入营业外收入　　　　　　B. 冲减所购建的固定资产成本

C. 计入当期财务费　　　　　　D. 冲减借款费用资本化的金额

11. 下列项目中，不属于借款费用的是（　　）。

A. 发行公司股票佣金　　　　　B. 发行公司债券佣金

C. 借款手续费　　　　　　　　D. 借款利息

12. 当所购建的固定资产（　　）时，应当停止其借款费用的资本化；以后发生的借款费用应当于发生当期确认为费用。

A. 达到预定可使用状态　　　　B. 交付使用

C. 竣工决算　　　　　　　　　D. 交付使用并办理竣工决算手续

13. 生产经营期间非资本化期间计算利息费用时，与专门借款有关的利息收入应（　　）。

A. 计入营业外收入　　　　　　B. 计入投资收益

C. 冲减管理费用　　　　　　　D. 冲减财务费用

14. 甲公司为股份有限公司，20×6年7月1日为新建生产车间而向商业银行借入专门借款2 000万元，年利率为4%，款项已经存入银行。至20×6年12月31日，因建筑地面上建筑物的拆迁问题尚未解决，建筑地面上原建筑物尚未开始拆迁，该项借款存入银行所获得的利息收入为19.8万元，甲公司20×6年

就上述借款应予以资本化的利息为（　　）万元。

A. 0　　　　　　B. 0. 2　　　　　　C. 20. 2　　　　　　D. 40

15. 20×6年4月20日，甲公司以当月1日自银行取得的专门借款支付了建造办公楼的首期工程物资款，5月10日开始施工，5月20日因发现文物需要发掘保护而暂停施工，7月15日复工兴建。甲公司该笔借款费用开始资本化的时点为（　　）。

A. 4月1日　　　B. 4月20日　　　C. 5月10日　　　D. 7月15日

16. 甲公司为建造某固定资产于20×6年12月1日按面值发行3年期一次还本付息公司债券，债券面值为12 000万元（不考虑债券发行费用），票面年利率为3%。该固定资产建造采用出包方式。20×7年甲股份有限公司发生的与该固定资产建造有关的事项如下：1月1日，工程动工并支付工程进度款1 117万元；4月1日，支付工程进度款1 000万元；4月19日至8月7日，因进行工程质量和安全检查停工；8月8日重新开工；9月1日支付工程进度款1 599万元。假定借款费用资本化金额按年计算，每月按30天计算，未发生与建造该固定资产有关的其他借款，资本化期间该项借款未动用资金存入银行所获得的利息收入20×7年为50万元。则20×7年甲股份有限公司应计入该固定资产建造成本的利息费用金额为（　　）万元。

A. 37. 16　　　B. 310　　　　　C. 72　　　　　　D. 360

17. 下列符合资本化条件的资产所发生的借款费用在予以资本化时，要与资产支出相挂钩的有（　　）。

A. 专门借款利息　　　　　　　　B. 专门借款的溢价摊销

C. 一般借款利息　　　　　　　　D. 外币专门借款的汇兑差额

18. 20×6年2月1日，甲公司为建造一栋厂房向银行取得一笔专门借款。20×6年3月5日，以该贷款支付前期订购的工程物资款，因征地拆迁发生纠纷，该厂房延迟至20×6年7月1日才开工兴建，开始支付其他工程款，20×7年2月28日，该厂房建造完成，达到预定可使用状态。20×7年4月30日，甲公司办理工程竣工决算，不考虑其他因素，甲公司该笔借款费用的资本化期间为（　　）。

A. 20×6年2月1日至20×7年4月30日

B. 20×6年3月5日至20×7年2月28日

C. 20×6年7月1日至20×7年2月28日

D. 20×6年7月1日至20×7年4月30日

19. 20×7 年 1 月 1 日，甲公司从银行取得 3 年期专门借款开工兴建一栋厂房。20×9 年 6 月 30 日该厂房达到预定可使用状态并投入使用，7 月 31 日验收合格，8 月 5 日办理竣工决算，8 月 31 日完成资产移交手续。甲公司该专门借款费用在 20×9 年停止资本化的时点为（　　　）。

A. 6 月 30 日　　　B. 7 月 31 日　　　C. 8 月 5 日　　　D. 8 月 31 日

20. 2015 年 1 月 1 日，甲公司取得专门借款 2 000 万元直接用于当日开工建造的厂房，2015 年累计发生建造支出 1 800 万元。2016 年 1 月 1 日，该公司又取得一笔一般借款 500 万元，年利率为 6%，当天发生建造支出 400 万元，以借入款项支付。甲公司 2016 年第一季度没有发生其他关于厂房建设的支出，至 2016 年第一季度末，该厂房建造尚未完工，不考虑其他因素，甲公司按季计算利息资本化金额。2016 年第一季度该公司应予资本化的一般借款利息为（　　　）万元。

A. 1.5　　　　B. 3　　　　C. 4.5　　　　D. 7.5

21. 20×6 年 1 月 1 日，甲公司取得专门借款 4 000 万元，年利率为 5%，20×6 年 3 月 1 日开工建造，20×6 年 4 月 1 日发生建造支出 3 600 万元。20×7 年 1 月 1 日，该企业取得一项一般借款 1 000 万元，年利率为 6%，当天发生建造支出 600 万元，甲企业无其他一般借款。不考虑其他因素，甲公司按季计算利息费用资本化金额。20×7 年第一季度该企业应予资本化的借款利息费用为（　　　）万元。

A. 3　　　　B. 50　　　　C. 53　　　　D. 15

22. 甲公司 2017 年 1 月 1 日发行面值总额为 10 000 万元的债券，取得的款项专门用于建造厂房。该债券系分期付息、到期还本债券，期限为 4 年，票面年利率为 10%，每年 12 月 31 日支付当年利息。该债券年实际利率为 8%。债券发行价格总额为 10 662.10 万元，款项已存入银行。厂房于 2017 年 1 月 1 日开工建造，2017 年度累计发生建造工程支出 4 600 万元。经批准，当年甲公司将尚未使用的债券资金投资于国债，取得投资收益 760 万元。2017 年 12 月 31 日工程尚未完工，该在建工程的账面余额为（　　　）万元。（计算结果保留两位小数）

A. 4 692.97　　B. 4 906.21　　C. 5 452.97　　D. 5 600

二、多项选择题（多项选择题备选答案中，有两个或两个以上符合题意的正确答案。多选、少选、错选、不选均不得分）

1. 甲公司下列经济业务所涉及的借款费用应予以资本化的有（　　　）。

A. 20×6 年 1 月 1 日，向银行借入的专门借款用于开工建设办公楼，预计在

20×6 年 9 月底完工

B. 20×6 年 1 月 1 日，向银行借入资金用于生产 A 产品，该产品属于大型发电设备，生产时间较长，为 1 年零 3 个月

C. 20×6 年为了扩大企业的经济规模，于 20×6 年 4 月 1 日开始建造一条生产线，预计在次年 2 月底完工

D. 20×6 年 1 月 1 日，用银行借款开工建设一幢简易厂房，预计厂房于次年 2 月 15 日完工，达到预定可使用状态

2. 某公司于 2×16 年 1 月 5 日起动工兴建厂房，建造过程中发生的下列支出或费用中，属于规定的资产支出的有（　　　）。

A. 工程领用企业自产产品

B. 计提建设工人的职工福利费

C. 用不带息票据支付工程款

D. 用银行存款购买工程物资

3. 黄河公司于 20×5 年 12 月 25 日动工兴建一栋办公楼，当日用取得的专门借款支付工程物资款 117 万元，工程采用出包方式建造，20×6 年 10 月 1~31 日接受监理公司进度检查，11 月 1 日继续开工。20×7 年 3 月 1 日~6 月 30 日因工程款纠纷问题停工 4 个月，20×7 年 12 月 31 日完工。则下列各项中属于资本化期间的有（　　　）。

A. 20×5 年 12 月 25 日至 20×6 年 10 月 1 日

B. 20×6 年 10 月 1 日至 20×6 年 10 月 31 日

C. 20×6 年 11 月 1 日至 20×7 年 12 月 31 日

D. 20×6 年 11 月 1 日至 20×7 年 2 月 28 日

4. 下列对借款费用允许开始资本化必须满足的条件说法不正确的有（　　　）。

A. 转移非现金资产也属于资产支出已经发生

B. 借款费用已经发生是特指企业已经发生因购建或者生产符合资本化条件的资产而专门借入款项的借款费用

C. 企业带息赊购的物资用于生产周期为三个月的产品，也应该资本化

D. 借款费用允许开始资本化的时点只要满足资产支出已经发生，借款费用已经发生，为使资产达到预定可使用或者可销售状态所必要的购建或者生产活动已经开始这三个条件其中一个即可

5. 下列不能表明"为使资产达到预定可使用或者可销售状态所必要的购建

或者生产活动已经开始"的有（   ）。

A. 厂房的实际开工建造

B. 建造厂房所需的建筑材料购入

C. 建造生产线的主体设备的购入

D. 建造生产线的主体设备的安装

6. 下列有关专门借款的说法中，不正确的有（   ）。

A. 专门借款是购建或者生产符合资本化条件的资产而借入的没有特定用途款项

B. 专门借款通常应当有明确的用途

C. 专门借款通常应当具有标明用途的借款合同

D. 专门借款通常是指专门从银行借入的款项

7. 下列项目中，属于借款费用的有（   ）。

A. 摊销的借款手续费用　　　　B. 应付债券溢价的摊销

C. 发行债券所发生的溢价　　　D. 应付债券折价的摊销

8. 关于辅助费用以及因外币借款而发生的汇兑差额，下列说法正确的是（   ）。

A. 在资本化期间内，外币专门借款本金及利息的汇兑差额，应当予以资本化，计入符合资本化条件的资产成本

B. 在资本化期间内，外币专门借款本金及利息的汇兑差额的计算不与资产支出相挂钩

C. 专门借款发生的辅助费用，在所购建或者生产的符合资本化条件的资产达到预定可使用状态或者可销售状态之前发生的，应当在发生时根据其发生额予以资本化，计入符合资本化条件的资产的成本

D. 专门借款发生的辅助费用，在计算其资本化金额时应与资产支出相挂钩

9. 下列各项中，符合资本化条件的资产包括（   ）。

A. 需要经过相当长时间的购建才能达到预定可使用状态的固定资产

B. 需要经过相当长时间的购建才能达到预定可使用状态的投资性房地产

C. 需要经过相当长时间的生产活动才能达到预定可销售状态的存货

D. 需要经过半年的购建才能达到预定可销售状态的投资性房地产

10. 关于借款费用准则中每一会计期间的利息资本化金额的确定，下列说法中正确的有（   ）。

A. 为购建或者生产符合资本化条件的资产而借入专门借款的，应当以专门借款当期实际发生的利息费用，减去将尚未动用的借款资金存入银行取得的利息收入或进行暂时性投资取得的投资收益后的金额确定

B. 企业应当将累计资产支出加权平均数乘以资本化率，计算确定当期应予资本化的利息金额

C. 为购建或者生产符合资本化条件的资产而占用了一般借款的，企业应当根据累计资产支出超过专门借款部分的资产支出加权平均数乘以所占用一般借款的资本化率，计算确定一般借款应予资本化的利息金额

D. 为购建或者生产符合资本化条件的资产而占用了一般借款的，企业应当根据累计资产支出加权平均数超过专门借款的部分乘以所占用一般借款的资本化率，计算确定一般借款利息中应予资本化的金额

11. 企业应当在附注中披露与借款费用有关的信息包括（　　）。

A. 当期资本化的借款费用金额

B. 当期费用化的借款费用金额

C. 当期固定资产购建项目的累计支出

D. 当期用于计算确定借款费用资本化金额的资本化率

12. 下列各项，表明所购建固定资产达到预定可使用状态的有（　　）。

A. 与固定资产购建有关的支出不再发生

B. 固定资产的实体建造工作已经全部完成

C. 固定资产与设计要求或者合同要求相符

D. 试生产结果表明固定资产能够正常生产出合格产品

13. 在确定借款费用暂停资本化的期间时，应当区别正常中断和非正常中断。下列各项中，属于非正常中断的有（　　）。

A. 质量纠纷导致的中断

B. 正常测试、调试发生的中断

C. 劳动纠纷导致的中断

D. 资金周转困难导致的中断

14. 下列关于资本化的表述中，正确的有（　　）。

A. 开发阶段支出应当全部资本化计入无形资产成本

B. 在建项目占用一般借款的，其借款利息可以资本化

C. 房地产开发企业应将用于项目开发的借款费用资本化计入开发成本

D. 为购建或者生产负荷资本化条件的资产而占用了一般借款的，企业应当根据累计资产支出加权平均数乘以所占用一般借款的资本化率，计算确定一般借款应予资本化的利息金额

15. 下列项目中，属于借款费用应予资本化的资产范围的有（　　）。

A. 经过 13 个月的购建达到预定可使用状态的投资性房地产

B. 需要 18 个月的生产活动才能达到可销售状态的存货

C. 经过 2 年的研发达到预定用途的无形资产

D. 经过 8 个月的建造可达到预定可使用状态的生产设备

16. 在符合借款费用资本化条件的会计期间，下列有关借款费用的会计处理中，符合会计准则规定的有（　　）。

A. 购建或者生产符合资本化条件的资产达到预定可使用或者可销售状态时，借款费用应当停止资本化

B. 为购建固定资产借款资本化的利息金额，不应超过当期专门借款实际发生的利息

C. 为购建固定资产活动发生正常中断且中断持续时间超过 3 个月的，中断期间的利息应计入建造成本

D. 购建固定资产活动发生的非正常中断且中断时间未超过 3 个月的，中断期间的利息应计入建造成本

三、判断题（正确用"√"表示，错误用"×"表示）

1. 在借款费用允许资本化的期间内发生的外币专门借款汇兑差额，应当计入以该专门借款所购建固定资产的成本。（　　）

2. 购建固定资产达到预定可使用状态前因安排专门借款以及占用一般借款而发生的辅助费用，应当计入所购建固定资产的成本。（　　）

3. 企业购建或生产的符合资本化条件的资产的各部分分别完工，且每部分在其他部分继续建造过程中可供使用或者可对外销售，且为使该部分资产达到预定可使用或可销售状态所必要的购建或者生产活动实质上已经完成的，应当停止与该部分资产相关的借款费用的资本化。（　　）

4. 资本化期间，是指从借款费用开始资本化时点到停止资本化时点的期间，借款费用暂停资本化的期间包括在内。（　　）

5. 企业发生的借款费用，可直接归属于固定资产的购建或者生产的，应当予以资本化。（　　）

6. 符合资本化条件的资产在购建或者生产过程中发生非正常中断，且中断时间非连续超过 3 个月的，应当暂停借款费用的资本化。（　　）

7. 外币专门借款本金及利息的汇兑差额在发生时予以资本化。（　　）

8. 在资本化期间内，每一会计期间的利息资本化金额，不应当超过当期相关借款实际发生的利息金额。（　　）

9. 资本化期间发生的一般借款的利息费用可能资本化，也可能费用化。（　　）

10. 资本化期间发生的专门借款的利息费用可能资本化，也可能费用化。（　　）

11. 企业借款费用开始资本化之前发生的借款辅助费用，应将其全部发生额计入当期损益。（　　）

12. 在资本化期间内，外币一般借款本金及利息产生的汇兑差额，应当予以资本化，计入符合资本化条件的资产成本。（　　）

13. 企业购建的符合借款费用资本化条件的固定资产各部分分别完工，应当待全部完工后停止借款费用资本化。（　　）

14. 在资本化期间内，每一会计期间的利息资本化金额，可能超过当期相关借款实际发生的利息金额。（　　）

15. 为购建固定资产发生的符合资本化条件的专门借款利息费用，在交付使用并办理竣工决算手续前发生支出的应予资本化。（　　）

四、计算分析题

1. 甲公司为建造一生产车间，于 20×7 年 11 月 1 日向银行借入三年期借款 1000 万元，年利率为 6%。20×8 年 1 月 1 日开始建造该项固定资产，并发生支出 500 万元，20×8 年 4 月 1 日又发生支出 400 万元。20×8 年 7 月 1 日又为该工程建设发行期限为三年，面值为 1 000 万元，年利率为 9%，到期一次还本付息的债券，发行价为 1 000 万元。同日又发生支出 600 万元。20×8 年 10 月 1 日发生支出为 400 万元。该固定资产于 20×8 年 12 月 31 日完工交付使用。假定甲公司利息资本化金额按年计算。未动用的借款资金存入银行取得的利息收入 20×7 年为 5 万元，20×8 年为 6 万元。

要求：

（1）计算甲公司 20×7 年借款费用资本化金额并编制会计分录；

（2）计算甲公司 20×8 年借款费用资本化金额并编制会计分录。

2. 甲公司20×6年1月1日开始建造一栋办公楼，为建造该项办公楼借入一笔3年期的借款1 500万元，年利率为8%，按年支付利息。甲公司于3月1日开始施工建设，并于当日支付400万元的工程款。当年其他支出情况如下：6月1日，支付500万元；11月1日，支付500万元。至20×6年末，该项办公楼尚未完工。假设甲公司不存在其他借款，并且该项专门借款闲置资金用于短期投资，投资月收益率为0.5%。

要求：计算甲公司20×6年借款费用资本化金额并编制会计分录。

3. 20×6年初甲公司接受乙公司委托，承建一大型机械设备，预计建造期为2年。甲公司于当日为建造该设备专门借入款项400万元，借款年利率为8%，借款期限为3年。除此之外，甲公司还有一笔一般借款，借款年限为5年，该笔借款为20×5年初借入，借款本金2 000万元，借款年利率为8.36%。20×6年初由于工程资料尚未准备充足，工程尚未开始建造，甲公司将借入的专门款项购买收益发发宝理财产品，截至20×6年3月末取得收益5万元。20×6年4月1日工程开始建造，甲公司将理财产品出售，收回专门借款。20×6年甲公司发生资产支出的情况如下：4月1日发生工程支出300万元、6月1日发生工程支出700万元、7月1日发生工程支出200万元、10月1日发生工程支出300万元。

要求：计算甲公司20×6年该项工程应予资本化的借款费用金额并编制会计分录。

4. A公司按季计提利息，A公司于20×6年1月1日动工兴建一办公楼，工程采用出包方式，工程于20×7年6月30日完工，达到预定可使用状态。资料如下：

（1）专门借款如下：公司为建造办公楼于20×6年1月1日取得专门借款6 000万元，借款期限为3年，年利率为5%，按年支付利息。除此之外，无其他专门借款。

（2）办公楼的建造还占用两笔一般借款：

20×5年12月1日，取得长期借款6 000万元，借款期限为3年，年利率为6%，按年支付利息；

20×5年12月1日，发行公司债券4 000万元，期限为5年，年利率为7%，按年支付利息。

闲置专门借款资金用于固定收益债券短期投资，假定短期投资月收益率为0.5%，且每月均收到该收益金额。假定全年按360天计算。

（3）建造工程资产支出如下：

20×6年1月1日，支出4 500万元；

20×6年7月1日，支出7 500万元；

20×6年12月31日，支出3 500万元。

假设不考虑其他因素。

要求：

（1）计算A公司20×6年第一季度有关借款利息的资本化金额，并编制相关会计分录。

（2）计算A公司20×6年第三季度借款利息的资本化金额，并编制相关的会计分录。

（3）计算A公司20×7年第一季度借款利息的资本化金额和费用化金额，并编制相关会计分录。

5. 某企业建造一项固定资产，所占用的一般借款有两项（假定这里的支出均为超过专门借款的支出，不再单独考虑专门借款的情况）：

（1）20×7年1月1日借入的3年期借款200万元，年利率为6%；

（2）20×7年4月1日发行的3年期一次还本付息债券300万元，票面年利率为5%，实际利率为6%，债券发行价格为285万元，折价15万元（不考虑发行债券时发生的辅助费用）。

有关资产支出如下：

1月1日支出100万元；2月1日支出50万元；3月1日支出50万元；4月1日支出200万元；5月1日支出60万元。

假定资产建造从1月1日开始，工程项目于20×7年6月30日达到预定可使用状态。债券溢折价采用实际利率法摊销。

要求：

（1）分别计算20×7年第一季度和第二季度适用的资本化率；

（2）分别计算20×7年第一季度和第二季度应予资本化的利息金额并进行相应的账务处理。

6. 华远公司于20×7年1月1日动工兴建一办公楼，工程采用出包方式，每半年支付一次工程进度款。工程于20×8年6月30日完工，达到预计可使用状态。

华远公司建造工程资产支出如下：

（1）20×7年1月1日，支出3 000万元。

（2）20×7年7月1日，支出5 000万元，累计支出8 000万元。

（3）20×8年1月1日，支出3 000万元，累计支出11 000万元。

华远公司为建造办公楼于20×7年1月1日专门借款4 000万元，借款期限为3年，年利率为8%，按年支付利息。除此之外，无其他专门借款。

办公楼的建造还占用两笔一般借款：

（1）从A银行取得长期借款4 000万元，期限为20×6年12月1日至20×9年12月1日，年利率为6%，按年支付利息。

（2）发行公司债券2亿元，发行日为20×6年1月1日，期限为5年，年利率为8%，按年支付利息。

闲置专门借款资金用于固定收益债券临时性投资，假定暂时性投资月收益率为0.5%。假定全年按360天计算。

要求：

（1）计算20×7年和20×8年专门借款利息资本化金额。

（2）计算20×7年和20×8年一般借款利息资本化金额。

（3）计算20×7年和20×8年利息资本化金额。

（4）编制20×7年和20×8年与利息资本化金额有关的会计分录。

7. 甲公司为建造一生产车间，于20×7年11月1日向银行借入三年期借款1000万元，年利率为6%。20×8年1月1日开始建造该项固定资产，并发生支出500万元，20×8年4月1日又发生支出400万元。20×8年7月1日又为该工程建设发行期限为三年，面值为1 000万元，年利率为9%，到期一次还本付息的债券，发行价为1 000万元，同时。同日又发生支出600万元。20×8年10月1日发生支出为400万元。该固定资产于20×8年12月31日仍在建设中。假定甲公司利息资本化金额按年计算。未动用的借款资金存入银行取得的利息收入20×7年为5万元，20×8年为6万元。

要求：计算甲公司该工程20×8年应予资本化的借款费用金额。

案例分析：

建发股份借款费用资本化分析

建发股份（600153.SH）2012年实现存货354亿元，而资本化利息就高达23

亿元,资本化率接近 8%。这一比例明显高于同行业的上市公司信达地产和荣盛发展。财报显示,建发股份 2012 年实现存货账面价值 353.75 亿元,其中开发成本 253.95 亿元,开发产品 35.11 亿元。而从资本化利息金额来看,公司 2012 年资本化利息高达 22.68 亿元,借款费用资本化率为 7.85%。

而与此相对应的,同行业的上市公司信达地产 2012 年实现存货账面价值 133.50 亿元,其中开发成本 118.97 亿元,开发产品 14.52 亿元。而期末借款费用资本化金额为 5.82 亿元,借款费用资本化率为 4.36%。荣盛发展 2012 年实现存货账面价值 264.28 亿元,其中开发成本 220.58 亿元,开发产品 40.14 亿元。而期末借款费用资本化金额为 10.08 亿元,借款费用资本化率为 3.87%。

"借款费用是资本化还是费用化,其实本质的区别就在于前者是算入资产负债表,后者是算入利润表中,直接体现在当期利润表中。所以通过资本化的处理方式,可以提高当期的净利润水平,做高公司的业绩。"一名会计人士表示。

此外,值得关注的是,公司 2012 年实现预收款 123.86 亿元,其中房地产的预售款为 86.09 亿元,占营业收入 911.67 亿元的 9.44%。而信达资产 2012 年实现房地产预收款为 21.52 亿元,占当期营业收入的 53.70%。

资料来源:证券市场周刊,2014 - 03 - 01。

案例思考:请结合借款费用资本化的条件分析该案例。

第十六章　财务报告

知识目标和要求。通过本章的学习，要求学生掌握资产负债表、利润表、现金流量表、所有者权益变动表的内容、结构及其编制方法；掌握每股收益的计算方法。掌握分部报告的内容结构和编制方法；掌握关联方的判断原则和披露要求；掌握会计报表的体系及其相互之间的关系；熟悉附注的概念和报表重要项目的说明。

本章重点。现金流量表、所有者权益变动表的内容、结构及其编制方法。附注中报表重要项目的说明。

本章难点。现金流量表、所有者权益变动表的内容、结构及其编制方法。附注中报表重要项目的说明。

一、单项选择题（单项选择题备选答案中，只有一个符合题意的正确答案。多选、错选、不选均不得分）

1. "预付账款"科目明细账中若有贷方余额，应将其计入资产负债表中的（　　）项目。

A. 应收账款　　　　B. 预收账款　　　　C. 应付账款　　　　D. 其他应付款

2. 在我国，利润表基本上是采用（　　）结构。

A. 单步式　　　　B. 功能式　　　　C. 多步式　　　　D. 性质式

3. 一年以内摊销的长期待摊费用在（　　）项目列示。

A. 长期待摊费用　　　　　　　　B. 一年内到期的非流动资产

C. 待摊费用　　　　　　　　　　D. 商誉

4. 甲公司20×6年12月发生如下事项：①销售商品A，售价为100万元，成本为60万元，销售价款至年末尚未收到；②销售原材料B，售价为120万元，成本80万元，至年末收到80万元货款；③以预收货款方式销售商品C，收到货款200万元，至年末尚未发出商品；④收到上月销售商品D应收未收的货款50万元；⑤上月销售的商品E因质量问题在本期发生退回，支付退货款60万元。

假定未发生其他业务，则甲公司本月"销售商品、提供劳务收到的现金"项目应填列的金额为（　　）万元。

　　A. 370　　　　　　　B. 330　　　　　　　C. 390　　　　　　　D. 270

　　5. 20×6 年度，甲公司涉及现金流量的交易或事项如下：①收到上年度销售商品价款 250 万元；②收到发行债券的现金 1 000 万元；③收到返还所得税现金 100 万元；④支付退休职工统筹退休金 150 万元；⑤支付经营租赁设备租金 350 万元；⑥支付以前年度融资租赁设备款 750 万元。下列各项关于甲公司现金流量列报的表述中，正确的是（　　）。

　　A. 经营活动现金流入 250 万元

　　B. 经营活动现金流出 500 万元

　　C. 投资活动现金流出 750 万元

　　D. 筹资活动现金流入 1 100 万元

　　6. 甲公司 20×6 年发生下列各项交易或事项：①以银行存款向税务部门缴纳税费 600 万元；②以银行存款支付生产车间的制造费用 300 万元；③收到投资性房地产的租金收入 900 万元；④收到除税费返还外的其他政府补助收入 1 200 万元。下列有关现金流量表填列的项目正确的是（　　）。

　　A. 以银行存款向税务部门缴纳税费 600 万元填列"支付的各项税费"项目

　　B. 以银行存款支付生产车间的制造费用 300 万元填列"购买商品、接受劳务支付的现金"项目

　　C. 投资性房地产收到的租金收入 900 万元填列"取得投资收益收到的现金"项目

　　D. 除税费返还外的其他政府补助收入 1 200 万元填列"收到其他与筹资活动有关的现金"项目

　　7. 甲公司于 20×6 年 7 月 1 日经有关部门批准成立，从 7 月 1 日到 11 月 30 日期间发生办公费用 10 万元、差旅费 15 万元、业务招待费用 10 万元、买机器设备支出 100 万元、购买办公楼支出 1 200 万元，为安装机器设备支付安装费用 10 万元，支付借款利息 5 万元，存款利息收入 2 万元。12 月进行试车发生材料支出 15 万元，形成的部分产品对外销售了 8 万元，剩余产品预计售价 10 万元。不考虑其他因素，甲公司 20×6 年应计入利润表的损益金额为（　　）万元。

　　A. 40　　　　　　　B. 23　　　　　　　C. 20　　　　　　　D. 38

　　8. A 公司 20×5 年 12 月 2 日购入 S 公司 22.5 万股股票作为交易性金融资产，

每股价格为 6 元。20×5 年 12 月 31 日，交易性金融资产的公允价值为每股价格为 7 元。20×6 年 5 月 15 日收到 S 公司分派的现金股利 4.50 万元，股票股利 15 万股。20×6 年 12 月 31 日，交易性金融资产的公允价值为每股价格 8 元。则有关会计报表不正确的列报方法是（　　　）。

A. 20×5 年 12 月 31 日利润表"公允价值变动收益"项目填列金额为 22.5 万元

B. 20×6 年 12 月 31 日利润表"公允价值变动收益"项目填列金额为 142.5 万元

C. 20×5 年 12 月 31 日资产负债表"以公允价值计量且其变动计入当期损益的金融资产"项目填列金额为 157.5 万元

D. 20×6 年 12 月 31 日资产负债表"以公允价值计量且其变动计入当期损益的金融资产"项目填列金额为 180 万元

9. 某公司年末结账前"应收账款"总账借方余额 30 000 万元，其明细账借方余额合计 39 000 万元，贷方余额合计 9 000 万元；"预收账款"总账贷方余额 23 000 万元，其明细账贷方余额合计 30 000 万元，借方余额合计 7 000 万元。"坏账准备"科目余额为 2 000 万元。资产负债表中"应收账款"项目和"预收款项"项目分别填列金额为（　　　）。

A. 30 000 万元和 23 000 万元　　　B. 44 000 万元和 39 000 万元

C. 46 000 万元和 39 000 万元　　　D. 44 000 万元和 23 000 万元

10. 某企业期末"库存商品"科目的余额为 200 万元，"发出商品"科目的余额为 20 万元，"原材料"科目的余额为 90 万元，"材料成差异"科目的借方余额为 15 万元。"存货跌价准备"科目的余额为 20 万元，"制造费用"科目的余额为 25 万元，"委托代销商品"科目的余额为 240 万元，"工程物资"科目的余额为 30 万元，假定不考虑其他因素，该企业资产负债表中"存货"项目的金额为（　　　）万元。

A. 570　　　　　B. 540　　　　　C. 600　　　　　D. 590

11. 甲企业本期支付离退休人员工资 30 万元，支付离退休人员活动费 5 万元，支付在建工程人员工资 6 万元；支付广告费 200 万元，支付生产车间经营租金 25 万元，支付本企业财产保险费 60 万元；支付业务招待费 2 万元；执行法院判决，支付购买商品的欠款 500 万元，支付合同违约金 8 万元；发生坏账 10 万元；支付利息 56 万元；支付购买股票款 90 万元。上述支出中，现金流量表"支付的其他与经营活动有关的现金"项目列示的金额是（　　）万元。

A. 330　　　　　　　B. 830　　　　　　　C. 305　　　　　　　D. 130

12. 下列各项，属于工业企业投资活动产生的现金流量的是（　　）。

A. 交纳所得税　　　　　　　　　　B. 分配现金股利

C. 发行公司债券收到的现金　　　　D. 以现金支付的在建工程人员工资

13. 甲企业 5 月 10 日购买 A 股票作为交易性金融资产，支付的全部价款为 50 万元，其中包括已宣告尚未领取的现金股利 1 万元。5 月 20 日收到现金股利，6 月 2 日将 A 股票售出，收到价款 52 万元。如果该企业没有其他有关投资的业务，应计入现金流量表中"收回投资收到的现金"项目的金额为（　　）万元。

A. 49　　　　　　　B. 50　　　　　　　C. 51　　　　　　　D. 52

14. 下列关于所有者权益变动表说法不正确的是（　　）。

A. 所有者权益变动表应该以矩阵形式列示

B. 所有者权益变动表应该单独列示会计政策变更和差错更正的累积影响金额

C. 如果上年度所有者权益变动表规定的各个项目的名称和内容同本年度不相一致，应对上年度所有者权益变动表各项目的名称和数字按本年度的规定进行调整

D. 所有者权益变动表分为"本年金额"和"上年金额"两行列示

15. 20×6 年 12 月 31 日，甲公司计提存货跌价准备 500 万元，固定资产减值准备 2 000 万元，可供出售债券投资减值准备 1 500 万元；持有的短期交易获利为目的股票投资以公允价值计量，截至年末股票投资公允价值上升了 150 万元。在年末计提相关资产减值准备之前，当年已发生存货跌价准备转回 100 万元，可供出售债券投资减值转回 300 万元。假定不考虑其他因素。在 20×6 年度利润表中，对上述资产价值变动列示方法正确的是（　　）。

A. 管理费用列示 400 万元、营业外支出列示 2 000 万元、公允价值变动收益列示 150 万元、投资收益列示 -1 200 万元

B. 管理费用列示 400 万元、资产减值损失列示 2 300 万元、公允价值变动收益列示 150 万元、投资收益列示 -1 200 万元

C. 资产减值损失列示 3 600 万元、公允价值变动收益列示 150 万元

D. 资产减值损失列示 3 900 万元、公允价值变动收益列示 150 万元

16. 下列各项中，属于筹资活动所产生的现金流量是（　　）。

A. 企业购买债券所支付的现金

B. 企业发行股票所产生的现金流量

C. 企业因股票投资所收到的现金股利

D. 出售长期股权资产所取得的现金

17. 下列不属于需要在附注中进行说明的是（　　）。

A. 财务报告的批准报出者和财务报告批准报出日，或者以签字人及其签字日期为准

B. 企业如何判断持有的金融资产是持有至到期投资而不是交易性投资

C. 计算未来现金流量的现值时，预测所采用的假设及其依据、所选择的折现率为什么是合理的

D. 声明企业编制的财务报表只是部分遵循了企业会计准则

18. 资产负债表中的"未分配利润"项目，应根据（　　）填列。

A. "利润分配"科目余额

B. "本年利润"科目余额

C. "本年利润"和"利润分配"科目的余额计算后

D. "盈余公积"科目余额

19. 某企业 20×6 年 12 月 31 日固定资产账户余额为 2 000 万元，累计折旧账户余额为 800 万元，固定资产减值准备账户余额为 100 万元，在建工程账户余额为 200 万元。该企业 20×6 年 12 月 31 日资产负债表中固定资产项目的金额为（　　）万元。

A. 1 200　　　　B. 90　　　　C. 1 100　　　　D. 2 200

20. 罚款收入属于（　　）。

A. 收到的税费返还

B. 收到的其他与经营活动有关的现金

C. 销售商品、提供劳务收到的现金

D. 收回投资收到的现金

21. 应付账款若有借方余额，应将其计入资产负债表中的（　　）。

A. 应收账款　　B. 预收账款　　C. 预付账款　　D. 其他应收款

22. 支付的在建工程人员的工资属于（　　）。

A. 筹资活动　　　B. 经营活动　　　C. 投资活动　　　D. 其他活动

23. 某企业"应付账款"科目月末贷方余额 40 000 元，其中："应付甲公司

账款"明细科目贷方余额 35 000 元,"应付乙公司账款"明细科目贷方余额 5 000 元,"预付账款"科目月末贷方余额 30 000 元,其中"预付 A 工厂账款"明细科目贷方余额 50 000 元,"预付 B 工厂账款"明细科目借方余额 20 000 元。该企业月末资产负债表中"应付账款"科目的金额为( )元。

    A. 90 000   B. 30 000   C. 40 000   D. 70 000

24. 某企业 20 ×7 年主营业务收入为 1 000 万元,其他业务收入 100 万元, 20 ×7 年应收账款的年初数为 150 万元,期末数为 120 万元,20 ×7 年发生坏账 10 万元,计提坏账准备 12 万元。根据上述资料,该企业 20 ×7 年"销售商品收到的现金"为( )万元。

    A. 1 118   B. 1 108   C. 1 142   D. 1 132

25. 某企业 2016 年度共发生财务费用 45 000 元,其中:短期借款利息为 30 000 元,票据贴现息为 9 000 元(不附追索权),确认长期借款利息 6 000 元。则现金流量表补充资料中的"财务费用"项目应填列的金额为( )元。

    A. 45 000   B. 35 000   C. 39 000   D. 36 000

26. 下列不属于需要在附注中进行说明的是( )。

    A. 财务报告的批准报出者和财务报告批准报出日,或者以签字人及其签字日期为准

    B. 企业如何判断持有的金融资产是持有至到期投资而不是交易性投资

    C. 计算未来现金流量的现值时,预测所采用的假设及其依据、所选择的折现率为什么是合理的

    D. 声明企业编制的财务报表只是部分遵循了企业会计准则

27. 甲公司 20 ×4 年发生下列各项交易或事项:①以银行存款向税务部门缴纳税费 600 万元;②以银行存款支付生产车间的制造费用 300 万元;③收到投资性房地产的租金收入 900 万元;④收到除税费返还外的其他政府补助收入 1 200 万元。下列有关现金流量表填列的项目正确的是( )。

    A. 以银行存款向税务部门缴纳税费 600 万元填列"支付的各项税费"项目

    B. 以银行存款支付生产车间的制造费用 300 万元填列"购买商品、接受劳务支付的现金"项目

    C. 投资性房地产收到的租金收入 900 万元填列"取得投资收益收到的现金"项目

    D. 除税费返还外的其他政府补助收入 1 200 万元填列"收到其他与筹资活

动有关的现金"项目

28. 下列关于所有者权益变动表的结构及填列方法，表述错误的是（　　）。

A. 所有者权益变动表应当以矩阵的形式列示

B. 所有者权益变动表"上年金额"栏内各项数字，应根据上年度所有者权益变动表"本年金额"栏内所列数字填列

C. 如果上年度所有者权益变动表规定的各个项目的名称和内容同本年度不一致，应对上年度所有者权益变动表各项目的名称和数字按本年度的规定进行调整，填入所有者权益变动表"本年金额"栏内

D. 所有者权益变动表"本年金额"栏内各项数字一般应根据"实收资本（或股本）""资本公积""其他综合收益""盈余公积""利润分配""库存股""以前年度损益调整"等科目的发生额分析填列

29. A 公司应付职工薪酬年初余额 2 000 万元，本年计入生产成本、制造费用、管理费用中职工薪酬为 2 300 万元，应付职工薪酬期末余额 1 800 万元，则"支付给职工以及为职工支付的现金"项目的金额为（　　）万元。

A. 2 000　　　　　B. 0　　　　　C. 2 300　　　　　D. 2 500

30. 下列各方中，构成甲公司关联方的是（　　）。

A. 甲公司外聘的财务顾问公司

B. 甲公司总经理之子控制的乙公司

C. 与甲公司同受集团公司控制的乙公司

D. 甲公司拥有 15% 股权并派出一名董事的被投资公司丁公司

二、多项选择题（多项选择题备选答案中，有两个或两个以上符合题意的正确答案。多选、少选、错选、不选均不得分）

1. 根据现行会计制度的规定，下列各项中，属于企业经营活动产生的现金流量的有（　　）。

A. 收到的出口退税款

B. 收到长期股权投资的现金股利

C. 转让无形资产所有权取得的收入

D. 出租无形资产使用权取得的收入

2. 下列交易或事项产生的现金流量中，属于投资活动产生的现金流量的有（　　）。

A. 为购建固定资产支付的耕地占用税

B. 为购建固定资产支付的已资本化的利息费用

C. 因火灾造成固定资产损失而收到的保险赔款

D. 融资租赁方式租入固定资产所支付的租金

3. 资产负债表中的应付账款项目应根据（　　）填列。

A. 应付账款所属明细账贷方余额合计

B. 预付账款所属明细账贷方余额合计

C. 应付账款总账余额

D. 应付账款所属明细账借方余额合计

4. 下列交易和事项中，不影响当期经营活动产生的现金流量的有（　　）。

A. 用产成品偿还短期借款　　　　　　B. 支付管理人员工资

C. 收到被投资单位利润　　　　　　　D. 支付各项税费

5. 下列资产中，属于流动资产的有（　　）。

A. 交易性金融资产　　　　　　　　　B. 一年内到期的非流动资产

C. 货币资金　　　　　　　　　　　　D. 开发支出

6. 甲公司 20×6 年 12 月 31 日持有的下列资产、负债中，应当在 20×6 年 12 月 31 日资产负债表中作为流动性项目列报的有（　　）。

A. 持有但准备随时变现的商业银行非保本浮动收益理财产品

B. 当年支付定制生产用设备的预付款 3000 万元，按照合同约定该设备预计交货期为 20×8 年 12 月 31 日

C. 预计将于 20×7 年 4 月底前出售的作为以公允价值计量且其变动计入当期损益的金融资产核算的股票投资

D. 作为衍生工具核算的 20×6 年 2 月签订的到期日为 20×8 年 8 月的外汇汇率互换合同

7. 20×6 年 12 月 31 日，甲企业相关资产账户余额如下："库存现金"余额为 0.5 万元；"银行存款"余额为 900 万元；"可供出售金融资产"账户余额 200 万元；"库存商品"账户余额 200 万元；"固定资产"账户余额 300 万元；"累计折旧"账户余额 100 万元；"坏账准备"账户余额 50 万元；"应收账款"账户余额 100 万元；"存货跌价准备"账户余额 10 万元。不考虑其他因素，则下列说法中，正确的有（　　）。

A. 甲公司资产负债表中货币资金金额为 900.5 万元

B. 甲公司资产负债表中非流动资产总额为 400 万元

C. 甲公司资产负债表中流动资产总额为 1 340.5 万元

D. 甲公司资产负债表中资产总额为 1 740.5 万元

8. 甲公司 20×6 年发生的下列交易或事项中，应作为资产负债表流动性项目列报的有（   ）。

A. 预计将于 20×7 年 4 月出售的交易性金融资产因公允价值变动而确认的递延所得税资产

B. 签订合同约定于 20×7 年 8 月 1 日出售的账面价值为 500 万元的设备

C. 到期日为 20×6 年 8 月 30 日的长期借款 2000 万元，甲公司能自主地将清偿义务展期 2 年，甲公司已经决定将债务展期 2 年

D. 因政府补助确认的递延收益将在 20×7 年 6 月摊销完毕

9. 某企业 20×6 年度发生的下列交易或事项中，会引起投资活动产生的现金流量发生变化的有（   ）。

A. 向投资者派发现金股利 20 万元

B. 转让一项专利权，取得价款 800 万元

C. 处置交易性金融资产（股票）而收到现金

D. 采用权益法核算的长期股权投资，收到被投资单位宣告发放的现金股利

10. 企业发生的下列各项业务中，应记入利润表"其他综合收益税后净额"项目的有（   ）。

A. 收到投资者投入的银行存款大于实收资本的差额

B. 可供出售金融资产公允价值暂时性变动

C. 自用房地产转换为以公允价值模式计量的投资性房地产时，公允价值大于账面价值的差额

D. 接受捐赠形成的经济利益流入

11. 甲公司 2×16 年发生的有关现金流量的业务如下：①支付融资租赁租金 200 万元；②为建造办公楼支付专门借款利息 50 万元；③销售产品取得现金收入 3 000 万元；④因货物被盗收取库管员赔款 10 万元；⑤取得长期股权投资支付价款 500 万元，同时另支付必要的手续费支出 10 万元；⑥以现金支付管理人员的现金股票增值权 200 万元。下列各项关于甲公司 2×16 年现金流量的相关表述中，正确的有（   ）。

A. 经营活动现金流入为 3 010 万元

B. 经营活动现金流出 200 万元

C. 筹资活动现金流出 200 万元

D. 投资活动现金流出 510 万元

12. 在采用间接法将净利润调节为经营活动的现金流量时，下列各调整项目中，属于调增项目的是（　　　）。

A. 存货的减少　　　　　　　　　B. 递延所得税资产减少额

C. 计提的坏账准备　　　　　　　D. 经营性应付项目的减少

13. 下列项目属于筹资活动产生的现金流量的是（　　　）。

A. 发行股票取得资金 6 000 万元

B. 发行债券收到银行存款 2 000 万元

C. 购入货物支付应付票据 500 万元

D. 长期借款发生资本化利息费用 60 万元

14. 财务报表是对企业（　　）的结构性表述。

A. 财务状况　　　B. 经营成果　　　C. 现金流量　　　D. 未来盈利状况

15. 下列各项中，应包括在资产负债表"存货"项目的有（　　　）。

A. 委托代销商品成本

B. 委托加工材料成本

C. 正在加工中的在产品成本

D. 分期收款发出商品成本

16. 甲公司当期发生的交易或事项中，会引起现金流量表中筹资活动产生的现金流量发生增减变动的有（　　　）。

A. 接受现金捐赠

B. 向投资者分派现金股利 300 万元

C. 收到投资企业分来的现金股利 500 万元

D. 发行股票时由证券商支付的股票印刷费用

17. 将净利润调节为经营活动产生的现金流量时，下列各调整项目中，属于调减项目的有（　　　）。

A. 投资收益　　　　　　　　　　B. 递延所得税负债增加额

C. 长期待摊费用的增加　　　　　D. 固定资产报废损失

18. 现金流量表中"支付给职工以及为职工支付的现金"项目应反映的内容有（　　　）。

A. 企业为离退休人员支付的统筹退休金

B. 企业为经营管理人员支付的困难补助

C. 支付的在建工程人员的工资

D. 支付的行政管理人员的工资

19. 下列项目中，属于流动负债的有（　　　）。

A. 应付职工薪酬　　　　　　　　B. 预收款项

C. 一年内到期的非流动负债　　　D. 预付款项

20. 现金流量表中，现金流量包括（　　　）。

A. 主营业务现金流量　　　　　　B. 投资活动现金流量

C. 经营活动现金流量　　　　　　D. 筹资活动现金流量

21. 在企业所有者权益变动表中，企业综合收益包括（　　　）。

A. 净利润　　　　　　　　　　　B. 直接计入所有者权益的利得

C. 不属于经营活动的损益　　　　D. 直接计入所有者权益的损失

22. 下列各项中，应当在会计报表附注中披露的有（　　　）。

A. 当期和各个列报前期财务报表中受政策变更影响的项目名称和调整金额

B. 会计估计变更的累积影响数

C. 会计政策变更的性质、内容和原因

D. 会计估计变更的内容和原因

23. 下列属于所有者权益变动表列示项目的有（　　　）。

A. 所有者权益各组成部分的期初和期末余额及其调节情况

B. 会计政策变更和差错更正的累积影响金额

C. 综合收益总额

D. 提取的盈余公积

24. 下列各项交易事项中，不会影响发生当期营业利润的有（　　　）。

A. 计提应收账款坏账准备

B. 出售无形资产取得净收益

C. 开发无形资产时发生符合资本化条件的支出

D. 自营建造固定资产期间处置工程物资取得的净收益

25. 下列各项关于甲公司现金流量分类的表述中，正确的有（　　　）。

A. 发行债券收到现金作为筹资活动现金流入

B. 支付在建工程人员工资作为投资活动现金流出

C. 因持有的债券到期收到现金作为投资活动现金流入

D. 支付融资租入固定资产的租赁费作为筹资活动现金流出

三、判断题（正确用"√"表示，错误用"×"表示）

1. 企业以发行股票方式筹集资金过程中直接支付的评估、审计、咨询等费用在"吸收投资收到的现金"项目中扣除。（　　）

2. 稀释每股收益金额大于基本每股收益金额。（　　）

3. 企业必须对外提供资产负债表、利润表和现金流量表，会计报表附注可以不对外提供。（　　）

4. 企业在编制现金流量表时，对企业为职工支付的住房公积金、为职工缴纳的商业保险金、社会保障基金等，应按照职工的工作性质和服务对象分别在经营活动和投资活动产生的现金流量有关项目中反映。（　　）

5. 投资收益不影响营业利润。（　　）

6. 在我国，现金流量表中经营活动现金流量采用直接法填列，在补充资料中采用间接法列报。（　　）

7. 企业为离退休人员支付的统筹退休金列报在现金流量表中"支付给职工以及为职工支付的现金"项目。（　　）

8. 持有待售项目列报在非流动项目。（　　）

9. 对于增值税待抵扣金额，根据其流动性，在资产负债表中的"其他流动资产"项目或"其他非流动资产"项目列示。（　　）

10. 用于购建固定资产的预付款项列报在"流动资产"。（　　）

11. 现金流量表补充资料中的固定资产折旧项目反映的是企业本期计提的计入损益的折旧费。（　　）

12. 企业购入 3 个月内到期的国债，会减少企业投资活动产生的现金流量。（　　）

13. 资产负债表中的资产类应分别流动资产和非流动资产项目列示，非流动资产在前，流动资产在后。（　　）

14. 开发支出项目反映企业开发无形资产过程中的支出。（　　）

15. 企业应当在附注中披露所有会计政策和会计估计。（　　）

四、计算分析题

1. A 公司 2×16 年发生下列经济业务：①以银行存款 660 万元（含应收利息 5 万元）购入公司债券，面值为 650 万元，另支付交易费用 4 万元，划分为交易性金融资产；②以银行存款 700 万元购入公司债券，面值为 710 万元，另支付交易费用 5 万元，划分为持有至到期投资；③收到股权投资的现金股利 50 万元；④以银行存款 800 万元购入公司股票，另支付交易费用 6 万元，划分为可供出售金融资产；⑤出售交易性金融资产，取得价款 220 万元，出售时账面价值为 200 万元（其中，成本为 180 万元，公允价值变动为 20 万元）；⑥收到持有至到期投资的利息 15 万元。

要求：

（1）计算"投资支付的现金"项目的金额。

（2）计算"支付其他与投资有关的现金"项目的金额。

（3）计算"收回投资收到的现金"项目的金额。

（4）计算"取得投资收益收到的现金"项目的金额。

2. 20×6 年，甲公司发生的部分现金收支业务如下：

（1）以现金支付退休职工统筹退休金 350 万元和管理人员工资 950 万元；

（2）当期处置固定资产收到现金 5 万元，支付在建工程的工程款 40 万元；

（3）发行股票 2 500 万股，每股市价为 5 元，向承销单位支付佣金 50 万元；

（4）处置以前年度入账的投资性房地产，售价 400 万元，款项已经收到，处置时账面价值 350 万元（其中成本 300 万元，公允价值变动借方余额 50 万元）；

（5）处置本期购入的交易性金融资产，持有期间收到现金股利 80 万元，成本 1 000 万元，收到银行存款 1 200 万元；

（6）公司将一张票面金额为 2 000 万元的未到期应收票据向银行贴现，取得价款 1 900 万元。如果银行在该票据到期时收不到价款，不能向甲公司追偿。

要求：就上述业务分别计算甲公司经营活动、筹资活动和投资活动产生的现金流量净额。

3. 甲公司为上市公司，系增值税一般纳税人，适用的增值税税率为 16%；除特别说明外，不考虑除增值税以外的其他相关税费；销售商品与提供劳务为日常的生产经营活动，销售价格均为不含增值税的公允价格。2015 年 10～12 月发生以下经济业务：

（1）10 月 1 日，甲公司委托乙公司代销 A 产品 500 件。协议价格为每件 1 万元，成本为每件 0.8 万元，代销合同规定，乙公司按照不超过 1.2 万元/件的价格销售给顾客，1 年内未对外出售部分，可以退回给甲公司。12 月 31 日甲公司收到乙公司开来的代销清单，注明已销售 A 产品 300 件。

（2）10 月 10 日，甲公司向丙公司赊销一批 B 产品，销售价款总额为 450 万元，该批产品的成本为 300 万元。甲公司在销售时已获悉丙公司面临资金周转困难，近期款项很难收回，但是为了扩大销售，避免存货积压，甲公司仍将 B 产品发运给了丙公司。截至 12 月 31 日尚未收到货款。

（3）10 月 31 日，与丁公司签订一项来料加工合同，合同约定，2016 年 2 月 20 日前甲公司将丁公司提供的原材料加工制造为 M 产品，合同收入为 200 万元。12 月 6 日收到丁公司的原材料 800 万元并开始进行加工。截至 12 月 31 日甲公司发生加工费用 100 万元（其中，工人工资 80 万元，领用本公司原材料 20 万元）。

（4）11 月 5 日，甲公司将持有的账面价值为 340 万元的可供出售金融资产出售给戊公司，售价为 400 万元，款项于当日收存银行。该可供出售金融资产初始入账金额为 320 万元，已确认其他综合收益 20 万元。

（5）11 月 20 日，甲公司董事会决定将自用办公楼整体出租给戊公司，并作出书面决议，租赁期为 3 年，月租金为 100 万元，每年年初收取租金。2015 年 12 月 1 日为租赁期开始日，当日的公允价值为 2 000 万元。该办公楼原值 1 500 万元，预计使用寿命为 30 年，已计提折旧 50 万元。甲公司对投资性房地产采用公允价值模式进行后续计量。

（6）12 月 31 日，计提长期借款利息。该借款为 2012 年 7 月 1 日借入的，本金为 1 000 万元、年利率为 6%、4 年期的长期借款，每年 6 月 30 日和 12 月 31 日计提利息，年末付息。借入款项专门用于办公楼的建造，办公楼开始资本化时间为 2013 年 1 月 1 日，至 2015 年末仍处于建造中。假设甲公司只有一笔长期借款。

（7）12 月 31 日，采用分期收款方式向庚公司销售本公司生产的 C 产品（C 产品为大型设备），合同约定的销售价格为 3 000 万元，从 2015 年起分 6 期于每年 12 月 31 日收取。该大型设备的实际成本为 1 500 万元。如采用现销方式，该大型设备的销售价格为 2 395.4 万元。商品已经发出，增值税纳税义务尚未发生。假定折现率为 10%。

要求：

（1）分析计算上述事项对甲公司年末资产负债表中"存货"项目的影响。

（2）分析计算上述事项对甲公司年末资产负债表中"其他综合收益"项目的影响。

（3）分析计算甲公司年末资产负债表中"长期借款"项目的填列金额。

（4）分析计算上述事项对甲公司年末资产负债表中"长期应收款"项目的

影响。

4. A公司20×6年发生下列经济业务：

（1）以银行存款500万元作为合并对价支付给甲公司的原股东，持股比例为80%，购买时甲公司的现金余额为400万元；

（2）以银行存款660万元（含应收利息5万元）购入公司债券，面值为650万元，另支付交易费用4万元，划分为交易性金融资产；

（3）因处置子公司收到现金600万元，处置时该子公司现金余额为650万元；

（4）以银行存款800万元购入B公司股票，另支付交易费用6万元，划分为可供出售金融资产；

（5）出售交易性金融资产，取得价款220万元，出售时账面价值为200万元（其中成本为180万元，公允价值变动为20万元）；

（6）因购买子公司的少数股权支付现金200万元；

（7）收到股权投资的现金股利50万元。

要求：

（1）计算"投资支付的现金"项目的金额；

（2）计算"支付其他与投资活动有关的现金"项目金额；

（3）计算"取得子公司及其他营业单位支付的现金净额"项目金额；

（4）计算"处置子公司及其他营业单位收到的现金净额"项目金额；

（5）计算投资活动现金流入及投资活动现金流出。

5. 甲公司为上市公司，系增值税一般纳税人，适用的增值税税率为16%；除特别说明外，不考虑除增值税以外的其他相关税费；所售资产均未发生减值；销售商品与提供劳务为日常的生产经营活动，销售价格为不含增值税的公允价格；商品销售成本在确认销售收入时逐笔结转。

（1）2016年12月甲公司发生下列经济业务：

①12月1日，甲公司与乙公司签订委托代销商品协议。协议规定，甲公司以支付手续费方式委托乙公司代销A产品100件，乙公司对外销售价格为每件3万元，未出售的商品乙公司可以退还给甲公司；甲公司按乙公司对外销售价格的1%向乙公司支付手续费，在收取乙公司代销商品款时扣除。该A产品单位成本为2万元。商品于协议签订日发出。

②12月31日，甲公司收到乙公司开来的代销清单，已对外销售A产品60

件；甲公司开具的增值税专用发票注明：销售价格180万元，增值税额28.8万元；同日，甲公司收到乙公司交来的代销商品款208.8万元并存入银行，应支付乙公司的手续费1.8万元已扣除。

③12月2日，甲公司向丙公司销售一批B产品，销售总额为450万元。该批已售商品的成本为300万元。根据与丙公司签订的销售合同，丙公司从甲公司购买的B产品自购买之日起6个月内可以无条件退货。根据以往的经验，甲公司估计该批产品的退货率为10%。

④12月5日，与丁公司签订一项为期3个月的非工业性劳务合同，合同总收入400万元。2016年年末无法可靠地估计劳务结果。2016年发生的劳务成本为160万元（假定均为职工薪酬），预计已发生的劳务成本能得到补偿的金额为100万元。

⑤12月15日，出售作为可供出售金融资产核算的戊公司股票1 000万股，出售价款3 000万元已存入银行。当日出售前，甲公司持有戊公司股票1 500万股，账面价值为4 350万元（其中，成本为3 900万元，公允价值变动为450万元，公允价值变动全部为以前年度发生）。12月31日，戊公司股票的公允价值为每股3.30元。

⑥12月31日，以本公司生产的C产品作为福利发放给职工。发放给生产人员的C产品不含增值税的公允价值为200万元，实际成本为160万元；发放给行政管理人员的C产品不含增值税的公允价值为100万元，实际成本为80万元。产品已发放给职工。

⑦12月31日，采用分期收款方式向庚公司销售D产品一套（D产品为大型设备），合同约定的销售价格为3 000万元，从2017年起分5年于每年12月31日收取。该大型设备的实际成本为2 000万元。如采用现销方式，该大型设备的销售价格为2 500万元。商品已经发出，增值税纳税义务尚未发生。

⑧12月31日，计提长期借款利息。该借款系2013年7月1日借入的本金为1 000万元、年利率为6%、4年期的长期借款，每年6月30日和12月31日计提利息，年末付息。借入款项专门用于办公楼的建造，办公楼开始资本化时间为2013年1月1日，至2016年末仍处于建造中。假设甲公司只有一笔长期借款。

⑨12月31日，发行3年期可转换公司债券，自次年起每年12月31日付息、到期一次还本，债券面值为10 000万元，票面年利率为4%，实际利率为6%。企业实际发行价格为9 817.13万元，债券包含的负债成分的公允价值为9 465.40

万元。自 2017 年 12 月 31 日起，该可转换公司债券持有人可以申请按债券转换日的账面价值转为甲公司的普通股（每股面值 1 元），初始转换价格为每股 10 元，不足转为 1 万股的部分按每股 10 元以现金结清。假定甲公司只有一笔应付债券。

（2）甲公司分析上述业务对年末资产负债表和利润表相关项目的影响或应填列金额如下：

① 年末资产负债表中"存货"项目的影响金额 = 200 − 200 − 120 − 300 × （1 − 10%）+ 160 − 100 + 234 − 240 − 2 000 = − 2 336（万元）

② 年末资产负债表中"长期应收款"项目的影响金额 = 3 000（万元）

③ 年末资产负债表中"长期借款"项目应填列金额 = 1 000（万元）

④ 年末资产负债表中"应付债券"项目应填列金额 = 10 000（万元）

⑤ 年末利润表中"营业利润"项目的影响金额 = 180 − 120 + 450 × （1 − 10%）− 300 × （1 − 10%）+ 160 − 160 − 8 + 100 − 117 + 300 − 240 + 2 500 − 2 000 = 730（万元）

⑥ 年末利润表中"其他综合收益"项目的影响金额 = − 300 + 200 + 351.73 = 251.73（万元）

要求：

（1）判断甲公司分析的年末资产负债表中"存货"项目的影响金额是否正确。如果不正确，请给出正确结果。

（2）判断甲公司分析的年末资产负债表中"长期应收款"项目的影响金额是否正确。如果不正确，说明理由并给出正确结果。（假定不考虑一年内到期部分的列报）

（3）判断甲公司分析的年末资产负债表中"长期借款"项目的填列金额是否正确。如果不正确，说明理由并给出正确结果。

（4）判断甲公司分析的年末资产负债表中"应付债券"项目的填列金额是否正确。如果不正确，说明理由并给出正确结果。

（5）判断甲公司分析的年末利润表中"营业利润"项目的影响金额是否正确。如果不正确，请给出正确结果。

（6）判断甲公司分析的年末利润表中"其他综合收益税后净额"项目的影响金额是否正确。如果不正确，请给出正确结果。并编制影响"其他综合收益税后净额"项目相关业务的会计分录。

案例分析：

财务报表列报准则的修订

2014 年 1 月 26 日，财政部发布了修订版《企业会计准则第 30 号——财务报表列报》（财会〔2014〕7 号），并规定自 2014 年 7 月 1 日起在所有执行企业会计准则的企业范围内施行，鼓励在境外上市的企业提前执行，2006 年 2 月 15 日发布的企业会计准则第 30 号——财务报表列报》同时废止。

一、新准则的最大亮点在于修订了"综合收益"的有关内容

（1）利润表新增"其他综合收益各项目分别扣除所得税影响后的净额"和"综合收益总额"。综合收益总额等于净利润与其他综合收益扣除所得税影响后的净额的合计金额，反映了企业当期经营总业绩，既包括计入损益的业绩（净利润），也包括未计入损益的业绩（所有者权益），如可供出售金融资产公允价值变动形成的损益。

（2）将其他综合收益划分为"以后会计期间不能重分类进损益的其他综合收益项目"和"以后会计期间在满足规定条件时将重分类进损益的其他综合收益项目"两类并分别列报。

（3）所有者权益变动表中"综合收益总额"取代"净利润"和"直接计入所有者权益的利得和损失项目及其总额"。

（4）在报表附注中新增关于其他综合收益各项目的信息。

二、借鉴国际会计准则，整合原指南和讲解，对财务报表列报准则做了完善性的修订

（1）企业管理层需评价企业自报告期末起至少 12 个月的持续经营能力，并指出评价时需考虑的因素；

（2）提出判断重要性时需考虑的项目性质和金额的要素；

（3）解释了正常营业周期的概念；

（4）资产负债表列报项目增加了"被划分为持有待售的非流动资产及被划分为持有待售的处置组中的资产"；

（5）规定企业应当在附注中披露费用按照性质分类的利润表补充资料，将费用分为耗用的原材料、职工薪酬费用、折旧费用、摊销费用等；

（6）新增终止经营的披露要求。

要求：请结合上市公司案例对比新旧财务报告列报准则的变化。

参考答案

第一章 总论

一、单项选择题

1	2	3	4	5	6	7	8	9	10	11	12	13	14	15
C	C	B	C	A	C	D	B	A	C	B	D	B	A	A

16	17	18	19	20	21	22	23	24	25					
C	C	A	D	D	D	D	C	C	D					

二、多项选择题

1	2	3	4	5	6	7	8	9	10
ACD	BC	AC	ACD	AC	CD	ABC	AB	ABC	AD

11	12	13	14	15	16	17	18	19	20
BCD	ABD	ABCD	ABCD	ACD	ABC	AB	ABCD	ABD	ABD

三、判断题

1	2	3	4	5	6	7	8	9	10	11	12	13	14	15
×	√	×	√	×	×	×	√	×	√	√	×	√	√	×

16	17	18	19	20	21	22	23	24	25	26				
×	×	×	√	×	×	×	×	×	√	√				

第二章 货币资金

一、单项选择题

1	2	3	4	5	6	7	8	9	10	11	12	13	14	15
C	C	B	B	A	B	A	C	C	D	A	A	C	B	B

16	17	18	19	20	21	22	23	24	25	26	27	28	29	30
C	A	A	D	D	C	C	D	C	B	B	C	C	C	B

二、多项选择题

1	2	3	4	5	6	7	8	9	10
ABCD	ABC	ACD	ABCD	ACD	ABCD	BC	ABCD	ABC	AC

11	12	13	14	15	16	17	18	19	20
AB	CD	ABD	ACD	BCD	AC	ABCD	ABD	ABCD	

三、判断题

1	2	3	4	5	6	7	8	9	10	11	12	13	14
×	√	×	×	√	×	×	√	×	×	√	×	√	×

四、计算分析题

1. 解：

（1）

①借：银行存款   480

  贷：营业外收入   480

②借：管理费用   360

  贷：银行存款   360

（2）

银行存款余调节表

2016 年 12 月 31 日　　　　　　　　　　　　　　　　　　　　　　单位：万元

项目	金额	项目	金额
银行存款日记账余额	432	银行对账单余额	664
加：银行已收，企业未收款	384	加：企业已收，银行未收款	480
减：银行已付，企业未付款	32	减：企业已付，银行未付款	360
调节后余额	784	调节后余额	784

2. 解：

（1）张行预借差旅费时：

借：其他应收款——张行　　　　　　　　　　　　　　　　　　　800

　　贷：库存现金　　　　　　　　　　　　　　　　　　　　　　　800

　　　　张行报销差旅费时

借：管理费用——差旅费　　　　　　　　　　　　　　　　　　　850

　　贷：其他应收款——张行　　　　　　　　　　　　　　　　　　800

　　　　库存现金　　　　　　　　　　　　　　　　　　　　　　　50

（2）李远市内采购预借备用金：

借：其他应收款——备用金——李远　　　　　　　　　　　　　1 000

　　贷：银行存款　　　　　　　　　　　　　　　　　　　　　1 000

　　　　采购结束报销时核销备用金

借：在途物资　　　　　　　　　　　　　　　　　　　　　　　800

　　库存现金　　　　　　　　　　　　　　　　　　　　　　　200

　　贷：其他应收款——备用金——李远　　　　　　　　　　　　1000

（3）核定供销科备用金定额 750 元：

借：其他应收款——备用金（供销科）　　　　　　　　　　　　750

　　贷：库存现金　　　　　　　　　　　　　　　　　　　　　750

本月实际报销零星开支 730 元

借：管理费用　　　　　　　　　　　　　　　　　　　　　　　730

　　贷：库存现金　　　　　　　　　　　　　　　　　　　　　730

（4）现金清查中发现短缺 20 元时，盘点后处理：

借：待处理财产损益——待处理流动资产损益　　　　　　　20

　　贷：库存现金　　　　　　　　　　　　　　　　　　　　　　20

报批后处理，由出纳员王敏赔偿：

借：其他应收款——应收现金短缺款（王敏）　　　　　　　20

　　贷：待处理财产损益——待处理流动资产损益　　　　　　　　20

3. 解：

（1）：

借：银行存款　　　　　　　　　　　　　　　　　　　　11 700

　　贷：主营业务收入　　　　　　　　　　　　　　　　　　10 000

　　　　应交税费——应交增值税（销项税额）　　　　　　　1 700

（2）：

借：在途物资——甲材料　　　　　　　　　　　　　　　50 000

　　应交税费——应交增值税（进项税额）　　　　　　　　8 500

　　贷：应付账款　　　　　　　　　　　　　　　　　　　58 500

借：原材料——甲材料　　　　　　　　　　　　　　　　45 000

　　贷：在途物资——甲材料　　　　　　　　　　　　　　45 000

借：应付账款　　　　　　　　　　　　　　　　　　　　5 850

　　贷：在途物资——甲材料　　　　　　　　　　　　　　5 000

　　　　应交税费——应交增值税（进项税额）　　　　　　　　850

借：应付账款　　　　　　　　　　　　　　　　　　　52 650

　　贷：银行存款　　　　　　　　　　　　　　　　　　52 650

（3）：

借：应收账款　　　　　　　　　　　　　　　　　　　70 900

　　贷：主营业务收入　　　　　　　　　　　　　　　　　60 000

　　　　应交税费——应交增值税（销项税额）　　　　　　10 200

　　　　银行存款　　　　　　　　　　　　　　　　　　　　700

借：银行存款　　　　　　　　　　　　　　　　　　　70 900

　　贷：应收账款　　　　　　　　　　　　　　　　　　70 900

4. 解：

（1）：

借：其他货币资金——银行汇票　　　　　　　50 000

　　贷：银行存款　　　　　　　　　　　　　　　　50 000

借：原材料——丙材料　　　　　　　　　　　42 000

　　应交税费——应交增值税（进项税额）　　7 140

　　　贷：其他货币资金——银行汇票　　　　　　　49 140

借：银行存款　　　　　　　　　　　　　　　　860

　　贷：其他货币资金——银行汇票　　　　　　　　860

（2）：

借：其他货币资金——外埠存款　　　　　　　80 000

　　贷：银行存款　　　　　　　　　　　　　　　80 000

借：原材料——丁材料　　　　　　　　　　　60 000

　　应交税费——应交增值税（进项税额）　　10 200

　　　贷：其他货币资金——外埠存款　　　　　　　70 200

借：银行存款　　　　　　　　　　　　　　　9 800

　　贷：其他货币资金——外埠存款　　　　　　　9 800

第三章　应收及预付款项

一、单项选择题

1	2	3	4	5	6	7	8	9	10	11	12	13	14	15
A	D	B	B	B	B	A	B	C	D	A	A	D	B	A
16	17	18	19	20	21	22	23	24	25	26	27	28	29	30
D	C	D	A	A	A	D	C	A	C	D	B	A	A	C

二、多项选择题

1	2	3	4	5	6	7	8	9	10
AC	AB	ABD	ABCD	ABC	CD	AB	BCD	BC	CD
11	12	13	14	15	16	17	18		
ABCD	ABD	BD	ABC	BC	BC	CD	ABC		

三、判断题

1	2	3	4	5	6	7	8	9	10	11	12	13
√	×	×	√	√	×	×	√	×	×	×	×	×

四、计算分析题

1. 解：2016 年 4 月 30 日，收到票据时：

借：应收票据   8 000
　　贷：应收账款   8 000

6 月 30 日，票据兑现：

借：银行存款   8 120
　　贷：应收票据   8000
　　　　财务费用   120

2. 解：贴现天数 30 天：

票据到期值 = 10 000 × （1 + 8% × 90/360） = 10 200

贴现息 = 10 200 × （1 + 10% × 30/360） = 85

贴现所得 = 10 200 − 85 = 10115

贴现：

借：银行存款   10 115
　　贷：应收票据   10 000
　　　　财务费用   115

票据到期，付款企业无力偿还，银行向贴现企业索偿：

借：应收账款 – 债务单位   10 200
　　贷：银行存款   10 200

3. 解：2016 年 7 月 8 日，确认收入及应收账款：

借：应收账款   46 800
　　贷：主营业务收入   40 000
　　　　应交税费——应交增值税（销项税额）   6 800

2016 年 7 月 15 日：

借：银行存款   46 000
　　财务费用   800
　　贷：应收账款   46 800

4. 解:

(1) 预付货款时:

借: 预付账款   8 000

    贷: 银行存款   8 000

(2) 收到所购材料, 结算货款时:

借: 在途物资   10 000

    应交税费——应交增值税 (进项税额)   1 700

        贷: 预付账款   11 700

(3) 补付货款时:

借: 预付账款   3 700

    贷: 银行存款   3 700

5. 解:

(1) 预支差旅费时:

借: 其他应收款   2 000

    贷: 库存现金   2 000

报销差旅费时:

借: 管理费用   1 560

    库存现金   440

    贷: 其他应收款   2 000

(2) 垫支时:

借: 其他应收款   5 000

    贷: 银行存款   5 000

扣款时:

借: 应付职工薪酬   5 000

    贷: 其他应收款   5 000

(3) 借: 其他应收款——存出保证金   10 000

       贷: 银行存款   10 000

6. 解:

(1) 借: 应收票据   23 400

      贷: 主营业务收入   20 000

          应交税金——应交增值税 (销项税额)   3 400

（2）借：应收票据   70 200

      贷：主营业务收入   60 000

         应交税金——应交增值税（销项税额）   10 200

（3）借：银行存款   23 400

      贷：应收票据   23 400

（4）借：应收票据   46 800

      贷：主营业务收入   40 000

         应交税金——应交增值税（销项税额）   6 800

（5）票据利息 = 70 200 × 10% × 2/12 + 46 800 × 9% × 1/12 = 3 276（元）

借：应收票据   3 276

   贷：财务费用   3 276

（6）借：银行存款   71 955

      贷：应收票据   71 370

         财务费用   585

（7）借：应收账款   47 502

      贷：银行存款   47 502

（8）借：应收票据   52 650

      贷：主营业务收入   45 000

         应交税金——应交增值税（销项税额）   7 650

（9）借：应收票据   93 600

      贷：主营业务收入   80 000

         应交税金——应交增值税（销项税额）   13 600

（10）借：银行存款   95 003.4

       贷：应收票据   93 600

          财务费用   1 403.4

（11）借：银行存款   11 700

       贷：应收票据   11 700

7. 解：

（1）2016 年末应冲减坏账准备 = 1.52 - 1.1 = 0.42（万元）

借：坏账准备   4 200

   贷：资产减值损失   4 200

（2）：

①借：银行存款   1 150 000

       财务费用   20 000

          贷：应收账款——A 公司   1 170 000

②借：银行存款   70 200

          贷：坏账准备   70 200

③借：坏账准备   91 000

          贷：应收账款——C 公司   91 000

④借：应收账款——D 公司   2 106 000

          贷：主营业务收入   1 800 000

                应交税费——应交增值税（销项税额）   306 000

2017 年末计提坏账准备前"坏账准备"科目借方余额 = 9.1 - 1.1 - 7.02 = 0.98（万元）

2017 年末应计提坏账准备 = 1.2 + 0.98 = 2.18（万元）

借：资产减值损失   21 800

       贷：坏账准备   21 800

8. 解：

（1）

应收账款账龄	应收账款余额（元）	估计损失率（%）	估计损失金额（元）
未到期	120 000	0.5	600
逾期 1 个月	80 000	1	800
逾期 2 个月	60 000	2	1 200
逾期 3 个月	40 000	3	1 200
逾期 3 个月以上	20 000	5	1 000
合计	320 000		4 800

（2）2015 年 3 月：

借：坏账准备   1 500

       贷：应收账款   1 500

2015 年末：

估计计提坏账准备 = 4 800（元）

"坏账准备"账户贷方余额＝3 500－1 500＝2 000（元）

应计提的坏账准备＝4 800－2 000＝2 800（元）

借：资产减值损失——计提坏账准备   2 800

　　贷：坏账准备   2 800

2016 年 3 月 4 日：

借：应收账款   4 000

　　贷：坏账准备   4 000

借：银行存款   4 000

　　贷：应收账款   4 000

第四章　存货

一、单项选择题

1	2	3	4	5	6	7	8	9	10	11	12	13	14	15
D	A	A	B	C	D	D	A	C	B	A	A	A	C	A

16	17	18	19	20	21	22	23	24	25	26	27	28	29	30
C	D	B	C	A	A	C	A	B	B	A	A	D	C	D

二、多项选择题

1	2	3	4	5	6	7	8	9	10
AC	ACD	ABC	AC	ABC	ABC	ABCD	BD	ABD	AB

11	12	13	14	15	16	17	18	19	20
ABCD	ABD	ABC	BD	AB	ACD	ABC	BCD	ACD	ACD

21	22	23	24	25
ABCD	BCD	ABD	ABC	ABC

三、判断题

1	2	3	4	5	6	7	8	9	10	11	12	13	14	15
√	×	√	×	√	√	×	√	×	×	×	×	×	×	√

16	17	18	19	20
√	√	√	√	×

四、计算分析题

1. 解：

（1）：

借：原材料——甲材料　　　　　　　　　　　　　　　　350 000

　　贷：应交税费——应交增值税（进项税额）350 000×17%＝59 500

　　　　应付账款——红星工厂　　　　　　　　　　　　409 500

（2）：

借：应付账款——红星工厂　　　　　　　　　　　　　　409 500

　　贷：银行存款　　　　　　　　　　　　　　　　　　409 500

（3）：

借：原材料——乙材料 10 000×10＝100 000

　　贷：应交税费——应交增值税（进项税额）100 000×17%＝17 000

　　　　银行存款　　　　　　　　　　　　　　　　　　117 000

（4）：

借：材料采购——甲材料 30×17 500＋1 200×（30/30＋20）＝525 720

　　　　　　　——乙材料 20×10 000＋1 200×（20/30＋20）＝200 480

　　贷：应交税费——应交增值税（进项税额）（30×17 500＋20×10 000）×

17%＝123 250

　　　　银行存款　　　　　　　　　　　　　　　　　　849 450

（5）：

借：原材料——甲材料 30×17 500＋1 200×（30/30＋20）＝525 720

　　　　　　——乙材料 20×10 000＋1 200×（20/30＋20）＝200 480

　　贷：材料采购——甲材料 30×17 500＋1 200×（30/30＋20）＝525 720

　　　　　　　　——乙材料 20×10 000＋1 200×（20/30＋20）＝200 480

（6）：

借：生产成本——A 产品 25×17500＋15×10000＝587500

　　制造费用 1×10 000＝10 000

　　贷：原材料——甲材料 25×17 500　437 500

　　　　　　　——乙材料（15＋1）×10 000＝160 000

2. 解：

（1）：

借：原材料 21000

应交税费——应交增值税（进项税额） 3 510

贷：银行存款 24 510

（本题中运费是否抵进项税没有明确说明，按可以抵扣考虑）

（2）借：在途物资 20 000

应交税费——应交增值税（进项税额） 3 400

贷：应付票据——商业承兑汇票 23 400

（3）借：原材料 30 000

贷：应付账款——暂估 30 000

（4）借：原材料 82 000

应交税费——应交增值税（进项税额） 13 820

贷：预付账款 50 000

银行存款 45 820

（5）借：生产成本——基本生产成本（A 产品） 160 000

制造费用 18 000

管理费用 2 000

贷：原材料 180 000

3. 解：

（1）发出 A 材料的单位成本：

$= (20\,000 - 2\,000 + 2\,200 + 37\,000 + 51\,500 + 600)/(2\,000 + 2\,950 + 5\,000 + 50)$

$= 109\,300/10\,000$

$= 10.93$（元/千克）

（2）：

①借：原材料 （2 000）

贷：应付账款 （2 000）

②借：原材料 2 200

应交税费——应交增值税（进项税额） 306

贷：银行存款 2 506

③借：在途物资 37 000

应交税费——应交增值税（进项税额） 6 120

贷：银行存款 43 120

④借：原材料   37 000

　　贷：在途物资   37 000

⑤借：原材料   51 500

　　应交税费——应交增值税（进项税额）   8 415

　　银行存款   20 085

　　贷：其他货币资金   80 000

⑥借：原材料   600

　　贷：生产成本   600

⑦借：生产成本   65 580

　　制造费用   10 930

　　管理费用   10 930

　　贷：原材料   87 440

解析：发出材料的单位成本为 10.93 元，则基本生产车间领用的材料为 6 000 × 10.93 = 65 580 元，应计入生产成本；车间管理部门领用的材料为 1 000 × 10.93 = 10 930 元，应计入制造费用；管理部门领用材料为 1 000 × 10.93 = 10 930 元，应计入管理费用。

4. 解：

（1）先进先出法计算该企业 2016 年 1 月 31 日存货的账面金额 = 14 000 + (4 × 1 000) + (4.2 × 1 000) − (14 000 + 4 × 1 000) = 4 200 元，即只剩 1 月 20 日采购的 4.2 × 1 000 = 4 200 元。

（2）计算期末存货的影响金额：如果继续加权平均法，发出存货 = 5 000 × (14 000 + 4 × 1 000 + 4.2 × 1 000) / (4 000 + 1 000 + 1 000) = 18 500（元），期末存货 = 14 000 + 4 × 1 000 + 4.2 × 1 000 − 18 500 = 3 700（元）；由于改变计价方法对期末存货的影响金额 = 4 200 − 3 700 = 500（元），改变计价方法使存货成本增加了 500 元。

5. 解：

（1）材料成本差异率 = （1 000 + 2 000）/ (50 000 + 100 000) = 2%

（2）发出材料应负担的成本差异 = 80 000 × 2% = 1 600（元）

（3）发出材料的实际成本 = 80 000 + 1 600 = 81 600（元）

（4）结存材料的实际成本 = 50 000 + 100 000 − 80 000 + 1 000 + 2 000 − 1 600 = 71 400（元）

（5）领用材料时的会计处理为：

借：生产成本	50 000
管理费用	30 000
贷：原材料	80 000

月末分摊材料成本差异的会计处理为：

借：生产成本	1 000（50 000×2%）
管理费用	600（30 000×2%）
贷：材料成本差异	1 600

6. 解：

（1）消费税是价内税，增值税是价外税，因此，在计算增值税的时候是应支付的增值税 =58 000×17% =9 860 元。

在计算消费税的时候应该先换算出不含税的金额，再计算应支付的消费税。

应支付的消费税 =（392 000 +58 000）/（1 –10%）×10% =50 000（元）

（2）收回加工材料实际成本 =392 000 +58 000 +10 000 =460 000（元）

（3）甲企业的分录如下：

①借：委托加工物资	392 000
贷：原材料	392 000
②借：委托加工物资	58 000
应交税费——应交增值税（进项税额）	9 860
应交税费——应交消费税	50 000
贷：银行存款	117 860
③借：委托加工物资	10 000
贷：银行存款	10 000
④借：原材料	460 000
贷：委托加工物资	460 000

7. 解：

（1）借：材料采购	20 000
应交税费——应交增值税（销项税额）	3 400
贷：应付账款	23 400
（2）借：原材料	22 000
贷：材料采购	20 000

材料成本差异	2 000

（3）借：生产成本　　　　　　　　　　　　　　　25 300

　　　　贷：原材料　　　　　　　　　　　　　　　　　25 300

（4）借：预付账款　　　　　　　　　　　　　　　20 000

　　　　贷：银行存款　　　　　　　　　　　　　　　　20 000

（5）月末 B 材料暂估：

借：原材料——暂估材料　　　　　　　　　　　　12 000

　　贷：应付账款——暂估材料　　　　　　　　　　　12 000

（6）借：原材料　　　　　　　　　　　　　　　　44 000

　　　　材料成本差异　　　　　　　　　　　　　　6 000

　　　　贷：预付账款　　　　　　　　　　　　　　　　50 000

借：预付账款　　　　　　　　　　　　　　　　　30 000

　　贷：银行存款　　　　　　　　　　　　　　　　　30 000

（7）结转材料成本差异

借：生产成本　　　　　　　　　　　　　　　　　759

　　贷：材料成本差异　　　　　　　　　　　　　　　759

8. 解：

（1）2016 年 12 月 31 日，计提 A 材料跌价准备：

借：资产减值损失——计提的存货跌价准备　　　　10 000

　　贷：存货跌价准备——A 材料　　　　　　　　　　10 000

2017 年 12 月 31 日，冲回 A 材料的跌价准备

借：存货跌价准备——A 材料　　　　　　　　　　5 000

　　贷：资产减值损失——计提的存货跌价准备　　　　5 000

2017 年 12 月 31 日，计提 B 材料的跌价准备

借：资产减值损失——计提的存货跌价准备　　　　50 000

　　贷：存货跌价准备——B 材料　　　　　　　　　　50 000

（2）借：待处理财产损溢　　　　　　　　　　　　1 500

　　　　贷：库存商品——甲商品　　　　　　　　　　　1 500

借：库存商品——乙商品　　　　　　　　　　　　100

　　贷：待处理财产损溢　　　　　　　　　　　　　　100

经批准处理：

借：营业外支出   1 500

  贷：待处理财产损溢   1 500

借：待处理财产损溢   100

  贷：管理费用   100

（3）借：委托加工物资   7 000

    贷：原材料   7 000

（4）消费税计税价格 =（7 000 + 1 100）/（1 - 10%）= 9 000（元）

代扣代缴消费税 = 9 000 × 10% = 900（元）

应交增值税销项税 = 1 100 × 17% = 187（元）

借：委托加工物资   1 100

  应交税费——应交增值税（销项税额）   187

  应交税费——应交消费税   900

  贷：应付账款   2 187

借：原材料   8 100

  贷：委托加工物资   8 100

9. 解：

（1）用 A 材料生产的仪表的生产成本 = 88 000 + 64 000 = 152 000（元）

（2）用 A 材料生产的仪表的可变现净值 = 1 800 × 80 - 4 000 = 140 000（元）

因为，用 A 材料生产的仪表的可变现净值 140 000 元小于仪表的生产成本 152 000 元，所以，A 材料应当按可变现净值计量。

A 材料的可变现净值 = 1 800 × 80 - 64 000 - 4 000 = 76 000（元）

（3）2016 年 12 月 31 日 A 材料应计提的跌价准备 = 88 000 - 76 000 = 12 000（元）

借：资产减值损失——计提的存货跌价准备   12 000

  贷：存货跌价准备——A 材料   12 000

10. 解：

A 产品的可变现净值 = 640 × 1 - 20 ÷ 2 = 630（万元）

B 材料的可变现净值 = 640 × 1 - 250 - 20 ÷ 2 = 380（万元）

甲公司期末存货的可变现净值 = 630 + 380 = 1 010（万元）

11. 解：

甲商品的成本是 240 万元，其可变现净值 = 200 - 12 = 188（万元）

故应计提的存货跌价准备 = 240 - 188 = 52（万元）

乙商品的成本是 320 万元，其可变现净值 = 300 - 15 = 285（万元）

故应计提的存货跌价准备 = 320 - 285 = 35（万元）

2016 年 12 月 31 日公司应为甲、乙商品计提的存货跌价准备总额 = 52 + 35 = 87 万元。

12. 解：

由于 B 公司持有的笔记本电脑数量 13 000 台多于已签订销售合同的数量 10 000 台，其可变现净值 = 10 000 × 1.5 - 10 000 × 0.05 = 14 500 万元；其成本为 14 000 万元；

故其账面价值 = 14 000 万元；

超过部分的可变现净值 = 3 000 × 1.3 - 3 000 × 0.05 = 3 750 万元；其成本为 4 200 万元；故其账面价值 = 3 750 万元；

B 公司 2017 年 12 月 31 日笔记本电脑的账面价值 = 14 000 + 3 750 = 17 750 万元。

13. 解：

甲产品的可变现净值 = 90 - 12 = 78 万元；甲产品的成本 = 60 + 24 = 84 万元；

由于甲产品的可变现净值 78 万元低于产品的成本 84 万元，表明原材料应该按可变现净值计量。

A 原材料的可变现净值 = 90 - 24 - 12 = 54 万元；成本 60 万元。

故 A 原材料应计提的存货跌价准备 = 60 - 54 - 1 = 5 万元。

第五章　固定资产

一、单项选择题

1	2	3	4	5	6	7	8	9	10	11	12	13	14	15
C	C	D	B	C	B	D	D	D	B	D	A	D	B	D

16	17	18	19	20	21	22	23	24	25	26	27	28	29	30
D	C	A	A	B	A	D	C	A	B	C	D	B	B	A

二、多项选择题

1	2	3	4	5	6	7	8	9	10
AC	ABCD	BCD	AC	AD	ABC	BD	ABD	CD	BC
11	12	13	14	15	16	17	18	19	20
AD	CD	ACD	ABCD	BCD	ABC	ABCD	ABCD	ABCD	BCD
21	22	23	24	25	26	27	28	29	30
BCD	ACD	BC	ABC	BCD	ABC	BCD	CD	AD	ABD

三、判断题

1	2	3	4	5	6	7	8	9	10	11	12	13	14	15
√	×	√	√	×	√	√	×	×	×	×	√	×	×	×
16	17	18	19	20										
×	√	√	√	√										

四、计算分析题

1. 解:

（1）本题中应该计入固定资产的总成本的金额包括买价、增值税额和包装费。

7 800 000 + 42 000 = 7 842 000（元）

应该将总价值按设备公允价值的比例进行分配，因此:

A 设备应该分配的固定资产价值的比例为:

2 926 000/（2 926 000 + 3 594 800 + 1 839 200）×100% = 35%

B 设备应该分配的固定资产价值的比例为:

3 594 800/（2 926 000 + 3 594 800 + 1 839 200）×100% = 43%

C 设备应该分配的固定资产价值的比例为:

1 839 200/（2 926 000 + 3 594 800 + 1 839 200）×100% = 22%

A 设备的入账价值 = 7 842 000 × 35% = 2 744 700（元）

B 设备的入账价值 = 7 842 000 × 43% = 3 372 060（元）

C 设备的入账价值 = 7 842 000 × 22% = 1 725 240（元）

（2）会计分录如下：

借：固定资产——A   2 744 700

　　　　　　——B   3 372 060

　　　　　　——C   1 725 240

　　应交税费——应交增值税（进项税）   1 326 000

　　贷：银行存款   1 725 240

2. 解：

（1）该设备的入账价值 = 80 000 + 1 400 + 5 000 = 86 400（元）

购入设备时：

借：在建工程   （80 000 + 1 400）81 400

　　应交税费——应交增值税（进项税）   13 600

　　贷：银行存款   95 000

发生的安装费：

借：在建工程   5 000

　　贷：银行存款   5 000

达到预定可使用状态时：

借：固定资产   86 400

　　贷：在建工程   86 400

（2）计算各年的折旧额

平均年限法：

2015～2019 年各年折旧额 = （86 400 - 4 000）/5 = 16 480（元）

双倍余额递减法：

2015 年折旧额 = 86 400 × （2/5） = 34 560（元）

2016 年折旧额 = （86 400 - 34 560） × （2/5）= 20 736（元）

2017 年折旧额 = （86 400 - 34 560 - 20 736） × （2/5） = 12 441.6（元）

2018 年折旧额 = ［（86 400 - 34 560 - 20 736 - 12 441.6） - 4 000］/2 = 7 331.2（元）

2019 年折旧额 = 7 331.2（元）

年数总和法：

2015 年折旧额 = （86 400 - 4 000） × （5/15） = 27 467（元）

2016 年折旧额 = （86 400 - 4 000） × （4/15） = 21 973（元）

2017 年折旧额 = （86 400 - 4 000）× （3/15）= 16 480 （元）

2018 年折旧额 = （86 400 - 4 000）× （2/15）= 10 987 （元）

2019 年折旧额 = （86 400 - 4 000）× （1/15）= 9 493 （元）

3. 解：

（1）首先计算固定资产的入账成本：

该设备的入账成本 = 400/ （1 + 10%） + 300/ （1 + 10%）^{2} + 300/ （1 + 10%）^{3} = 836.96 （万元）

（2）2012 年初购入该设备时：

借：固定资产　　　　　　　　　　　　　　　　　　　　　　836.96

　　未确认融资费用　　　　　　　　　　　　　　　　　　　163.04

　　　贷：长期应付款　　　　　　　　　　　　　　　　　　　　　1 000

（3）每年利息费用的推算表：

日期	年初本金	当年利息费用	当年还款额	当年还本额
2012 年	836.96	83.70	400.00	316.30
2013 年	520.66	52.07	300.00	247.93
2014 年	272.73	27.27	300.00	272.73

（4）2012 年末支付设备款及增值税并认定利息费用时：

A. 借：财务费用　　　　　　　　　　　　　　　　　　　　　83.7

　　　贷：未确认融资费用　　　　　　　　　　　　　　　　　　83.7

B. 借：长期应付款　　　　　　　　　　　　　　　　　　　　400

　　　贷：银行存款　　　　　　　　　　　　　　　　　　　　　400

C. 借：应交税费——应交增值税 （进项税额）　　　　　　　　68

　　　贷：银行存款　　　　　　　　　　　　　　　　　　　　　68

2013 年末支付设备款及增值税并认定利息费用时：

A. 借：财务费用　　　　　　　　　　　　　　　　　　　　　52.07

　　　贷：未确认融资费用　　　　　　　　　　　　　　　　　　52.07

B. 借：长期应付款　　　　　　　　　　　　　　　　　　　　300

　　　贷：银行存款　　　　　　　　　　　　　　　　　　　　　300

C. 借：应交税费——应交增值税 （进项税额）　　　　　　　　51

　　　贷：银行存款　　　　　　　　　　　　　　　　　　　　　51

2014 年末支付设备款及增值税并认定利息费用时：

A. 借：财务费用   27. 27

　　　贷：未确认融资费用   27. 27

B. 借：长期应付款   300

　　　贷：银行存款   300

C. 借：应交税费——应交增值税（进项税额）   51

　　　贷：银行存款   51

4. 解：

（1）：

借：工程物资   200

　　应交税费——应交增值税（进项税额）   34

　　贷：银行存款   234

如为非生产设备，工程物资的增值税不得抵扣：

借：工程物资   234

　　贷：银行存款   234

（2）：

借：在建工程   180

　　贷：工程物资   180

（3）：

借：在建工程   100

　　贷：原材料——A 原材料   100

（4）：

借：在建工程   114

　　贷：应付职工薪酬   114

（5）：

借：营业外支出   45

　　其他应收款   5

　　贷：在建工程   50

（6）：

借：在建工程   40

　　贷：银行存款   40

（7）：

①借：在建工程　　　　　　　　　　　　　　　　　　　　25

　　贷：原材料——B原材料　　　　　　　　　　　　　　　20

　　　　银行存款　　　　　　　　　　　　　　　　　　　5

②借：库存商品　　　　　　　　　　　　　　　　　　　38.3

　　贷：在建工程　　　　　　　　　　　　　　　　　　38.3

③将来商品销售时：

借：银行存款　　　　　　　44.811［38.3×（1+17%）］

　　贷：主营业务收入　　　　　　　　　　　　　　　　38.3

　　　　应交税费——应交增值税（销项税额）　6.511（38.3×17%）

④结转成本时：

借：主营业务成本　　　　　　　　　　　　　　　　　38.3

　　贷：库存商品　　　　　　　　　　　　　　　　　　38.3

（8）：

借：固定资产　　　　　　　　　　　　　　　　　　370.7

　　贷：在建工程　　370.7（180+100+114-50+40+25-38.3）

（9）：

借：原材料　　　　　　　　　　　　　　　　　　　　20

　　贷：工程物资　　　　　　　　　　　　　　　　　　20

5. 解：甲公司的账务处理如下：

（1）截至2019年初飞机的累计折旧金额为：

80 000 000×3%×8=19 200 000元，将固定资产账面价值转入在建工程：

借：在建工程　　　　　　　　　　　　　　　60 800 000

　　累计折旧　　　　　　　　　　　　　　　19 200 000

　　贷：固定资产　　　　　　　　　　　　　　80 000 000

（2）2019年初老发动机的账面价值为：5 000 000-5 000 000×3%×8=3 800 000元。终止确认老发动机的账面价值：

借：营业外支出　　　　　　　　　　　　　　3 800 000

　　贷：在建工程　　　　　　　　　　　　　　3 800 000

（3）购买新发动机：

借：工程物资   7 000 000

     应交税费——应交增值税（进项税额）   1 120 000

        贷：银行存款   8 120 000

安装新发动机：

借：在建工程   7 000 000

        贷：工程物资   7 000 000

（4）支付安装费 100 000 元，增值税率 16%

借：在建工程   100 000

     应交税费——应交增值税（进项税额）   16 000

        贷：银行存款   116 000

（5）发动机安装完毕，投入使用：

新飞机的入账价值：60 800 000 ＋ 7 000 000 － 3 800 000 ＋ 100 000 ＝ 64 100 000（元）

借：固定资产   64 100 000

        贷：在建工程   64 100 000

6.（1）借：固定资产清理   200 000

          累计折旧   1 800 000

            贷：固定资产   2 000 000

（2）借：固定资产清理   5 000

            贷：银行存款   5 000

（3）借：银行存款   9 280

            贷：固定资产清理   8 000

               应交税费——应交增值税   1 280

（4）借：资产处置损益   197 000

            贷：固定资产清理   197 000

7. 解：

（1）20×6 年 12 月 5 日：

借：固定资产   5 000

     应交税费——应交增值税（进项税额）   850

     贷：银行存款   5 850

（2）甲公司 20×7 年应计提的折旧 ＝（5 000 － 50）×5/15 ＝ 1 650（万元）

甲公司 2014 年应计提的折旧 =（5 000 - 50）×4/15 = 1 320（万元）。

（3）20×8 年 12 月 31 日，固定资产的账面价值 = 5 000 - 1 650 - 1 320 = 2 030 万元，可收回金额为未来现金流量的现值 1500 万元和公允价值减去处置费用后的净额 1800 万元中的较高者，所以是 1800 万元，因此计提的减值准备 = 2030 - 1800 = 230 万元，分录为：

借：资产减值损失   230

   贷：固定资产减值准备   230

（4）20×9 年，固定资产应计提的折旧 =（1800 - 30）×3/6 = 885（万元）

借：制造费用   885

   贷：累计折旧   885

（5）甲公司 20×9 年 12 月 31 日处置该设备的会计分录为：

借：固定资产清理   915

   累计折旧   3 855

   固定资产减值准备   230

   贷：固定资产   5 000

借：固定资产清理   2

   贷：银行存款   2

借：银行存款   1 044

   贷：固定资产清理   900

     应交税费——应交增值税（销项税额）   144

借：资产处置损益   17

   贷：固定资产清理   17

第六章 无形资产

一、单项选择题

1	2	3	4	5	6	7	8	9	10	11	12	13	14	15
A	B	A	C	C	D	C	C	A	B	C	A	A	B	D

16	17	18	19	20	21	22	23	24	25	26	27
A	A	B	B	B	C	A	D	B	C	B	C

二、多项选择题

1	2	3	4	5	6	7	8	9	10
ABC	ABCD	ACD	ABCD	ABCD	ABCD	BCD	ABD	BC	ABC
11	12	13	14	15	16	17	18	19	20
BC	ACD	AD	ABC	ABD	ABC	AD	ABD	BD	BCD
21	22	23	24						
BCD	ABCD	AC	BC						

三、判断题

1	2	3	4	5	6	7	8	9	10	11	12	13	14	15
×	√	×	√	×	×	×	√	×	√	×	×	√	×	√
16	17	18	19	20										
×	×	×	×	√										

四、计算分析题

1. 解大华公司的账务处理：

（1）2015 年度发生研发支出：

借：研发支出——费用化支出	9 750 000
——资本化支出	7 500 000
贷：原材料	9 000 000
应付职工薪酬	4 500 000
累计折旧	750 000
银行存款	3 000 000

（2）2015 年 12 月 31 日，将不符合资本化条件的研发支出转入当期管理费用：

| 借：管理费用 | 9 750 000 |
| 贷：研发支出——费用化支出 | 9 750 000 |

（3）2016 年 1 月发生研发支出：

借：研发支出——资本化支出	1 370 000
贷：原材料	800 000
应付职工薪酬	500 000

累计折旧	50 000
银行存款	20 000

（4）2016 年 1 月 31 日，该项新型技术已经达到预定用途：

借：无形资产　　　　　　　　　　　　　　　　　8 870 000

　贷：研发支出——资本化支出　　　　　　　　　　　　8 870 000

2. 解：东方公司有关会计处理如下：

无形资产购买价款的现值 = 4 000 000 × 1.8334 = 7 333 600（元）

未确认融资费用 = 8 000 000 − 7 333 600 = 666 400（元）

借：无形资产——商标权　　　　　　　　　　　　7 333 600

　　未确认融资费用　　　　　　　　　　　　　　666 400

　贷：长期应付款　　　　　　　　　　　　　　　　　8 000 000

第一年应确认的融资费用 = 7 333 600 × 6% = 440 016（元）

第二年应确认的融资费用 = 666 400 − 440 016 = 226 384（元）

第一年底付款时：

借：长期应付款　　　　　　　　　　　　　　　　4 000 000

　贷：银行存款　　　　　　　　　　　　　　　　　　4 000 000

借：财务费用　　　　　　　　　　　　　　　　　440 016

　贷：未确认融资费用　　　　　　　　　　　　　　　440 016

第二年底付款时：

借：长期应付款　　　　　　　　　　　　　　　　4 000 000

　贷：银行存款　　　　　　　　　　　　　　　　　　4 000 000

借：财务费用　　　　　　　　　　　　　　　　　226 384

　贷：未确认融资费用　　　　　　　　　　　　　　　226 384

3. 解：优锐公司的账务处理为：

（1）每年取得租金：

借：银行存款　　　　　　　　　　　　　　　　　159 000

　贷：其他业务收入——出租商标权　　　　　　　　　150 000

　　　应交税费——应交增值税（销项税额）　　　　　　9 000

（2）按年对该商标权进行摊销：

借：其他业务成本——商标权摊销　　　　　　　　120 000

　贷：累计摊销　　　　　　　　　　　　　　　　　　120 000

4. 解：甲企业的账务处理为：

借：银行存款 127.2

累计摊销 180

无形资产减值准备——商标权 30

贷：无形资产——商标权 300

应交税费——应交增值税 7.2

营业外收入——处置非流动资产利得 30

5. 解：（1）编制购入该无形资产的会计分录：

借：无形资产 540

贷：银行存款 540

（2）计算 2014 年 12 月 31 日无形资产的摊销金额及编制会计分录：

540/5 × （1/12）=9（万元）

借：管理费用 9

贷：累计摊销 9

（3）计算 2015 年 12 月 31 日该无形资产的账面价值：

无形资产的账面价值 = 540 − 540/5 × （13/12）=423（万元）

（4）2016 年 12 月 31 日该无形资产的账面价值 = 423 − 540/5 = 315（万元）

该无形资产可收回金额为 280 万元，所以应计无形资产减值准备 = 315 − 280 = 35（万元）

借：资产减值损失 35

贷：无形资产减值准备 35

（5）2017 年前 3 个月该无形资产的累计摊销金额 = 280/（60 − 25）×3 = 24（万元）

（6）编制该无形资产出售的会计分录：

借：营业外支出 256

累计摊销 249

无形资产减值准备 35

贷：无形资产 540

第七章　投资性房地产

一、单项选择题

1	2	3	4	5	6	7	8	9	10	11	12	13	14	15
B	C	C	A	C	B	C	A	B	B	B	D	B	C	D

16	17	18	19	20	21	22	23	24	25					
B	C	C	D	C	C	A	D	A	B					

二、多项选择题

1	2	3	4	5	6	7	8	9	10
BC	ABC	ABC	BC	ABC	AB	ABC	ABCD	ACD	ABD

11	12	13	14	15	16	17	18	19	20
BD	ABCD	ABC	AB	ABD	CD	ABD	ABC	ACD	ABC

21	22	23							
BD	AC	ACD							

三、判断题

1	2	3	4	5	6	7	8	9	10	11	12	13	14
×	×	×	×	×	√	×	√	×	√	×	×	√	√

四、计算分析题

1. 解：

2017 年 1 月 1 日：

借：投资性房地产——成本　　　　　　　　　　380 000 000

　　公允价值变动损益　　　　　　　　　　　　 20 000 000

　　累计折旧　　　　　　　　　　　　　　　　150 000 000

　　贷：固定资产——办公楼　　　　　　　　　550 000 000

2. 解：乙公司 2017 年的有关会计处理如下：

借：投资性房地产——成本　　　　　　　　　　　　 2 030

　　贷：银行存款　　　　　　　　　　　　　　　　 2 030

借：银行存款　　　　　　　　　　　　　　　　　　166.5

　　贷：其他业务收入　　　　　　　　　　　　　　　 150

　　　　应交税费——应交增值税（销项税）　　　　 16.5

借：公允价值变动损益　　　　　　　　　　　　　　　 30

贷：投资性房地产——公允价值变动　　　　　　　　　　30

3. 解：

借：固定资产　　　　　　　　　　　　　　　　　　　　780

　　公允价值变动损益　　　　　　　　　　　　　　　　　20

　　　贷：投资性房地产——成本　　　　　　　　　　　　700

　　　　　　——公允价值变动　　　　　　　　　　　　　100

4. 解：

（1）借：投资性房地产——成本　　　　　　　　　　　800

　　　　　贷：银行存款　　　　　　　　　　　　　　　800

（2）借：其他业务成本　　　　　　　　　　　　　　46.69

　　　　　贷：投资性房地产累计折旧　　　　　　　　46.69

（3）借：银行存款　　　　　　　　　　　　　　　　99.9

　　　　　贷：其他业务收入　　　　　　　　　　　　　90

　　　　　　应交税费——应交增值税（销项税）　　　9.9

（4）借：其他业务成本　　　　　　　　　　　　　　50.93

　　　　　贷：投资性房地产累计折旧　　　　　　　　50.93

2×15 年末的账面价值 = 800 – 46.69 – 50.93 = 702.38（万元）

（5）借：固定资产　　　　　　　　　　　　　　　　800

　　　　投资性房地产累计折旧　　　　　　　　　　148.55

　　　　　贷：投资性房地产　　　　　　　　　　　　800

　　　　　　累计折旧　　　　　　　　　　　　　　148.55

5. 解：

（1）投资性房地产的入账成本 = 3 000 + 20 = 3 020（万元）

（2）2017 年的摊销额 = ［3 020 – （21 – 1）］/40 × 6/12 = 37.5（万元）

（3）2017 年的会计分录如下：

A. 收取租金时：

借：银行存款　　　　　　　　　　　　　　　　　　222

　　　贷：其他业务收入　　　　　　　　　　　　　　200

　　　　　应交税费——应交增值税（销项税）　　　　22

B. 提取当年折旧时：

借：其他业务成本　　　　　　　　　　　　　　　　37.5

贷：投资性房地产累计折旧 37.5

（4）2018 年的摊销额 = ［3 020 - （21 - 1）］/40 = 75（万元）；

（5）2018 年的会计分录如下：

A. 收取租金时：

借：银行存款 444

　　贷：其他业务收 400

　　　　应交税费——应交增值税（销项税） 44

B. 提取当年折旧时：

借：其他业务成本 75

　　贷：投资性房地产累计折旧 75

（6）2018 年末的折余价值为 2 907.5 万元（3 020 - 37.5 - 75），相比此时的可收回价值 2 330 万元，发生贬值 577.5 万元，减值计提分录如下：

借：资产减值损失 577.5

　　贷：投资性房地产减值准备 577.5

（7）2019 年的摊销额 = ［2 330 - （21 - 1）］÷（40 - 1.5）= 60 万元，分录如下：

借：其他业务成本 60

　　贷：投资性房地产累计折旧 60

（8）2019 年收取租金时：

借：银行存款 444

　　贷：其他业务收入 400

　　应交税费——应交增值税（销项税）44

6. 解：

甲公司的账务处理如下：

（1）2017 年 5 月 31 日，投资性房地产转入改扩建工程：

借：投资性房地产——在建 40 000 000

　　投资性房地产累计折旧 10 000 000

　　贷：投资性房地产 50 000 000

注意：不应通过"在建工程"科目核算。

（2）2017 年 5 月 31 日至 2017 年 12 月 31 日，发生改扩建支出：

借：投资性房地产——在建 5 000 000

贷：银行存款   5 000 000

（3）2017 年 12 月 31 日，改扩建工程完工：

借：投资性房地产   45 000 000

  贷：投资性房地产——在建   45 000 000

7. 解：

甲公司的账务处理如下：

（1）2016 年 5 月 31 日，投资性房地产转入改扩建工程：

借：投资性房地产——在建   20 000 000

  贷：投资性房地产——成本   16 000 000

    投资性房地产——公允价值变动   4 000 000

（2）2016 年 5 月 31 日至 2016 年 11 月 30 日，发生改建支出：

借：投资性房地产——在建   3 000 000

  贷：银行存款   3 000 000

（3）2016 年 11 月 30 日，改扩建工程完工：

借：投资性房地产——成本   23 000 000

  贷：投资性房地产——在建   23 000 000

8. 解：

2017 年 12 月 31 日：

借：投资性房地产——成本   1 700

  公允价值变动损益   600

  累计折旧   400

  贷：固定资产   2 700

（2）2018 年 12 月 31 日：

借：银行存款   222

  贷：其他业务收入   200

    应交税费——应交增值税（销项税）   22

借：投资性房地产——公允价值变动   130

  贷：公允价值变动损益   130

（3）2019 年 12 月 31 日：

借：银行存款   222

  贷：其他业务收入   200

	应交税费——应交增值税（销项税）	22
借：	投资性房地产——公允价值变动	50
	贷：公允价值变动损益	50

（4）2020 年 12 月 31 日：

借：	银行存款	222
	贷：其他业务收入	200
	应交税费——应交增值税（销项税）	22
借：	公允价值变动损益	120
	贷：投资性房地产——公允价值变动损益	120

（5）2021 年 1 月 5 日：

借：	银行存款	1 998
	贷：其他业务收入	1 800
	应交税费——应交增值税（销项税）	198
借：	其他业务成本	1 760
	贷：投资性房地产——公允价值变动	60
	投资性房地产——成本	1 700
借：	其他业务收入	540
	贷：公允价值变动损益	540

第八章　金融资产

一、单项选择题

1	2	3	4	5	6	7	8	9	10	11	12	13	14	15
D	A	C	B	D	C	A	B	C	A	D	B	C	A	D
16	17	18	19	20	21	22	23	24	25					
D	C	D	C	C	D	D	B	C	B					

二、多项选择题

1	2	3	4	5	6	7	8	9	10
ABD	BD	AD	ACD	BCD	ABD	AB	AD	AB	BC
11	12	13	14	15	16	17	18	19	20
ABCD	AB	ACD	ABCD	AB	AB	ABC	ACD	CD	BC

三、判断题

1	2	3	4	5	6	7	8	9	10	11	12	13	14	15
√	√	×	√	×	×	√	×	×	×	×	√	×	×	√

16	17	18	19	20
×	×	×	√	×

四、计算分析题

1 解：

（1）编制上述经济业务的会计分录。

①2018 年 5 月 10 日购入时：

借：交易性金融资产——成本   620

  投资收益   6

   贷：银行存款   626

②2018 年 5 月 30 日收到股利时：

借：银行存款   20

   贷：投资收益   20

③2018 年 6 月 30 日：

借：交易性金融资产——公允价值变动 20（200×3.2−620）

   贷：公允价值变动损益   20

④2018 年 8 月 10 日宣告分派时：

借：应收股利   40（0.20×200）

   贷：投资收益   40

⑤2018 年 8 月 20 日收到股利时：

借：银行存款   40

   贷：应收股利   40

⑥2018 年 12 月 31 日：

借：交易性金融资产——公允价值变动 80（200×3.6−200×3.2）

   贷：公允价值变动损益   80

⑦2018 年 1 月 3 日处置：

借：银行存款   630

公允价值变动损益	100
贷：交易性金融资产——成本	620
交易性金融资产——公允价值变动	80
投资收益	30

（2）计算该交易性金融资产的累计损益。

该交易性金融资产的累计损益 = − 6 + 20 + 40 + 30 − 120 + 30 = 84（万元）

2. 解：甲公司应作如下会计处理：

（1）2018 年 1 月 8 日，购入丙公司的公司债券时：

借：交易性金融资产——成本	26 000 000
投资收益	300 000
贷：银行存款	26 300 000

（2）2018 年 2 月 5 日，收到购买价款中包含的已宣告发放的债券利息时：

借：银行存款	500 000
贷：投资收益	500 000

（3）2018 年 12 月 31 日，确认丙公司的公司债券利息收入时：

借：应收利息	1 000 000
贷：投资收益	1 000 000

（4）2019 年 2 月 10 日，收到持有丙公司的公司债券利息时：

借：银行存款	1 000 000
贷：应收利息	1 000 000

3. 解：

（1）2017 年 1 月 1 日：

借：持有至到期投资——C 公司债券——成本	250
贷：其他货币资金——存出投资款	200
持有至到期投资——C 公司债券——利息调整	50

（2）2017 年 12 月 31 日，确认实际利息收入：

借：应收利息——C 公司	11.8
持有至到期投资——C 公司债券——利息调整	8.2
贷：投资收益	20

2018 年 1 月 6 日：

借：其他货币资金——存出投资款	11.8

贷：应收利息　　　　　　　　　　　　　　　　　　　11.8

（3）2018 年 12 月 31 日，确认实际利息收入：

借：应收利息——C 公司　　　　　　　　　　　　　　11.8

　　持有至到期投资——C 公司债券——利息调整　　　9.02

　　贷：投资收益　　　　　　　　　　　　　　　　　20.82

2019 年 1 月 6 日：

借：其他货币资金——存出投资款　　　　　　　　　　11.8

　　贷：应收利息　　　　　　　　　　　　　　　　　11.8

（4）2019 年 12 月 31 日，确认实际利息收入：

借：应收利息——C 公司　　　　　　　　　　　　　　11.8

　　持有至到期投资——C 公司债券—利息调整　　　　9.922

　　贷：投资收益　　　　　　　　　　　　　　　　　21.722

2020 年 1 月 6 日：

借：其他货币资金——存出投资款　　　　　　　　　　11.8

　　贷：应收利息　　　　　　　　　　　　　　　　　11.8

（5）2020 年 12 月 31 日，确认实际利息收入：

借：应收利息——C 公司　　　　　　　　　　　　　　11.8

　　持有至到期投资——C 公司债券——利息调整　　　10.914

　　贷：投资收益　　　　　　　　　　　　　　　　　22.714

2021 年 1 月 6 日：

借：其他货币资金——存出投资款　　　　　　　　　　11.8

　　贷：应收利息　　　　　　　　　　　　　　　　　11.8

（6）2021 年 12 月 31 日，确认实际利息收入：

借：应收利息——C 公司　　　　　　　　　　　　　　11.8

　　持有至到期投资——C 公司债券——利息调整　　　11.944

　　贷：投资收益　　　　　　　　　　　　　　　　　23.744

2021 年 1 月 6 日：

借：其他货币资金——存出投资款　　　　　　　　　　11.8

　　贷：应收利息　　　　　　　　　　　　　　　　　11.8

借：其他货币资金——存出投资款　　　　　　　　　　250

　　贷：持有至到期投资——C 公司债券——成本　　　250

4. 解:

(1) 2016 年 4 月 10 日:

借:可供出售金融资产——成本　　　　　　　　1 810 (9×200+10)

　　应收股利　　　　　　　　　　　　　　　　200

　　　贷:银行存款　　　　　　　　　　　　　　　　　　2 010

(2) 2016 年 5 月 10 日:

借:银行存款　　　　　　　　　　　　　　　　200

　　　贷:应收股利　　　　　　　　　　　　　　　　　　200

(3) 2016 年 6 月 30 日:

借:可供出售金融资产——公允价值变动　　30 (200×9.2-1 810)

　　　贷:其他综合收益——以后将重分类进损益　　　　30

(4) 2016 年 9 月 30 日:

借:可供出售金融资产——公允价值变动　　40 (200×9.4-200×9.2)

　　　贷:其他综合收益——以后将重分类进损益　　　　40

(5) 2016 年 12 月 31 日:

借:其他综合收益——以后将重分类进损益　20 (200×9.4-200×9.3)

　　　贷:可供出售金融资产——公允价值变动　　　　　20

(6) 2017 年 1 月 5 日:

借:银行存款　　　　　　　　　　　　　　　940 (100×9.4)

　　　贷:可供出售金融资产——成本　　　　　　905 (1 810/2)

　　　　可供出售金融资产——公允价值变动　25〔(30+40-20)/2〕

　　　　投资收益　　　　　　　　　　　　　　　　　　10

借:其他综合收益——以后将重分类进损益　25〔(30+40-20)/2〕

　　　贷:投资收益　　　　　　　　　　　　　　　　　　25

5. 解:

(1) 2017 年 1 月 1 日购入债券:

借:可供出售金融资产——成本　　　　　　　　1 000

　　　贷:银行存款　　　　　　　　　　　　　　　　　　1 000

(2) 2017 年 12 月 31 日确认利息、公允价值变动:

借:银行存款　　　　　　　　　　　　　　　　30

　　　贷:投资收益　　　　　　　　　　　　　　　　　　30

借：其他综合收益——以后将重分类进损益　　　10（1 000 – 990）

　　贷：可供出售金融资产——公允价值变动　　　　　　　　　　10

（3）2018 年 12 月 31 日确认利息收入及减值损失：

借：银行存款　　　　　　　　　　　　　　　　　30

　　贷：投资收益　　　　　　　　　　　　　　　　　　　　　30

借：资产减值损失　　　　　　　　　　　　　　　200

　　贷：其他综合收益——以后将重分类进损益　　　　　　　　10

　　　　可供出售金融资产——公允价值变动　　　　　　　　190

6. 解：

（1）3 月 10 日购买股票时：

借：可供出售金融资产——成本　　　2 403（2 500 – 100 + 3）

　　应收股利　　　　　　　　　　　　100（500 × 0.2）

　　贷：银行存款　　　　　　　　　　　　　　　　　　　2 503

（2）3 月 12 日收到现金股利：

借：银行存款　　　　　　　　　　　　100（500 × 0.2）

　　贷：应收股利　　　　　　　　　　　　　　　　　　　　100

（3）11 月 10 日以君企业出售股票：

借：银行存款　　　　　　　　　　1 678.8（300 × 5.6 – 1.2）

　　贷：可供出售金融资产——成本　　1 441.8（2 403 × 300/500）

　　　　投资收益　　　　　　　　　　　　　　　　　　　237

（4）12 月 31 日：

借：可供出售金融资产——公允价值变动

　　　　　　　　98.8［200 × 5.3 —（2 403 – 1 441.8）］

　　贷：其他综合收益——以后将重分类进损益　　　　　　98.8

（5）2017 年 7 月 26 日出售股票：

借：银行存款　　　　　　　　　　477.2（100 × 4.8 – 2.8）

　　投资收益　　　　　　　　　　　52.8

　　贷：可供出售金融资产——成本

　　　　　　　　480.6［（2 403 – 1 441.8）× 100/200］

　　　　——公允价值变动　　　　　　49.4（98.8 × 100/200）

借：其他综合收益——以后将重分类进损益　　　　49.4

贷：投资收益　　　　　　　　　　　　　　　　　　49.4

第九章　长期股权投资

一、单项选择题

1	2	3	4	5	6	7	8	9	10	11	12	13	14	15
A	D	A	B	B	B	D	B	C	A	C	C	C	D	B

16	17	18	19	20	21	22	23	24	25	26	27	28	29	30
C	B	D	C	B	A	C	A	D	B	B	C	D	A	D

二、多项选择题

1	2	3	4	5	6	7	8	9	10
BD	AB	AC	ABD	ACD	ABCD	BCD	AC	ABCD	ACD

11	12	13	14	15	16	17	18	19	20
BCD	AC	ABC	ACD	BC	ABD	BCD	ABD	ABD	ABD

21	22	23	24	25
AB	BC	ABD	AC	AC

三、判断题

1	2	3	4	5	6	7	8	9	10	11	12	13	14	15
√	×	×	×	√	√	×	√	×	×	√	×	√	√	√

四、计算分析题

1. 解：

（1）①与②构成长期股权投资，因为属于长期股权投资重大影响和控制的范围。

（2）①借：长期股权投资　　　　　　　　　　　3 300

　　　　　贷：银行存款　　　　　　　　　　　3 000

　　　　　　　营业外收入　　　　　　　　　　　300

　　②借：长期股权投资　　　　　　　　　　　9 000

　　　　　贷：银行存款　　　　　　　　　　　9 000

　　借：管理费用　　　　　　　　　　　　　　80

　　贷：银行存款　　　　　　　　　　　　　　　　　　　　　80

2. 解：

（1）长期股权投资初始入账金额＝10×10＝100（万元）

借：长期股权投资　　　　　　　　　　　　　　　　　　　100

　　应收股利　　　　　　　　　　　　　　　　　　　　　2

　　管理费用　　　　　　　　　　　　　　　　　　　　　1.4

　　贷：银行存款　　　　　　　　　　　　　　　　　　　103.4

（2）20×4年投资收益金额为0。

20×5年投资收益金额为10×1＝10（万元）

20×4年：借：银行存款　　　　　　　　　　　　　　　　2

　　　　　　贷：应收股利　　　　　　　　　　　　　　　　2

20×5年：借：应收股利　　　　　　　　　　　　　　　　10

　　　　　　贷：投资收益　　　　　　　　　　　　　　　　10

借：银行存款　　　　　　　　　　　　　　　　　　　　10

　　贷：应收股利　　　　　　　　　　　　　　　　　　　10

3. 解：

（1）借：长期股权投资——投资成本　　　　　　　　　　1 800

　　　　贷：银行存款　　　　　　　　　　　　　　　　　1 500

　　　　　　营业外收入　　　　　　　　　　　　　　　　300

（2）长期股权投资的账面价值＝1 800＋（2 000－1 000/10）×20%＋200×20%＝2 220（万元）

借：长期股权投资——损益调整　　　　　　　　　　　　380

　　贷：投资收益　　　　　　　　　　　　　　　　　　　380

借：长期股权投资——其他综合收益　　　　　　　　　　40

　　贷：其他综合收益　　　　　　　　　　　　　　　　　40

（3）长期股权投资账面价值＝2 220＋1 000＋180＝3 400（万元）

借：长期股权投资　　　　　　　　　　　　　　　　　　1 180

　　贷：银行存款　　　　　　　　　　　　　　　　　　　1 180

4. 解：

（1）可供出售金融资产的初始入账金额＝150＋50＋20－10＝210（万元）

20×6年末应确认的其他综合收益的金额＝300－210＝90（万元）

（2）增资后长期股权投资的初始投资成本 = 700 + 350 = 1 050（万元）

因为被投资单位可辨认净资产公允价值的份额 = 3 800 × 30% = 1 140（万元）

因此长期股权投资的初始投资成本应为 1 140 万元。

借：长期股权投资——投资成本	1 140	
其他综合收益	90	
贷：可供出售金融资产——成本		210
——公允价值变动		90
投资收益		140
银行存款		700
营业外收入		90

（3）20×7 年末长期股权投资的账面价值 = 1 140 + 500 × 30% + 200 × 30% = 1 350（万元）

（4）20×8 年 1 月 1 日 M 公司应确认的损益的金额 = 800 + 800 − 1350 + 60 = 310（万元）

借：银行存款	800	
可供出售金融资产——成本	800	
贷：长期股权投资——成本		1 140
——损益调整		150
——其他综合收益		60
投资收益		250
借：其他综合收益	60	
贷：投资收益		60

5. 解：

（1）2015 年 1 月 1 日：

借：长期股权投资——B 公司	500	
贷：银行存款		500

（2）2015 年 5 月 2 日：

借：应收股利	80	
贷：投资收益		80

（3）2016 年 5 月 2 日：

借：应收股利	240	

贷：投资收益　　　　　　　　　　　　　　　　　　　240

　　（4）2017 年 5 月 2 日：

　　　借：应收股利　　　　　　　　　　　　　　　　　　　　160

　　　　　贷：投资收益　　　　　　　　　　　　　　　　　　　160

　　6. 解：

　　（1）甲上市公司对乙企业投资时：

　　　借：长期股权投资——乙公司（投资成本）　　　　　　　232

　　　　　贷：主营业务收入　　　　　　　　　　　　　　　　　200

　　　　　　　应交税费——应交增值税（销项税额）　　　　　　32

　　　借：主营业务成本　　　　　　　　　　　　　　　　　　180

　　　　　贷：库存商品　　　　　　　　　　　　　　　　　　　180

　　（2）2015 年乙企业实现净利润 600 万元：

　　　借：长期股权投资——乙公司（损益调整）　　120（600×20%）

　　　　　贷：投资收益　　　　　　　　　　　　　　　　　　　120

　　（3）2016 年乙企业发生亏损 2 200 万元，应确认亏损 2 200×20%＝440 万元，而此时长期股权投资的账面价值＝232＋120＝352 万元，另甲企业账上有应收乙企业长期应收款 80 万元，所以应做如下分录：

　　　借：投资收益　　　　　　　　　　　　　　　　　　　　352

　　　　　贷：长期股权投资——乙公司（损益调整）　　　　　　352

　　　借：投资收益　　　　　　　　　　　　　　　　　　　　　80

　　　　　贷：长期应收款　　　　　　　　　　　　　　　　　　　80

　　经过上述处理后，仍有未确认的亏损 8 万元（2 200×20%－352－80），应在账外备查登记。

　　（4）2017 年乙企业实现净利润 1 000 万元，应确认收益 1 000×20%＝200 万元，先冲减未确认的亏损额 8 万元，然后恢复长期应收款 80 万元，再确认收益 200－8－80＝112 万元：

　　　借：长期应收款　　　　　　　　　　　　　　　　　　　　80

　　　　　贷：投资收益　　　　　　　　　　　　　　　　　　　　80

　　　借：长期股权投资——乙公司（损益调整）　　　　　　　112

　　　　　贷：投资收益　　　　　　　　　　　　　　　　　　　112

7. 解：

（1）2015 年 1 月 1 日投资时：

借：长期股权投资——B 公司（投资成本）	950
贷：银行存款	950

（2）2015 年 B 公司实现净利润 600 万元：

A 公司应该确认的投资收益 = $600 \times 20\% = 120$（万元）

借：长期股权投资——B 公司（损益调整）	120
贷：投资收益	120

（3）2015 年 B 公司提取盈余公积，A 公司不需要进行账务处理。

（4）2016 年 B 公司实现净利润 800 万元：

A 公司应该确认的投资收益 = $800 \times 20\% = 160$（万元）。

借：长期股权投资——B 公司（损益调整）	160
贷：投资收益	160

（5）2016 年 B 公司宣告分配现金股利 100 万元：

借：应收股利	20
贷：长期股权投资——B 公司（损益调整）	20

（6）收到现金股利时：

借：银行存款	20
贷：应收股利	20

（7）根据 B 公司其他综合收益的变动调整长期股权投资 $200 \times 20\% = 40$（万元）

借：长期股权投资——B 企业（其他综合收益）	40
贷：其他综合收益	40

（8）2016 年末长期股权投资的账面价值 = $950 + 120 + 160 - 20 + 40 = 1250$ 万元，高于可收回金额 1 200 万元，应计提长期股权投资减值准备 50 万元。

借：资产减值损失	50
贷：长期股权投资减值准备	50

（9）2017 年 1 月 5 日 A 公司转让对 B 公司的全部投资：

借：银行存款	1 300
长期股权投资减值准备	50
贷：长期股权投资——B 公司（投资成本）	950
——B 公司（损益调整）	260

——B公司（其他综合收益）		40
投资收益		100
借：其他综合收益		40
贷：投资收益		40

第十章 非货币性资产交换

一、单项选择题

1	2	3	4	5	6	7	8	9	10	11	12	13	14	15
D	B	D	B	B	C	C	B	B	D	C	A	D	A	D

16	17	18	19	20	21	22	23	24	25
D	D	B	A	B	B	D	A	D	A

二、多项选择题

1	2	3	4	5	6	7	8	9	10
ACD	ABD	BD	ACD	ABC	ABD	AD	ABD	AC	ABCD

11	12	13	14	15	16	17	18	19	20
AD	ABC	BC	AC	AD	AC	AB	BC	AB	BD

三、判断题

1	2	3	4	5	6	7	8	9	10	11	12	13	14	15
×	×	×	√	√	√	×	×	√	×	√	×	×	×	√

四、计算分析题

1. 解：（1）甲公司换入资产的入账价值 = 2 440 + 268.4 − 388.4 − 320 = 2 000（万元）

乙公司换入资产的入账价值 = 2 000 + 320 + 368.4 − 268.4 = 2 440（万元）

（2）甲公司换出资产的损益 = 2 440 − （2 300 − 300） = 440（万元）

乙公司换出资产的损益 = 2 000 − （1 550 − 50） = 500（万元）

（3）甲公司的会计处理为：

借：库存商品		2 000
应交税费——应交增值税（进项税额）		320

银行存款		388.4
贷：其他业务收入		2 440
应交税费——应交增值税（销项税额）		268.4
借：其他业务成本		2 000
投资性房地产减值准备		300
贷：投资性房地产		2 300

乙公司的会计处理为：

借：投资性房地产	2 440
应交税费——应交增值税（进项税额）	268.4
贷：主营业务收入	2 000
应交税费——应交增值税（销项税额）	320
银行存款	388.4
主营业务成本	1 500
存货跌价准备	50
库存商品	1 500

2. 解：

（1）甲公司换入资产的入账价值 ＝ （300 － 30） ＋270 ×16% － 280 ×16% ＋ 9.9 ＝278.3（万元）

乙公司换入资产的入账价值 ＝ 230 ＋280 ×16% － 270 ×16% － 9.9 ＝221.7（万元）

（2）甲公司的会计分录：

借：库存商品——B	278.3
应交税费——应交增值税（进项税额）	44.8
存货跌价准备	30
贷：库存商品——A	300
应交税费——应交增值税（销项税额）	43.2
银行存款	9.9

乙公司的会计分录：

借：库存商品——A	221.7
应交税费——应交增值税（进项税额）	43.2
银行存款	9.9

贷：库存商品——B	230
应交税费——应交增值税（销项税额）	44.8
借：营业税金及附加	14
贷：应交税费——应交消费税	14

3. 解：

（1）甲公司的会计处理：

借：固定资产清理	480
累计折旧	120
贷：固定资产	600
借：交易性金融资产——成本	600
银行存款	154
贷：固定资产清理	480
应交税费——应交增值税（销项税额）	104
资产处置损益	170

（2）乙公司的会计处理：

借：固定资产	650
应交税费——应交增值税（进项税额）	104
公允价值变动损益	200
贷：交易性金融资产——成本	300
——公允价值变动	200
银行存款	154
投资收益	300

4. 解：

（1）借：原材料	300 000
应交税费——应交增值税（进项税额）	48 000
银行存款	12 000
其他综合收益	80 000
贷：可供出售金融资产——成本	240 000
——公允价值变动	80 000
投资收益	120 000
（2）借：固定资产清理	115

	累计折旧	235
	固定资产——仓库	350
借：固定资产——设备		105
银行存款		10
贷：固定资产清理		115

（3）借：固定资产清理　　　　　　　　　340 000

累计折旧　　　　　　　　　　　220 000

固定资产减值准备　　　　　　　40 000

贷：固定资产　　　　　　　　　　600 000

借：无形资产——专利权　　　　　　　380 000

银行存款　　　　　　　　　　　20 000

贷：固定资产清理　　　　　　　　340 000

资产处置损益　　　　　　　　　60 000

5. 解：

甲公司（收到补价方）

（1）判断交易类型：

甲公司收到的补价 120/换出资产的公允价值 2 100 × 100% = 5.71% < 25%，属于非货币性资产交换。

（2）计算换入资产的入账价值：

甲公司换入资产的入账价值 = 2 100 - 120 - 320 = 1 660（万元）

（3）会计分录：

借：库存商品　　　　　　　　　　　　　1 660

应交税费——应交增值税（进项税额）　320

银行存款　　　　　　　　　　　　　120

长期股权投资减值准备　　　　　　　300

贷：长期股权投资　　　　　　　　　　2 300

投资收益　　　　　　　　　　　　100

乙公司（支付补价方）

（1）判断交易类型：

乙公司支付的补价 120/（支付的补价 120 + 换出资产的公允价值 2 000）× 100% = 5.66% < 25%，属于非货币性资产交换。

（2）计算换入资产的入账价值 = 2 000 + 120 + 320 = 2 440（万元）

（3）会计分录：

借：长期股权投资   2 440

  贷：主营业务收入   2 000

    应交税费——应交增值税（销项税额） 320

    银行存款   120

借：主营业务成本   1 500

  存货跌价准备   50

  贷：库存商品   1 550

6. 解：该项交易属于非货币性资产交换。

甲公司（支付补价方）

借：固定资产清理   1 500

  累计折旧   300

  贷：固定资产——设备   1 800

借：固定资产清理   15

  贷：银行存款   15

借：固定资产——货运汽车   1 530

  贷：固定资产清理   1 500

    银行存款   30

借：资产处置损益   15

  贷：固定资产清理   15

乙公司（收到补价方）

借：固定资产清理   1 550

  累计折旧   550

  贷：固定资产——货运汽车   2 100

借：固定资产——设备   1 520

  银行存款   30

  贷：固定资产清理   1 550

7. 解：

（1）本题交换涉及的补价 = 300 + 200 - 336 - 144 = 20（万元）

收到的补价占换出资产公允价值的比例 20／（200 + 300）×100% = 4% 小于

25%，应按照非货币性资产交换核算。

计算大华公司换入各项资产的成本：

换入资产成本总额 = 200 + 300 - 20 = 480（万元）

长期股权投资公允价值的比例 = 336/（336 + 144）= 70%

固定资产公允价值的比例 = 144/（336 + 144）= 30%

则换入长期股权投资的成本 = 480 × 70% = 336（万元）

换入固定资产的成本 = 480 × 30% = 144（万元）

（2）大华公司编制的有关会计分录：

①借：长期股权投资   3 360 000

  固定资产   1 440 000

  应交税费——应交增值税（进项税额）   230 400

  银行存款   289 600

  贷：主营业务收入   2 000 000

  应交税费——应交增值税（销项税额）   320 000

  交易性金融资产——成本   2 100 000

    ——公允价值变动   500 000

  投资收益   400 000

②借：公允价值变动损益   500 000

  贷：投资收益   500 000

③借：主营业务成本   1 500 000

  贷：库存商品   1 500 000

（3）换入资产成本总额 = 336 + 144 + 20 = 500（万元）

库存商品公允价值的比例 = 200/（200 + 300）= 40%

交易性金融资产公允价值的比例 = 300/（200 + 300）= 60%

则换入库存商品的成本 = 500 × 40% = 200（万元）

换入交易性金融资产的成本 = 500 × 60% = 300（万元）

（4）借：固定资产清理   1 400 000

  累计折旧   1 000 000

  贷：固定资产   2 400 000

借：库存商品   2 000 000

  应交税费——应交增值税（进项税额）   320 000

交易性金融资产——成本		3 000 000
贷：长期股权投资		3 000 000
固定资产清理		1 440 000
投资收益		360 000
应交税费——应交增值税（销项税额）		230 400
银行存款		289 600
借：固定资产清理		40 000
贷：资产处置损益		40 000

第十一章　资产减值

一、单项选择题

1	2	3	4	5	6	7	8	9	10	11	12	13	14	15
B	D	B	A	D	A	D	D	D	C	B	D	C	A	D

16	17	18	19	20	21	22	23
C	C	D	C	B	C	A	A

二、多项选择题

1	2	3	4	5	6	7	8	9	10
BD	ABC	ABCD	BCD	ACD	ACD	CD	ABCD	ABC	BC

11	12	13	14	15	16	17	18	19	20
ABCD	ABCD	AC	ABCD	BD	ABD	AC	AB	BCD	CD

三、判断题

1	2	3	4	5	6	7	8	9	10	11	12	13	14	15
×	√	√	√	×	×	√	√	√	×	×	√	×	×	×

16	17
√	×

四、计算分析题

1. 解：资产组的账面价值 = 1 000（万元）

资产组的可收回金额 = 800（万元）

资产组减值金额 = 1000 - 800 = 200（万元）

A 资产应分摊 50%，金额 = 200 × 50% = 100（万元）

减值后的金额为 500 - 100 = 400（万元）

因为 A 资产的公允价值减处置费用后的净额为 410（万元）

因此 A 资产应分摊的减值金额为 90（万元）

B 资产应分摊的减值金额 =（200 - 90）× 60% = 66（万元）

C 资产应分摊的减值金额 =（200 - 90）× 40% = 44（万元）

2. 解：

（1）借：无形资产　　　　　　　　　　　　　　　　　　　　　600

　　　　贷：银行存款　　　　　　　　　　　　　　　　　　　　600

（2）计提减值准备前无形资产的账面价值 = 600 -（600/10）×（49/12）= 355（万元）

无形资产的可收回金额 = 248.5（万元）

减值 106.5 万元，账面价值 = 248.5（万元）

（3）借：资产减值损失　　　　　　　　　　　　　　　　　　106.5

　　　　贷：固定资产减值准备　　　　　　　　　　　　　　　106.5

（4）计提减值准备前无形资产的账面价值 = 248.5 - 248.5 ×（12/71）= 206.5（万元）

无形资产的可收回金额 = 220（万元）

未发生减值，所以账面价值 = 206.5（万元）

（5）账面价值 = 248.5 - 248.5 ×（16/71）= 192.5（万元）

（6）出售价款 = 200 万元，账面价值 = 192.5（万元）

出售形成净收益 = 200 - 192.5 = 7.5（万元）

（7）借：银行存款　　　　　　　　　　　　　　　　　　　　　200

　　　　无形资产减值准备　　　　　　　　　　　　　　　　106.5

　　　　累计摊销　　　　　　　　　　　　　　　　　　　　　301

　　　　贷：无形资产　　　　　　　　　　　　　　　　　　　600

　　　　　　营业外收入　　　　　　　　　　　　　　　　　　7.5

3. 解：

（1）改扩建后固定资产的入账价值 =（2 000 - 400 - 200）+ 300 + 100 + 150 +

33 = 1 983（万元）

会计分录为：

借：固定资产清理　　　　　　　　　　　　　　　　　　　1 400

　　累计折旧　　　　　　　　　　　　　　　　　　　　　　400

　　固定资产减值准备　　　　　　　　　　　　　　　　　　200

　　贷：固定资产　　　　　　　　　　　　　　　　　　　　　2 000

借：固定资产清理　　　　　　　　　　　　　　　　　　　　583

　　贷：工程物资　　　　　　　　　　　　　　　　　　　　　300

　　　原材料　　　　　　　　　　　　　　　　　　　　　　100

　　　应付职工薪酬　　　　　　　　　　　　　　　　　　　150

　　　银行存款　　　　　　　　　　　　　　　　　　　　　33

（2）改扩建后的固定资产 2015 年计提的折旧额 =（1983 – 100）/10 = 188. 3（万元）

借：生产成本　　　　　　　　　　　　　　　　　　　　188. 3

　　贷：累计折旧　　　　　　　　　　　　　　　　　　　188. 3

（3）2015 年 12 月 31 日账面价值 = 1 983 – 188. 3 = 1 794. 7（万元）

2015 年 12 月 31 日可收回金额 = 1 693（万元）

应计提的减值准备 = 1 794. 7 – 1 693 = 101. 7（万元）

（4）2016 年应计提的折旧 =（1 693 – 100）/9 = 177（万元）

借：生产成本　　　　　　　　　　　　　　　　　　　　177

　　贷：累计折旧　　　　　　　　　　　　　　　　　　　177

（5）2016 年 12 月 31 日账面价值 = 1 693 – 177 = 1 516（万元）

2016 年 12 月 31 日可收回金额 = 1 600（万元）

计提的减值准备金额为 0

4. 解：2014 年 12 月 31 日现金流量的现值 = 300 × 0. 9 524 + 200 × 0. 907 + 250 × 0. 8 638 + 300 × 0. 8227 = 929. 88（万元）

公允价值减去处置费用后的净额 = 700（万元）

因此，可收回金额 = 929. 88（万元）

2014 年末应计提的减值准备 = 1 000 – 929. 88 = 70. 12（万元）

5. 解：

（1）计算运输飞机的公允价值减去处置费用后净额：

资产的公允价值减去处置费用后净额 = 14 000 – 1 500 = 12 500（万元）

（2）分别计算运输飞机预计未来每年净现金流量：

2018 年净现金流量 = 5 000 – 100 – 650 – 200 – 300 = 3 750（万元）

2019 年净现金流量 = 4 500 + 100 – 50 – 550 – 160 – 150 = 3 690（万元）

2020 年净现金流量 = 4 200 + 50 – 60 – 460 – 170 – 310 = 3 250（万元）

2021 年净现金流量 = 4 000 + 60 – 40 – 420 – 180 – 360 = 3 060（万元）

2022 年净现金流量 = 3 000 + 40 – 300 – 120 – 200 + 265 = 2 685（万元）

（3）计算运输飞机预计未来现金流量现值 = 3 750 × 0.9 434 + 3 690 × 0.8 900 + 3 250 × 0.8 396 + 3 060 × 0.7 921 + 2 685 × 0.7 473 = 13 980.88（万元）

（4）计算运输飞机的可收回金额：企业应比较资产的公允价值减去处置费用后的净额与资产未来现金流量的现值，取其较高者作为资产的可收回金额。可收回金额为 13 980.88 万元。

（5）计算资产减值损失：

资产减值损失 = 20 000 – 13 980.88 = 6 019.12（万元）

（6）编制会计分录：

借：资产减值损失　　　　　　　　　　　　　　　6 019.12

　　贷：固定资产减值准备　　　　　　　　　　　　　6 019.12

6. 解：

（1）计算固定资产的账面价值：

该资产的账面价值 = 原值 – 累计折旧 – 计提的减值准备 = 3 000 – 800 – 200 = 2 000（万元）

（2）计算资产的可收回金额：

公允价值减去处置费用后的净额为 1 800 万元；

预计未来现金流量现值 = 600/（1 + 5%）+ 550/（1 + 5%）^{2} + 400/（1 + 5%）^{3} + 320/（1 + 5%）^{4} + 180/（1 + 5%）^{5} = 1 820.13（万元）

所以该资产的可收回金额为 1 820.13 万元，低于该资产的账面价值 2 000 万元，即甲设备发生了减值。

（3）应该计提的资产减值准备 = 2 000 – 1 820.13 = 179.87（万元）

借：资产减值损失　　　　　　　　　　　　　　　179.87

　　贷：固定资产减值准备　　　　　　　　　　　　　179.87

7. 解:

(1) 确定 2016 年 12 月 31 日该资产组的账面价值 = (40 − 40/10 × 5) + (60 − 60 × 60/10 × 5) + (100 − 100/10 × 5) = 100 (万元)

(2) 估计资产组的可收回金额:由于公司无法估计 B、C 机器的公允价值减去处置费用后的净额,而可以知道资产组未来 5 年预计未来现金流量现值之和为 60 万元,则可以确定该资产组的可收回金额为 60 万元。

(3) 确定资产组的减值损失:

该资产组的减值损失 = 100 − 60 = 40 (万元)

(4) 将资产组的资产减值损失 40 万元分摊至 A、B、C 资产。

由于这里不涉及商誉,所以直接按照资产的账面价值比重来分摊总的资产减值损失即可。

A 资产应分摊的资产减值损失 = 40 × 20/100 × 100% = 8 万元,但需要注意的是 A 机器的公允价值减去处置费用后的净额为 15 万元,计提了减值准备后 A 机器的账面价值不应低于 15 万元,所以这里虽然计算出来应分摊的减值准备是 8 万元,但只能确认资产减值损失 5 万元,因为 20 − 8 = 12 万元 < 15 万元。

这样按照账面价值比重计算的 A 应分摊的额 8 万元减值损失中还剩余 3 万元没有确认,这 3 万元应根据该资产组内其他固定资产 B、C 在初次分摊减值损失后确定的账面价值再按照账面价值的比重分摊。

B 资产应分摊的资产减值损失 = 40 × 30/100 × 100% = 12 万元,此时 B 的账面价值 = 30 − 12 = 18 万元;

C 资产应分摊的资产减值损失 = 40 × 50/100 × 100% = 20 万元,此时 C 的账面价值 = 50 − 20 = 30 万元。

(5) 将剩余的 3 万元减值继续分摊至 B、C 资产中

B 资产应分摊的资产减值损失 = 3 × 18/(18 + 30) × 100% = 1.125 万元;

C 资产应分摊的资产减值损失 = 3 × 30/(18 + 30) × 100% = 1.875 万元。

(6) A、B、C 三项资产分别应确认的资产减值损失为 5 万元、13.125 万元 (12 + 1.125) 和 21.875 万元 (20 + 1.875)。相关的账务处理为:

借:资产减值损失——A   5
        ——B   13.125
        ——C   21.875
    贷:固定资产减值准备——A   5

——B 13.125

——C 21.875

第十二章 负债

一、单项选择题

1	2	3	4	5	6	7	8	9	10	11	12	13	14	15
C	A	B	A	A	D	C	B	B	A	D	A	A	B	C

16	17	18	19	20	21	22	23	24	25	26	27	28	29	30
C	B	A	A	D	C	B	B	D	C	A	A	B	B	C

二、多项选择题

1	2	3	4	5	6	7	8	9	10
ACD	ACD	AD	ABC	ABCD	ABD	BCD	AC	ABC	BCD

11	12	13	14	15	16	17	18	19	20
ABC	CD	ABCD	BC	BCD	ABD	BCD	AC	ABC	ABC

21
ACD

三、判断题

1	2	3	4	5	6	7	8	9	10	11	12	13	14	15
×	×	√	×	√	×	√	√	×	×	×	×	√	×	√

四、计算分析题

1. 解：

借：生产成本	1 215
制造费用	243
管理费用	486
销售费用	486
贷：应付职工薪酬——工资	2 000
——医疗保险费	200
——住房公积金	160

	——工会经费	40
	——职工教育经费	30

2. 解：

（1）：

日期	应付利息	实际利息费用	利息调整摊销	摊余成本
2×11 年 1 月 1 日				185580.00
2×11 年 7 月 1 日	10 000	11 134.80	1 134.80	186 714.80
2×12 年 1 月 1 日	10 000	11 202.89	1 202.89	187 917.69
2×12 年 7 月 1 日	10 000	11 275.06	1 275.06	189 192.75
2×13 年 1 月 1 日	10 000	11 351.56	1 351.56	190 544.31
2×13 年 7 月 1 日	10 000	11 432.66	1 432.66	191 976.97
2×14 年 1 月 1 日	10 000	11 518.62	1 518.62	193 495.59
2×14 年 7 月 1 日	10 000	11 609.74	1 609.74	195 105.33
2×15 年 1 月 1 日	10 000	11 706.32	1 706.32	196 811.65
2×15 年 7 月 1 日	10 000	11 808.70	1 808.70	198 620.35
2×16 年 1 月 1 日	10 000	11 379.65	1 379.65	200 000.00

（2）发行债券：

借：银行存款	185 580
应付债券——利息调整	14 420
贷：应付债券——面值	200 000

2×11 年 7 月 1 日至 2×15 年 7 月 1 日

借：财务费用	11 134.8
贷：应付利息	10 000
应付债券——利息调整	1 134.8
借：应付利息	10 000
贷：银行存款	10 000

2×16 年 1 月 1 日偿付

借：应付债券——面值	200 000
财务费用	11 379.65
贷：应付债券——利息调整	1 379.65

银行存款　　　　　　　　　　　　　　　　　　　　210 000

3. 解：

（1）：

日期	应计利息	实际利息费用	利息调整摊销	摊余成本
2×10 年 1 月 1 日				965 250.00
2×10 年 12 月 31 日	50 000	57 915.00	7 915.00	973 165.00
2×11 年 12 月 31 日	50 000	58 389.90	8 389.90	981 554.90
2×12 年 12 月 31 日	50 000	58 893.29	8 893.29	990 448.19
2×13 年 12 月 31 日	50 000	59 551.81	9 551.81	1 000 000.00

（2）发行债券：

借：银行存款　　　　　　　　　　　　　　　　　　　965 250

　　应付债券——利息调整　　　　　　　　　　　　　　34 750

　　　贷：应付债券——面值　　　　　　　　　　　　1 000 000

　　　　确认利息费用，2×10 年 12 月 31 日

借：财务费用　　　　　　　　　　　　　　　　　　　　57 915

　　　贷：应付债券——应计利息　　　　　　　　　　　　50 000

　　　　应付债券——利息调整　　　　　　　　　　　　　7 915

剩余三年同上。

偿还时：

借：应付债券——面值　　　　　　　　　　　　　　　1 000 000

　　应付债券——应计利息　　　　　　　　　　　　　　150 000

　　财务费用　　　　　　　　　　　　　　　　　　　59 551.81

　　　贷：应付债券——利息调整　　　　　　　　　　　9 551.81

　　　　银行存款　　　　　　　　　　　　　　　　　1 200 000

4. 解：先通过"应付职工薪酬"科目归集当期应计入成本费用的非货币性薪酬金额。按产品或商品的公允价值和相关税费计量职工薪酬，确认相关收入，结转成本和相关税费。

借：销售费用　　　　　　　　　　　　　　　　　　　　78 300

　　制造费用　　　　　　　　　　　　　　　　　　　156 600

　　管理费用　　　　　　　　　　　　　　　　　　　　26 100

贷：应付职工薪酬	261 000
借：应付职工薪酬	261 000
贷：主营业务收入	225 000
应交税费——应交增值税（销项税额）	36 000
借：主营业务成本	150 000
贷：库存商品	150 000

5. 解：可转换债券发行，20×4 年 1 月 1 日

借：银行存款	1 100
应付债券——利息调整	15
贷：应付债券——面值	1 000
其他权益工具	115

20×4 年 12 月 31 日

借：财务费用	49.25
贷：应付利息	40
应付债券——利息调整	9.25

20×5 年 1 月 1 日

借：应付利息	40
贷：银行存款	40
借：应付债券——面值	500
其他权益工具	57.5
贷：应付债券——利息调整	2.88
实收资本	100
资本公积——其他资本公积	454
银行存款	0.62

6. 解：

（1）：

借：银行存款	4 861 265
应付债券——利息调整	138 735
贷：应付债券——面值	5 000 000

（2）2015 年末：

借：在建工程	97 225.3（全年利息费用的一半）

财务费用		97 225.3（全年利息费用的一半）
贷：应付利息		150 000
应付债券——利息调整		44 450.6
借：应付利息		150 000
贷：银行存款		150 000

2016 年末：

借：财务费用　　　　　　　　　　　　　　　　196 228.62
　　贷：应付利息　　　　　　　　　　　　　　　150 000
　　　　应付债券——利息调整　　　　　　　　　46 228.62
借：应付利息　　　　　　　　　　　　　　　　150 000
　　贷：银行存款　　　　　　　　　　　　　　　150 000

（3）：

借：在建工程　　　　　　　　　　　　　　　　4 165 000
　　贷：银行存款　　4 165 000（3 500 000 +560 000 +105 000）
借：在建工程　　　　　　　　　　　　　　　　300 000
　　贷：原材料　　　　　　　　　　　　　　　　300 000
借：在建工程　　　　　　　　　　　　　　　　351 774.7
　　贷：应付职工薪酬　　　　　　　　　　　　　150 000
　　　　银行存款　　　　　　　　　　　　　　　201 774.7
借：固定资产　　　　　　　　　　　　　　　　4 914 000
　　贷：在建工程　　　　　　　　　　　　　　　4 914 000

（4）第一个折旧年度（2015 年 7 月 ~2016 年 6 月）应该计提的折旧为 4 914 000 ×40% =1 965 600 元。

第二个折旧年度（2016 年 7 月 ~ 2017 年 6 月）应该计提的折旧为（4 914 000 –2 000 000）×40% =1 165 600 元。

但是该资产在 2017 年 4 月 30 日处置了，所以 2017 年应该计提的是 4 个月，即第二个折旧年度应该计提的折旧为 10 个月，金额为 1 165 600 ×10/12 = 971 333 元。

所以该资产总共计提的折旧为 1 965 600 +971 333 =2 936 933 元。

（5）：

借：固定资产清理　　　　　　　　　　　　　　1 977 067

累计折旧		2 936 933	
贷：固定资产		4 914 000	
借：银行存款		2 200 000	
贷：固定资产清理		2 200 000	
借：固定资产清理		40 000	
贷：银行存款		40 000	
借：固定资产清理		182 933	
贷：营业外收入		182 933	

（6）2009 年 12 月 31 日：

借：财务费用　　　　　　　　　　　198 055.78

　贷：应付利息　　　　　　　　　　　　150 000

　　　应付债券——利息调整　　　　　48 055.78

借：应付利息　　　　　　　　　　　　150 000

　贷：银行存款　　　　　　　　　　　　150 000

借：应付债券——面值　　　　　　　5 000 000

　贷：银行存款　　　　　　　　　　　5 000 000

第十三章　债务重组

一、单项选择题

1	2	3	4	5	6	7	8	9	10	11	12	13	14	15
D	C	B	D	C	B	B	B	C	C	A	D	D	A	C

16	17	18	19	20	21	22	23
B	B	B	B	C	B	B	A

二、多项选择题

1	2	3	4	5	6	7	8	9	10
ABD	BCD	CD	ABD	AB	ABCD	ABD	AC	ABCD	AB

11	12	13	14	15	16	17	18	19
ACD	BCD	BD	ABCD	BD	ABCD	ABD	BD	ABC

三、判断题

1	2	3	4	5	6	7	8	9	10	11	12	13	14	15
×	√	√	×	×	√	×	√	×	×	√	×	√	×	×

四、计算分析题

1. 解：

（1）甲企业会计处理：

借：应付账款   200 000

    贷：银行存款   120 000

        营业外收入   80 000

乙企业会计处理：

借：银行存款   120 000

    坏账准备   20 000

    营业外支出   60 000

    贷：应收账款   200 000

（2）甲企业会计处理：

借：应付账款   200 000

    贷：银行存款   190 000

        营业外收入   10 000

乙企业会计处理：

借：银行存款   190 000

    坏账准备   20 000

    贷：应收账款   200 000

        资产减值损失   10 000

2. 解：

（1）债务重组日为 20×7 年 1 月 30 日。

（2）甲公司（债权人）的账务处理：

借：交易性金融资产   360 000

    原材料   450 000

    应交税费——应交增值税（进项税额）   72 000

    坏账准备   80 000

```
        贷：应收票据                                           900 000
             资产减值损失                                        62 000
```

乙公司（债务人）的账务处理：

```
借：应付票据                                               900 000
    可供出售金融资产——公允价值变动                           40 000
    投资收益                                                40 000
    贷：主营业务收入                                        450 000
         应交税费——应交增值税（销项税额）                    72 000
         可供出售金融资产——成本                             400 000
         其他综合收益                                        40 000
         营业外收入——债务重组利得                           18 000
借：主营业务成本                                           400 000
    贷：库存商品                                            400 000
```

3. 解：

（1）ABC 公司将来应付金额 = 100 000（元）

银行将来应收金额 = 100 000（元）

（2）ABC 公司 2017 年 12 月 31 日的分录：

```
借：长期借款                                               156 250
    贷：长期借款——债务重组                                  100 000
         营业外收入——债务重组利得                           56 250
```

（3）假设 ABC 公司第二年后有盈利，红牛公司 2018 年底和 2019 年底支付利息时：

```
借：财务费用                                                10 000
    贷：银行存款                                             10 000
```

2020 年底支付本息时：

```
借：长期借款——债务重组                                    100 000
    财务费用                                                10 000
    贷：银行存款                                            110 000
```

（4）假设 ABC 公司第二年后无盈利，红牛公司 2018 年底和 2019 年底支付利息时：

```
借：财务费用                                                 7 000
```

贷：银行存款　　　　　　　　　　　　　　　　　　7 000

　　2020 年底支付本息时：

　　借：长期借款——债务重组　　　　　　　　　　　　100 000

　　　　财务费用　　　　　　　　　　　　　　　　　　7 000

　　　　贷：银行存款　　　　　　　　　　　　　　　　107 000

　　4. 解：（1）债务重组日为 20×6 年 10 月 15 日，因为该日办理完毕固定资产转移手续以及股权增资手续。

　　（2）可供出售金融资产的初始入账金额 = 3.5×100 + 2 = 352 万元。后续计量原则为公允价值计量，公允价值变动计入其他综合收益

　　（3）A 公司收到抵债资产的公允价值 = 350 + 350 = 700（万元）

　　确认坏账准备 50 万元，因此，A 公司发生债务重组损失 = 800 - 50 - 700 = 50 万元。

　　借：固定资产　　　　　　　　　　　　　　　　　　350

　　　　可供出售金融资产——成本　　　　　　　　　　352

　　　　坏账准备　　　　　　　　　　　　　　　　　　50

　　　　营业外支出　　　　　　　　　　　　　　　　　50

　　　　贷：应收账款　　　　　　　　　　　　　　　　800

　　　　　　银行存款　　　　　　　　　　　　　　　　2

　　（4）甲公司确认的债务重组利得 = 800 - （350 + 350）= 100（万元）

　　借：固定资产清理　　　　　　　　　　　　　　　　300

　　　　累计折旧　　　　　　　　　　　　　　　　　　100

　　　　贷：固定资产　　　　　　　　　　　　　　　　400

　　借：应付账款　　　　　　　　　　　　　　　　　　800

　　　　贷：固定资产清理　　　　　　　　　　　　　　300

　　　　　　实收资本　　　　　　　　　　　　　　　　100

　　　　　　资本公积　　　　　　　　　　　　　　　　250

　　　　　　资产处置损益　　　　　　　　　　　　　　50

　　　　　　营业外收入——债务重组利得　　　　　　　100

　　5. 解：甲公司（债务人）的会计处理：

　　经分析，债务重组日该项或有应付金额符合确认负债的条件，应确认为预计负债。

将来确定的应付金额＝400（万元）

预计负债＝400×3%＝12（万元）

20×6年12月31日进行债务重组：

借：应付账款   5 000 000

   贷：应付账款——债务重组   4 000 000

      预计负债——债务重组   120 000

      营业外收入——债务重组利得   880 000

20×7年12月31日支付利息：

借：财务费用   200 000

   贷：银行存款   200 000

20×8年12月31日还清债务：

借：应付账款——债务重组   4 000 000

   预计负债——债务重组   120 000

   财务费用   200 000

   贷：银行存款   4 320 000

乙公司（债权人）的会计处理：

将来确定的应收金额＝400万元；或有应收金额不确认入账。

20×6年12月31日进行债务重组：

借：应收账款——债务重组   4 000 000

   坏账准备   500 000

   营业外支出——债务重组损失   500 000

   贷：应收账款   5 000 000

20×7年12月31日收到利息：

借：银行存款   200 000

   贷：财务费用   200 000

20×8年12月31日收回欠款：

借：银行存款   4 320 000

   贷：应收账款   4 000 000

      财务费用   200 000

      营业外支出   120 000

6. 解：甲企业的账务处理：

（1）债务重组日：

未来应收金额 = 250 000（元）

应收账款账面价值 = 327 000 – 40 000 = 287 000（元）

由于未来应收金额小于应收账款账面价值 37 000 元，因此，首先应冲减已计提的坏账准备 40 000 元，差额 12 000 元，作为债务重组损失。其账务处理如下：

借：应收账款——债务重组   250 000

　　坏账准备   40 000

　　营业外支出——债务重组损失   37 000

　　　贷：应收账款——乙企业   327 000

（2）20×7 年 12 月 31 日收到利息：

借：银行存款   12 500

　　　贷：财务费用   12 500

（3）20×8 年 12 月 31 日收到本金和最后一年利息：

借：银行存款   262 500

　　　贷：应收账款——债务重组   250 000

　　　　财务费用   12 500

乙企业的账务处理：

（1）债务重组日：

应计入债务重组利得的金额 = 327 000 – 250 000 = 77 000（元）

借：应付账款——甲企业   327 000

　　　贷：应付账款——债务重组   250 000

　　　　营业外收入——债务重组利得   77 000

（2）20×7 年 12 月 31 日支付利息：

借：财务费用   12 500

　　　贷：银行存款   （250 000×5%）12 500

（3）20×8 年 12 月 31 日偿还本金和最后一年利息：

借：应付账款——债务重组   250 000

　　财务费用   12 500

　　　贷：银行存款   262 500

7. 解：

（1）甲公司收到抵债资产的价税合计 = 83.2 + 280 × （1 + 6%） + 200 × （1 + 16%） + 100 × 5 = 1 112（万元）

免除债务金额 = （2 340 − 1 112） × *40% = 491.2（万元）

计提坏账准备234万元，发生债务重组损失 = 257.2（万元）

借：银行存款		83.2
无形资产		280
库存商品		200
应交税费——应交增值税（进项税额）		48.8
长期股权投资		500
应收账款——债务重组		736.8
坏账准备		234
营业外支出		257.2
贷：应收账款		2 340

（2）乙公司确认预计负债 = 736.8 × （6% − 4%） × 2 = 29.47（万元）

确认债务重组利得 = 491.2 − 29.47 = 461.73（万元）

借：应付账款		2 340
累计摊销		100
无形资产减值准备		10
贷：银行存款		83.2
无形资产		350
主营业务收入		200
实收资本		100
资本公积		400
应交税费——应交增值税（销项税额）		48.8
应付账款——债务重组		736.8
资产处置损益		40
预计负债		29.47
营业外收入——债务重组利得		461.73

（3）甲公司20×6年12月31日收取利息 = 736.8 × 6% = 44.21（万元）

借：银行存款		44.21

贷：财务费用　　　　　　　　　　　　　　　　　　　44.21

甲公司20×7年12月31日收取利息 =736.8×4% =29.47（万元）

　　借：银行存款　　　　　　　　　　　　　　　　　　　29.47

　　　　贷：财务费用　　　　　　　　　　　　　　　　　　　29.47

　　借：银行存款　　　　　　　　　　　　　　　　　　　736.8

　　　　贷：应收账款——债务重组　　　　　　　　　　　　736.8

（4）乙公司20×6年支付利息 =44.21（万元）

　　借：财务费用　　　　　　　　　　　　　　　　　　　29.47

　　　　预计负债　　　　　　　　　　　　　　　　　　　14.74

　　　　　　贷：银行存款　　　　　　　　　　　　　　　　44.21

乙公司20×7年支付利息 =29.42（万元）

　　借：财务费用　　　　　　　　　　　　　　　　　　　29.47

　　　　预计负债　　　　　　　　　　　　　　　　　　　14.74

　　　　　　贷：银行存款　　　　　　　　　　　　　　　　29.47

　　　　　　　　营业外收入　　　　　　　　　　　　　　　14.74

　　借：应付债款——债务重组　　　　　　　　　　　　　736.8

　　　　贷：银行存款　　　　　　　　　　　　　　　　　736.8

第十四章　收入

一、单项选择题

1	2	3	4	5	6	7	8	9	10	11	12	13	14	15
A	A	D	C	B	A	C	D	D	D	A	B	B	D	C
16	17	18	19	20	21	22	23	24	25	26	27	28	29	30
A	B	B	C	D	C	D	A	C	D	B	B	D	A	C

二、多项选择题

1	2	3	4	5	6	7	8	9	10
ABC	ABCD	AB	ABC	ABCD	ABC	ABC	ABC	ABCD	ABCD
11	12	13	14	15	16	17	18	19	20
AB	ABC	ABCD	AC	BCD	ABCD	ACD	BD	ABD	AD

三、判断题

1	2	3	4	5	6	7	8	9	10	11	12	13	14	15
×	√	×	×	×	×	×	×	×	√	×	√	×	×	√

16	17	18	19	20
×	×	×	×	×

四、计算分析题

1. 解：

（1）2×17 年 3 月 1 日发出商品时：

借：银行存款 1 160

    贷：主营业务收入 920

        预计负债——应付退货款 80

        应交税费——应交增值税（销项税额） 160

借：主营业务成本 736

    应收退货成本 64

    贷：库存商品 800

（2）2×17 年 3 月 31 日，重新评估退货率时：

借：主营业务收入 20

    贷：预计负债——应付退货款 20

借：应收退货成本 16

    贷：主营业务成本 16

（3）2×17 年 4 月 30 日前发生销售退回时：

借：库存商品 40

    应交税费——应交增值税（销项税额） 8

    预计负债——应付退货款 50

    贷：银行存款 58

        应收退货成本 40

（4）2×17 年 6 月 30 日前再发生销售退回 6 件：

借：库存商品 48

    应交税费——应交增值税（销项税额） 9.6

    主营业务收入 10

预计负债——应付退货成本   50

         贷：应收退货成本   48

           银行存款   69.6

   借：应收退货成本   8

      贷：主营业务成本   8

2. 解：

（1）合同开始日，A 产品分摊的交易价格 = 800/（800 + 600）× （2 000 + 100）= 1 200（万元）

B 产品分摊的交易价格 = 600/（800 + 600）× （2 000 + 100）= 900（万元）

（2）甲公司 2×18 年 12 月 1 日合同变更应作为原合同终止及新合同订立进行会计处理的情形。

会计处理：2×18 年 12 月 1 日终止原合同，并将原合同的未履约部分（即 B 产品销售）与合同变更部分合并为新合同进行会计处理。此时，合同价款 = 900 + 200 = 1100 万元。因 B 产品、C 产品单独售价相同，此时分摊至 B 产品、C 产品的交易价格的金额均为 550 万元（1100/2）。

（3）2×18 年 12 月 31 日，甲公司可变对价增加了 50 万元（150 – 100），该增加额与合同变更前已承诺的可变对价相关，因此，应首先将该增加额 50 万元分摊给 A 产品和 B 产品，其中，A 产品分摊的可变对价增加额 = 800/（800 + 600）× 50 = 28.57 万元，B 产品分摊的可变对价增加额 = 600/（800 + 600）× 50 = 21.43 万元。

甲公司已经于 2×18 年 11 月 30 日转让 A 产品，因此应于 2×18 年 12 月 31 日将分摊的 28.57 万元确认为收入。

最后，将分摊至 B 产品的 21.43 万元分摊至 B 产品和 C 产品，因单独售价相同，B 产品、C 产品分摊的金额均为 10.715 万元（21.43/2）。经过上述分摊，B 产品、C 产品的交易价格均为 560.715 万元（550 + 10.715）。

3. 解：

（1）甲公司提供产品质量保证服务应按照或有事项准则，按照很可能发生的产品质量保证费确认预计负债，并计入当期损益。

甲公司应确认产品质量保证相关预计负债 = 11 000 × 2% = 220（万元）

甲公司同时销售手机和提供维修服务，应当分别作为单项履约义务，按照其各自单独售价的相对比例，将交易价格分摊至这两项履约义务，并在各项履约义务履行时分别确认收入。

甲公司该手机销售额 = 2 200×5 = 11 000（万元），维修服务市场价格 = 70×5 = 350（万元）

因此，销售手机应分摊的交易价格 = 11 000/（11 000 + 350）×11 000 = 10 660.79（万元）

提供维修服务应分摊的交易价格 = 350/（11 000 + 350）×11 000 = 339.21（万元）

因此，甲公司 1 月应确认销售相关的收入 10 660.79 万元。

分录为：

2×18 年 1 月：

借：银行存款   11 000

   贷：主营业务收入   10 660.79

       合同负债   339.21

借：销售费用   220

   贷：预计负债——产品质量保证   220

2×18 年末：

借：合同负债   339.21

   贷：主营业务收入   339.21

借：预计负债——产品质量保证   140

   贷：销售费用   140

（2）2 月销售商品的单独售价 = 1 200（万元）

积分的单独售价 = 1 200/100×1×90% = 10.8（万元）

分摊至商品销售的交易价格 = 1 200/（1 200 + 10.8）×1 200 = 1 189.30（万元）

分摊至积分的交易价格 = 10.8/（1 200 + 10.8）×1 200 = 10.70（万元）

甲公司当月应确认销售商品相关收入 1 189.3 万元，分摊至积分的价格应于实际使用时确认为收入。

借：银行存款   1 200

   贷：主营业务收入   1 189.3

      合同负债   10.7

3 月当月实际使用 50 000 分，积分确认收入 = 10.7×50 000/（120 000×

90%）=4.95（万元）

借：合同负债　　　　　　　　　　　　　　　　　　4.95

　　贷：主营业务收入　　　　　　　　　　　　　　　　4.95

4. 解：甲公司销售50件产品应确认收入=10 000×（1-6%）=9 400元。

5. 解：

（1）甲公司向乙公司销售商品不应确认收入。

理由：因与商品有关的控制权没有转移，不应确认收入。因回购价大于售价，所以按融资交易处理。

会计分录如下：

1月1日：

借：银行存款　　　　　　　　　　　　　　　　　　127.6

　　贷：其他应付款　　　　　　　　　　　　　　　　　110

　　　　应交税费——应交增值税（销项税额）　　　　17.6

借：发出商品　　　　　　　　　　　　　　　　　　　90

　　贷：库存商品　　　　　　　　　　　　　　　　　　90

1月31日：

借：财务费用　　　　　　　　　　　　2 [（120-110）/5]

　　贷：其他应付款　　　　　　　　　　　　　　　　　2

（2）：

①1月20日：

甲公司向丙公司的销售虽然采用分期收款，但该项收款不具有融资性质，甲公司应根据单位售价扣除商业折扣后的金额为基础确认销售收入，应确认主营业务收入=50×0.1×（1-20%）=4万元。会计分录如下：

借：银行存款　　　　　　　　　0.93（4×1.16×20%）

　　应收账款　　　　　　　　　　　　　　　　　　3.71

　　　贷：主营业务收入　　　　　　　　　　　　　　　4

　　　　　应交税费——应交增值税（销项税额）　　　0.64

借：主营业务成本　　　　　　　　　　　　　　　　3.6

　　贷：库存商品　　　　　　　　　　　　　　　　　3.6

②1月31日：

借：银行存款　　　　　　　　　　　　1.86（3.71/2）

贷：应收账款　　　　　　　　　　　　　　　　　　　1.86

6. 解：

（1）2×16 年 1 月 1 日：

奖励积分公允价值 = 100 000 × 9 500/109 500 = 8 676（元）。

应确认收入 = 100 000 × 100 000/109 500 = 91 324（元）。

借：银行存款　　　　　　　　　　　　　　　　　100 000

　　贷：主营业务收入　　　　　　　　　　　　　　91 324

　　　　合同负债　　　　　　　　　　　　　　　　　8 676

（2）2×16 年度：

甲公司确认奖励积分的收入 = 8 676 × 4 500/9 500 = 4 110（元）。

借：合同负债　　　　　　　　　　　　　　　　　　4 110

　　贷：主营业务收入　　　　　　　　　　　　　　　4 110

（3）2×17 年度：

甲公司确认奖励积分的收入 = 8 676 × 8 500/9 700 – 4 110 = 3 493（元）。

借：合同负债　　　　　　　　　　　　　　　　　　3 493

　　贷：主营业务收入　　　　　　　　　　　　　　　3 493

（4）2×18 年度：

甲公司确认奖励积分的收入 = 8 676 – 4 110 – 3 493 = 1 073（元）

借：合同负债　　　　　　　　　　　　　　　　　　1 073

　　贷：主营业务收入　　　　　　　　　　　　　　　1 073

7. 解：

（1）根据资料（1），履约义务包括提供手机和通话服务。

甲公司每部手机公允价值为 2 400 元，每名客户享受通话服务的公允价值 150 × 24 = 3 600 元，2×17 年 12 月手机应确认的收入 = 2 400/（2 400 + 3 600）× 5 000 × 10 = 20 000 万元，未来 24 个月通话服务应确认的收入 = 3 600/（2 400 + 3 600）× 5 000 × 10 = 30 000 万元，2×17 年 12 月话费应确认的收入 = 3 000 + 24 = 1 250 万元，甲公司于 2×17 年 12 月应确认的收入 = 20 000 + 1 250 = 21 250 万元。理由：甲公司应当将收到的话费在手机销售和通话服务之间按相对公允价值比例进行分配。手机销售收入应在当月一次性确认，话费服务收入在提供通话服务期间逐期确认。

借：银行存款　　　　　　　　　　　　　　　　　5 000

　　贷：预收账款　　　　　　　　　　　　　　　28 750

主营业务收入	21 250

（2）根据资料（2），履约义务包括当期通话服务及客户下期通话服务。甲公司 2×17 年 12 月应确认的收入金额 = 100/（100 + 10）×10 000 = 9 090.91 万元。

理由：甲公司取得 10 000 万元的收入，应当在当月提供服务和下月提供的免费服务之间按其公允价值的相对比例进行分配。

借：银行存款　　　　　　　　　　　　　　　　　　　　10 000

贷：主营业务收入　　　　　　　　　　　　　　　　9 090.91

合同负债　　　　　　　　　　　　　　　　　909.09

（3）根据资料（3），履约义务包括提供通信设备和通信设备维护。

甲公司应确认的收入金额 =（2 000 + 200 × 10）× 2 200/（2 200 + 180 × 10）= 2 200（万元）

理由：因设备销售和设备维护合同相关联，甲公司应当将两项合同总收入按照相关设备和服务的相对公允价值比例进行分配。

借：应收账款　　　　　　　　　　　　　　　　　　　　2 200

贷：主营业务收入　　　　　　　　　　　　　　　　2 200

8. 解：

（1）6 月 1 日发出健身器材时：

借：银行存款　　　　　　　　　　　　　　　　　　　2 900 000

贷：主营业务收入　　　2 000 000（500 × 5 000 × 80%）

预计负债应付退货款额　500 000（500 × 5 000 × 20%）

应交税费——应交增值税（销项税额）

　　　　　　　　　400 000（500 × 5 000 × 16%）

借：主营业务成本　　　1 600 000（400 × 5 000 × 80%）

应收退货成本　　　400 000（400 × 5 000 × 20%）

贷：库存商品　　　　　　　　　　　　　　　　2 000 000

（2）：

调整退货比率时：

借：预计负债——应付退货款 125 000［500 × 5 000 ×（20% − 15%）］

贷：主营业务收入　　　　　　　　　　　　　　125 000

借：主营业务成本　　　　　　　　　　　　　　　　100 000

贷：应收退货成本　　　　　　100 000　［400 ×5 000×（20%－15% ）］

（3）：

借：库存商品　　　　　　　　　　　　　　　　　　160 000

　　预计负债——应付退货款　　　　　　　　　　　　375 000

　　应交税费——应交增值税（销项税额）　　　　　　 32 000

　　主营业务成本　　　　　　　　　　　　　　　　　140 000

　　贷：银行存款　　　　　　　　　　　　　　　　　232 000

　　　　应收退货成本　　　　　　　　　　　　　　　300 000

　　　　主营业务收入　　　　　　　　　　　　　　　175 000

第十五章　借款费用

一、单项选择题

1	2	3	4	5	6	7	8	9	10	11	12	13	14	15
A	C	B	D	C	C	A	C	B	D	A	A	D	A	C

16	17	18	19	20	21	22								
B	C	C	A	B	C	A								

二、多项选择题

1	2	3	4	5	6	7	8	9	10
BD	AD	ABD	BCD	BC	AD	ABD	ABC	ABC	AC

11	12	13	14	15	16				
AD	ABCD	ACD	BC	ABC	ABCD				

三、判断题

1	2	3	4	5	6	7	8	9	10	11	12	13	14	15
√	√	√	×	×	×	√	√	√	×	×	×	×	×	×

四、计算分析题

1. 解：

（1）甲公司 20×7 年由于该固定资产的建造尚未开始，因此资本化金额 =0。

利息费用 =1 000×6% ×2/12 =10 万元，取得利息收入 5 万元

借款费用化金额 = 10 − 5 = 5（万元）

借：财务费用　　　　　　　　　　　　　　　　　　　　5

　　应收利息　　　　　　　　　　　　　　　　　　　　5

　　　贷：应付利息　　　　　　　　　　　　　　　　　　　　10

（2）甲公司20×8年资本化期间为20×8年1月1日至20×8年12月31日。

实际利息费用 = 1 000 × 6% + 1 000 × 9% × 6/12 = 105（万元）

取得利息收入6万元。

借款费用资本化金额 = 105 − 6 = 99（万元）

借：在建工程　　　　　　　　　　　　　　　　　　　　99

　　应收利息　　　　　　　　　　　　　　　　　　　　6

　　　贷：应付利息　　　　　　　　　　　　　　　　　　　　105

2. 解：20×6年资本化期间为3月1日至12月31日。

资本化期间实际利息费用 = 1 500 × 8% × 10/12 = 100（万元）

取得投资收益 = 1 100 × 0.5% × 2 + 600 × 0.5% × 4 + 100 × 0.5% × 2 = 24（万元）

资本化金额 = 100 − 24 = 76（万元）

费用化金额 = 1 500 × 8% × 2/12 − 1 500 × 0.5% × 2 = 5

借：在建工程　　　　　　　　　　　　　　　　　　　　76

　　财务费用　　　　　　　　　　　　　　　　　　　　5

　　应收利息　　　　　　　　　　　　　　　　　　　　39

　　　贷：应付利息　　　　　　　　　　　　　　　　　　　　120

3. 解：20×6年资本化期间为4月1日 ~ 12月31日。

专门借款资本化金额 = 400 × 8% × 9/12 = 24（万元）

一般借款资本化金额 = 600 × 8.36% × 7/12 + 200 × 8.36% × 6/12 + 300 × 8.36% × 3/12 = 43.89（万元）

费用化金额 = 400 × 8% × 3/12 − 5 + （2 000 × 8.36% − 43.89）= 126.31

借：生产成本　　　　　　　　　　　　　　　　　　　　67.89

　　财务费用　　　　　　　　　　　　　　　　　　　　126.31

　　应收利息　　　　　　　　　　　　　　　　　　　　5

　　　贷：应付利息　　　　　　　　　　　　　　　　　　　　199.2

4. 解：

（1）20×6 年第一季度只动用了专门借款：

实际发生的利息费用 = 6 000 × 5% × 3/12 = 75（万元）

取得的投资收益 = 1 500 × 0.5% × 3 = 22.5（万元）

资本化金额 = 75 - 22.5 = 52.5（万元）

借：在建工程   52.5

   银行存款   22.5

    贷：应付利息   75

（2）第三季度专门借款支出 6 000 万元，资本化金额 = 6 000 × 5% × 3/12 = 75（万元）

第三季度占用一般借款 1 500（万元）

一般借款资本化率 =（6 000 × 6% × 3/12 + 4 000 × 7% × 3/12）/（6 000 + 4 000）= 1.6%

第三季度一般借款资本化金额 = 1 500 × 1.6% = 24（万元）

借：在建工程   99

   财务费用   136

    贷：应付利息   235

（3）20×7 年第一季度占用专门借款 6 000 万元：

借款费用资本化金额 = 6 000 × 5% × 3/12 = 75（万元）

20×7 年第一季度占用一般借款 5 000 万元，一般借款资本化率 = 1.6%

一般借款费用资本化金额 = 5 000 × 1.6% = 80（万元）

费用化金额 = 160 - 80 = 80（万元）

借：在建工程   155

   财务费用   80

    贷：应付利息   235

5. 解：

（1）计算 20×7 年第一季度和第二季度适用的资本化率：

由于第一季度只占用了一笔一般借款，资本化率即为该借款的利率，即 1.5%（6% × 3/12）。

由于第二季度占用了两笔一般借款，适用的资本化率为两项一般借款的加权平均利率。加权平均利率计算如下：

加权平均利率 = （一般借款当期实际发生的利息之和 + 当期应摊销的折价）/一般借款本金加权平均数 = [200×6%×3/12 + 300×5%×3/12 + （285×6%×3/12 – 300×5%×3/12）] / （200×3/3 + 285×3/3）×100% = 1.5%

（2）计算 20×7 年第一季度和第二季度一般借款应予资本化的利息金额及编制相应会计分录：

第一季度超过专门借款的一般借款累计支出加权平均数 = 100×3/3 + 50×2/3 + 50×1/3 = 150（万元）

第一季度应予资本化的利息金额 = 150×1.5% = 2.25（万元）

第一季度一般借款实际发生的利息金额 = 200×6%×3/12 = 3（万元）

账务处理为：

借：在建工程——借款费用　　　　　　　　　　　　　　2.25

　　财务费用　　　　　　　　　　　　　　　　　　　　0.75

　　贷：应付利息　　　　　　　　　　　　　　　　　　　　3

第二季度超过专门借款的一般借款的累计支出加权平均数 = （100 + 50 + 50 + 200）×3/3 + 60×2/3 = 440（万元）

则第二季度应予资本化的利息金额 = 440×1.5% = 6.6（万元），

第二季度一般借款实际发生的利息和折价摊销金额 = 200×6%×3/12 + 300×5%×3/12 + （285×6%×3/12 – 300×5%×3/12）= 7.275（万元）

账务处理为：

借：在建工程——借款费用　　　　　　　　　　　　　　6.6

　　财务费用　　　　　　　　　　　　　　　　　　　　0.675

　　贷：应付利息　　　　　　　　　　　　　　　　　　　　3

　　　　应付债券——应计利息　　　　3.75（300×5%×3/12）

　　　　应付债券——利息调整　　　　　　　　　　　　0.525

6. 解：

（1）：

20×7 年专门借款利息资本化金额 = 4 000×8% – 1 000×0.5%×6 = 290（万元）

20×8 年专门借款利息资本化金额 = 4 000×8%×180/360 = 160（万元）

（2）：

一般借款资本化率（年）= （4 000×6% + 20 000×8%）/ （4 000 +

20 000）＝7.67%

20×7 年占用了一般借款资金的资产支出加权平均数 ＝ 4 000×180/360 ＝ 2 000（万元）

20×7 年一般借款利息资本化金额 ＝ 2 000×7.67% ＝153.40（万元）

20×8 年占用了一般借款资金的资产支出加权平均数 ＝（4 000＋3 000）× 180/360 ＝ 3 500（万元）

20×8 年一般借款利息资本化金额 ＝ 3 500×7.67% ＝268.45（万元）

（3）：

20×7 年利息资本化金额 ＝ 290＋153.40 ＝443.4（万元）

20×8 年利息资本化金额 ＝ 160＋268.45 ＝428.45（万元）

（4）：

20×7 年：

借：在建工程	443.4
贷：应付利息	443.4

20×8 年：

借：在建工程	428.45
贷：应付利息	428.45

7. 解：20×8 年发生的实际利息费用 ＝ 1 000×6%＋1 000×9%/2 ＝105（万元）取得收益 6 万元。

资本化金额 ＝ 105－6 ＝99（万元）

第十六章　财务报告

一、单项选择题

1	2	3	4	5	6	7	8	9	10	11	12	13	14	15
C	C	B	D	B	A	D	B	B	A	A	D	D	D	C
16	17	18	19	20	21	22	23	24	25	26	27	28	29	30
B	D	C	C	B	A	C	A	A	D	D	A	C	D	A

二、多项选择题

1	2	3	4	5	6	7	8	9	10
AD	AC	AB	AC	ABC	AC	AB	ABD	BCD	BC
11	12	13	14	15	16	17	18	19	20
ABD	ABC	ABD	ABC	ABC	AB	AC	BD	ABC	BCD
21	22	23	24	25					
ABD	ACD	ABCD	CD	ABCD					

三、判断题

1	2	3	4	5	6	7	8	9	10	11	12	13	14	15
×	×	×	√	×	√	×	×	√	×	×	×	×	×	×

四、计算分析题

1. 解:

（1）"投资支付的现金"项目 = 业务（1）(660 − 5 + 4) + 业务（2）(700 + 5) + 业务（4）(800 + 6) = 2 170（万元）

（2）"支付其他与投资有关的现金"项目 = 业务（1）5（万元）

（3）"收回投资收到的现金"项目 = 业务（5）220（万元）

（4）"取得投资收益收到的现金"项目 = 业务（6）15 + 业务（3）50 = 65（万元）

2. 解:

（1）经营活动产生的现金流量净额 = −（350 + 950）+ 1 900 = 600（万元）

（2）筹资活动产生的现金流量净额 = 2 500 × 5 − 50 = 12 450（万元）

（3）投资活动产生的现金流出金额 = 1 000 + 40 = 1 040（万元）

投资活动产生的现金流入金额 = 5 + 400 + 80 + 1 200 = 1 685（万元）

投资活动产生的现金流量净额 = 1 685 − 1 040 = 645（万元）

3. 解:"存货"项目影响金额：

事项（1），视同买断方式中如果约定在受托方没有将商品售出时可以将商品退回给委托方的，委托方在发出商品时不能确认收入、结转成本，应由库存商品转为发出商品，"存货"项目金额不变，待收到代销清单时，对于已经出售部分应当确认收入、结转成本，因此发出商品结转至成本，"存货"项目金额减少。即 $-500 \times 0.8 + 500 \times 0.8 - 300 \times 0.8 = -240$（万元）

事项（2），由于甲公司在销售时已经获悉丙公司资金周转困难，货款难以收回，不满足收入确认条件。因此不能确认收入、结转成本。对"存货"项目金额没有影响。

事项（3），来料加工材料不能作为本公司的存货，但是对于加工费用应当作为企业的存货进行核算。因此本公司的"存货"项目增加 100 万元，同时领用原材料 20 万元，减少"存货" 20 万元，因此，对"存货"项目的影响金额为80 万元。

事项（7），分期销售商品，在发出商品时结转成本，因此"存货"项目减少 1 500 万元。

综上所述，对"存货"项目的影响为：$-240 + 80 - 1\ 500 = -1\ 660$（万元）

"其他综合收益"项目的影响金额：

事项（4），出售可供出售金融资产，原来确认的其他综合收益 20 万元应当转为投资收益，因此，"其他综合收益"项目减少 20 万元；

事项（5），固定资产转为投资性房地产，公允价值大于原账面价值的差额 550 ［2 000 －（1 500 － 50）］万元应当计入其他综合收益。因此"其他综合收益"增加 550 万元。

综上所述，对"其他综合收益"影响为：$-20 + 550 = 530$（万元）

"长期借款"项目的填列金额：

事项（6），长期借款为 2012 年 7 月 1 日借入，截至 2016 年 7 月 1 日到期，在 2015 年填列报表时属于一年内到期的长期借款，所以其余额应该在"一年内到期的非流动负债"项目中列示。资产负债表中"长期借款"项目列示金额为零。

"长期应收款"项目的影响金额：

事项（7），确认未确认融资收益 604.6（3 000 － 2 395.4）万元，其为长期应收款的备抵科目，长期应收款的账面价值应当是账面余额减去未确认融资收益金额，即等于 1 895.4（3 000 － 500 － 604.6）万元。而长期应收款列报的金额需要在账面价值的基础上减去一年内到期的部分。500 －（3 000 － 500 － 604.6）× 10% ＝310.46 万元，是指未来一年内到期的长期应收款扣除相应的未实现融资收益的部分，这部分是未来一年内到期的，应在一年内到期的非流动资产中列示。所以，2015 年 12 月 31 日资产负债表"长期应收款"项目的影响金额 ＝1 895.4 －

310.46 = 1 584.94 万元。

4. 解：

（1）"投资支付的现金"项目＝业务（2）（660－5＋4）＋业务（4）（800＋6）＝1 465（万元）

（2）"支付其他与投资活动有关的现金"项目＝业务（2）5＋业务（3）50＝55（万元）

（3）"取得子公司及其他营业单位支付的现金净额"项目＝业务（1）（500－400）＝100（万元）

（4）处置子公司及其他营业单位收到的现金净额为负数，应将该金额填列至"支付其他与投资活动有关的现金"项目中，故"处置子公司及其他营业单位收到的现金净额"项目金额为0

（5）投资活动现金流入＝业务（5）220＋业务（7）50＝270（万元）

投资活动现金流出＝业务（1）100＋业务（2）664＋业务（3）50＋业务（4）806＝1 620（万元）

5. 解：

（1）甲公司分析的年末资产负债表中"存货"项目的影响金额是不正确的。

正确的金额＝200①－200①－120①－300②＋232⑤－240⑤－2 000⑥＝－2 424（万元）

其中，232 万元是以自产产品作为福利发放给生产人员，应按售价及销项税额记入"生产成本"的金额。

（2）甲公司分析的年末资产负债表中"长期应收款"项目的影响金额是不正确的。

因为未实现融资收益是长期应收款的备抵科目，所以计算"长期应收款"项目时需要减去"未实现融资收益"科目的余额。所以年末资产负债表中"长期应收款"项目的影响金额＝3 000－500＝2 500 万元。

（3）甲公司分析的年末资产负债表中"长期借款"项目的填列金额是不正确的。

因为长期借款是2013 年7 月1 日借入的，至2017 年7 月1 日到期，在2016 年末属于一年内到期的长期借款，所以其余额应该在年末资产负债表中"一年内到期的非流动负债"项目列示。所以年末资产负债表中"长期借款"项目的填列金额为零。

（4）甲公司分析的年末资产负债表中"应付债券"项目的影响金额是不正确的。

对于企业发行的可转换公司债券，应当在初始确认时将其包含的负债成分和权益成分进行分拆，将负债成分确认为应付债券，将权益成分确认为资本公积。因为发行日是 2016 年 12 月 31 日，所以年末资产负债表中"应付债券"项目的影响金额 = 9 465.40（万元）。

（5）甲公司分析的年末利润表中"营业利润"项目的影响金额是不正确的。

正确的金额 = 180（1）- 120（1）- 1.8（1）+ 450 × （1 - 10%）（2）- 300 × （1 - 10%）（2）+ 100（3）- 160（3）+ 400（4）- 116（5）+ 300（5）- 240（5）+ 2 500（6）- 2 000（6）= 965.2（万元）

（6）甲公司分析的年末利润表中"其他综合收益税后净额"项目的影响金额是不正确的。

影响"其他综合收益税后净额"项目的为业务（4），业务（8）中初始确认形成的"资本公积——其他资本公积"最终转入"资本公积——股本溢价"中，不影响"其他综合收益税后净额"项目。

参考文献

[1] 袁红，张彤，李轩．中级财务会计学习指导书［M］．西安：西安交通大学出版社，2016.

[2] 东奥会计在线．2017年会计专业技术资格考试应试指导及全真模拟测试中级会计实务［M］．北京：北京大学出版社，2017.

[3] 财政部会计资格评价中心．中级会计实务［M］．北京：经济科学出版社，2017.

[4] 中华会计网校．2017年全国会计专业技术资格统一考试中级会计实务［M］．北京：人民出版社，2017.

[5] 中华会计网校．2017年度注册会计师全国统一考试会计［M］．北京：人民出版社，2017

[6] 东奥会计在线．2017年注册会计师考试应试指导及全真模拟测试会计［M］．北京：北京大学出版社，2017.

[7] 中国注册会计师协会．2017年注册会计师全国统一考试辅导教材会计［M］．北京：中国财政经济出版社，2017.

[8] 张雪南．中级财务会计学习指导［M］．上海：华东师范大学出版社，2014.

[9] 戴德明，林钢，赵西卜．财务会计学（第9版）学习指导书［M］．北京：中国人民大学出版社，2016.

[10] 中华会计网校．2018年全国会计专业技术资格统一考试中级会计实务［M］．北京：人民出版社，2018.

[11] 中华会计网校．2019年全国会计专业技术资格统一考试中级会计实务［M］．北京：人民出版社，2019.

[12] 东奥会计在线．2018年注册会计师考试应试指导及全真模拟测试会计［M］．北京：北京大学出版社，2018.